Achim Roscher

Otto Niemeyer-Holstein

atb aufbau taschenbuch

OTTO NIEMEYER-HOLSTEIN, geboren 1896 in Kiel als Sohn eines international bekannten Völkerrechtlers, gestorben 1984 in Lüttenort, gehörte zu den großen Malern des deutschen Nachimpressionismus. Sein Lebensweg führte ihn aus dem Norden über die südliche Landschaft des Tessins in die Kunstzentren Paris, Rom und Florenz und schließlich in das turbulente Berlin der zwanziger Jahre. 1932 verließ er die Großstadt, um sich auf der Ostsee-Insel Usedom anzusiedeln und als Maler sein Thema zu finden. Hier, auf einer Brache zwischen Meer und Achterwasser, entstand das, was heute zugänglich ist: ein Künstlermuseum ohne museale Erstarrung, eine Galerie seiner Werke und ein »Garten der Bilder«. – Ein Besuchermagnet der östlichsten deutschen Ferieninsel.

ACHIM ROSCHER, geboren 1932 in Limbach (Sachsen), seit 1954 Redakteur der Zeitschrift »Neue Deutsche Literatur« (ndl), die er von 1992 bis 1995 leitete. Im Laufe seiner jahrzehntelangen Freundschaft mit Otto Niemeyer-Holstein gewann er in Form von Gesprächsaufzeichnungen, Tonbandbefragungen und einem umfangreichen Briefwechsel ein einzigartiges Material, auf dem der vorliegende Band beruht.

Im Aufbau Taschenbuch ist ebenfalls sein Buch »Lüttenort. Geschichten aus dem Leben Otto Niemeyer-Holsteins«, das selbsterzählte Leben des Malers nach Tonbandinterviews, lieferbar.

Die detailreiche, dem Faktisch-Anschaulichen verpflichtete Biographie verbindet die Lebensgeschichte mit Selbstaussagen des Malers und Äußerungen Mitlebender. Persönliche Papiere und Fotos aus Privatbesitz sowie Dokumente aus erst heute zugänglichen Archiven vermitteln dem Leser einen Eindruck von den individuellen und zeitgeschichtlichen Koordinaten dieses eigenwilligen Künstlerlebens. Jenseits aller Stilmoden bewahrte sich ONH – so sein Bildersignum – die Distanz zu äußeren Forderungen und Zumutungen. Seine Lebensart war selbst gewählt und stand im Zeichen schöpferischer Unabhängigkeit.

Achim Roscher

Otto Niemeyer-Holstein

Lebensbild mit Landschaft und Figuren

atb aufbau taschenbuch

Mit einem Frontispiz,
161 Fotos und Dokumenten
sowie 8 Gemälde-Abbildungen

ISBN 978-3-7466-1737-4

Aufbau Taschenbuch ist eine Marke
der Aufbau Verlag GmbH & Co. KG

4., erweiterte Auflage 2021

Einbandgestaltung Preuße & Hülpüsch Grafik Design
unter Verwendung eines Fotos von Brigitte Barthmuss, Berlin
Druck und Binden CPI books GmbH, Leck, Germany
Printed in Germany

www.aufbau-verlag.de

Otto Niemeyer-Holstein Mitte der fünfziger Jahre mit dem Malkarren

Inhalt

Eine erste Adresse

DER ZUFALL sprach mit.

Der Ort der Geburt hätte auch ein anderer sein können: Halle an der Saale zum Beispiel, wo der Familienname bereits einen Klang hatte und wo Theodor Niemeyer gerade in die Universitätskarriere eingeschwenkt war. Da kam eine Anfrage, ob es seinen »Wünschen entsprechen würde, zum 1. April d. J. als außerordentlicher Professor nach Kiel berufen zu werden«. Das Angebot war verlockend, und es wurde angenommen. Am 1. April 1893 stand der Packwagen in der Kieler Lornsenstraße vor dem Haus Nr. 14.

Obgleich die Bezüge Theodor Niemeyers nicht üppig waren – 2000 M und 660 M Wohnungsgeldzuschuß jährlich, dazu rund 200 M Examensgebühren und 800 M Kolleggeld –, war es möglich, zunächst das Untergeschoß im Hause des nach Göttingen berufenen Anglisten Stimming zu mieten. Bald kauften die Niemeyers das ganze Haus. Hier war dann in den ersten Maitagen 1896 alles zum besten bestellt, auch ein befreundeter Arzt hielt sich bereit, für alle Fälle. Aber es hätte dieser Vorsorge nicht bedurft, es ging alles glatt, das fünfte Kind war wieder ein Junge. Stämmig und groß soll er gewesen sein, aber verläßlich verbürgt ist es nicht, denn die Hebamme hatte ihn zu messen vergessen: sie sei »keen Schnieder mit de Eel«.

Und so erschien denn am 16. Mai 1896 »vor dem unterzeichneten Standesbeamten [...] der Persönlichkeit nach bekannt, der Professor der Rechte Edwin Hugo Theodor Niemeyer [...] und zeigte an, daß von der Alvine Johanna Niemeyer geb. Schulz, seiner Ehefrau, ev. Religion, wohnhaft bei ihm, zu Kiel in seiner Wohnung, am 11. Mai des Jahres 1896 Vormittag um 4 ¼ Uhr ein Kind männlichen Geschlechts geboren worden sei«, dem »die Vornamen Theodor *Otto* beigelegt worden seien«.

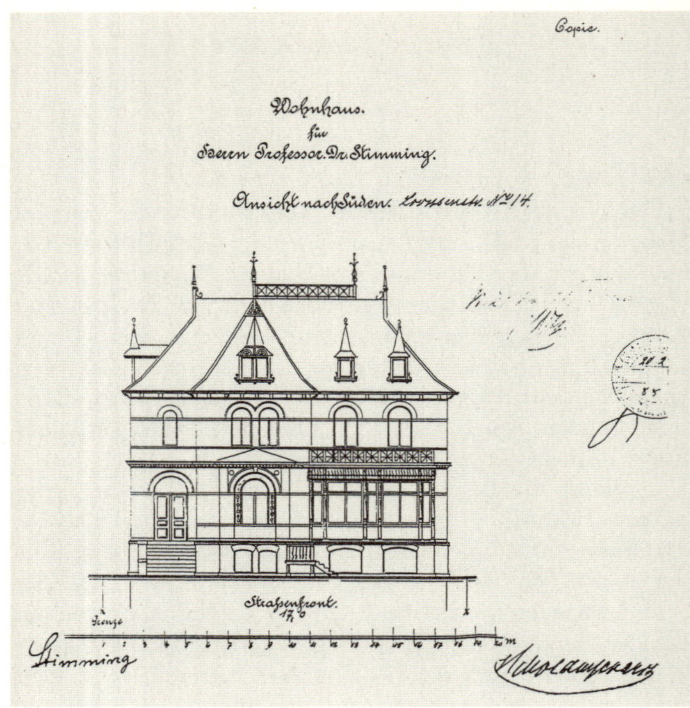

Das Geburtshaus in Kiel, Architektenzeichnung von 1888

Jahrzehnte später wird Theodor Niemeyer die sukzessive Komplettierung der Familie erinnernd verbuchen: »Am 13. Dezember 1893 gesellte sich zu unseren beiden Jungen, dem siebenjährigen Wolf und dem fünfjährigen Hänschen, unsere Annemarie. Am 22. Februar 1895 kam Helmuth hinzu, am 11. Mai 1896 Otto, am 1. Oktober 1897 Günther.« Da schrieb doch die Mutter, Johanna, poetischer und rührte ans Herz, obgleich es ihr, wie Sohn Otto viel später erzählt, an Herzenswärme gemangelt habe, und auch Gefühle habe sie eher zu verbergen gewußt: »Zu meinen Geburtstagen kam stets pünktlich ein Brief, der meistens mit den Worten begann: Um fünf sang die Drossel … Wahrscheinlich hatte

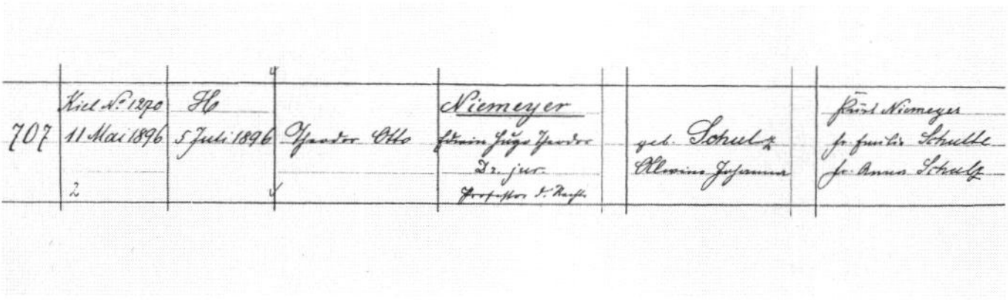
707 | Kiel No. 1290 11 Mai 1896 | 5 Juli 1896 | Theodor Otto | Niemeyer | geb. Schultz

Eintrag im Taufregister der Heiligengeistkirche vom 5. Juli 1896

sie, als ich das Licht der Welt erblickte, eine Drossel gehört. Meine erste Stunde blieb für sie mit diesem Eindruck verbunden, und sie nahm es als ein gutes Zeichen: Mein Leben begann mit einem musikalischen Akzent, am 11. Mai 1896.«

Hier, in der Lornsenstraße, wurde Lütt Otto auch getauft. Als D. Heinrich Mau, der Pastor der Heiligengeistkirche und ein persönlicher Freund des Vaters, am 5. Juli das Taufwasser über den Kopf des Säuglings rinnen ließ, war nicht zu vermuten, daß es »der liebe Gott so gut mit ihm meinen« würde, denn er war das letzte der Kinder Johanna und Theodor Niemeyers, das er nach nahezu 88 Jahren dann im Februar 1984 wieder »zu sich nahm«. Es wurde ein erfülltes Leben in einem von Gefährdungen überreichen Jahrhundert.

KIEL, neben Lübeck, Schleswig und Itzehoe eine der ältesten schleswig-holsteinischen Gründungen, erhielt 1242 lübisches Stadtrecht und trat 1283 dem Hansebund bei. Der entscheidende wirtschaftliche Aufschwung aber kam erst mit der Verlegung der preußischen Kriegsflotte 1865 und der Ernennung der Stadt zum Reichskriegshafen 1871, vor allem aber mit dem Ausbau der Werften von Schweffel & Howaldt, deren erstes, von Wilhelm Bauer konstruiertes Unterseeboot allerdings im Kieler Hafenbecken beim Versuchstauchen sank. Aus einem eher beschaulichen Universitätsort wurde binnen weniger Jahrzehnte eine sich ausdehnende Hafen- und Industriestadt.

Kiel um 1900, der Markt mit Rathaus und Nikolaikirche

Als Theodor Niemeyer 1893 seinen Dienst antrat, war, wie er in seinen Lebenserinnerungen schreibt, »vom Marinebetrieb noch wenig zu bemerken, weder von Kriegsschiffen noch von Marinetruppen«. Und er ahnte nicht, daß »alsbald die weite See es sein würde, die [seine] Aufmerksamkeit und wissenschaftliche Arbeitskraft in erheblichem Maße beanspruchen würde«; zu seinen Themen gehörten nun neben Vorlesungen über das römische und bürgerliche Recht an der Universität bald auch Kurse über Fragen des Völker- und Seerechts an der Kaiserlichen Marine-Akademie.

Hier am ruhigen Rande des Stadtkerns verlebte Otto Niemeyer seine Kindheit. »Lornsenstraße 14 war eine erste Adresse, meine«, spöttelte er später. Dann erwarben die Eltern in Kitzeberg, einem an der Kieler Förde gelegenen Ort, ein Waldgrundstück und bebauten es bald. »Auf Niemeyers Kitzeberger Gelände«, schreibt Annemarie, die einzige Tochter der Niemeyers, »war der ›Waldhütte‹, einem norwegischen Blockhaus, der Bau des Sommerhauses ›Drosselhörn‹ mit Kleingebäude und Treibhaus gefolgt.« In den unteren Räumen wohnte der Gärtner Wilhelm Selan mit seiner Fa-

Die Familie Niemeyer im Hofgarten des Hauses Lornsenstraße 14, Foto um 1900; von links nach rechts: Otto (im Wagen), Kinderfrau Emma Möller, Wolfgang (mit Fahrrad), Johannes (am Brunnen), Günther (an der Hand des Vaters), am Fenster die Mutter

milie, später Gärtner Stenzel. Auch »Drosselhörn« war nur als Sommerwohnung vorgesehen. »Die Liebe zu Kitzeberg führte zu dem Bau des ›großen Hauses‹.«

1908 zog die Familie nach Kitzeberg um. Da der kleine Ort über eine Landungsbrücke für Hafendampfer und außerdem über eine Fährverbindung verfügte, gab es keine Verkehrsprobleme. »Ohnehin war das Wasser unser Element. Wir banden eine Stange im Ruderboot fest, tüterten 'n Stück Stoff an, 'ne Gardine oder so was, und segelten los. Mein Schulweg führte übers Wasser, unsere Freunde wohnten überm Wasser auf der anderen Seite, wir Kinder fuhren ständig auf dem Wasser, es war ein Pendeln zwischen Kiel und Kitzeberg, hin und her, her und hin.«

Das »große Haus« in Kitzeberg nach Fertigstellung mit dem gerade angelegten Garten im Frühjahr 1908

ÜBER DEN LEBENSSTANDARD der Familie in Kiel und Kitzeberg geben einige Lichtbilder Auskunft, denn es war Usus, sich in seinem Lebensumfeld von Zeit zu Zeit »aufnehmen« zu lassen. Dies geschah in der Regel durch Johannes W. D. Wegener, dessen Vater bereits 1868 in der Dänischen Straße ein Atelier eröffnet hatte: »Schmidt & Wegener / Hof-Photographen Seiner Königl. Hoheit des Prinzen Heinrich von Preußen / Vergrößerungen, Interieurs, Moment-Aufnahmen, Jagdt-, Park- und Gartenszenen«. Später, als alter Mann, erinnert sich Otto Niemeyer beim Betrachten eines der Wegenerschen Lichtbilder: »Meine Eltern bestellten den Fotografen meistens nach Hause, immer denselben. Er kam nach Kitzeberg mit Sack und Pack und montierte ächzend den großen Kamerakasten aus Kirschholz mit dem blinkenden Messingobjektiv aufs Stativ. Damals wurde noch fotografiert, indem man die Lederkappe vorm Objektiv wegzog und die Belichtungssekunden zählte. Da durfte sich keiner mucksen. Zu Salzsäulen erstarrt hielten alle den Atem an.«

So verdanken wir dem Fotografen einen frühen Einblick in

Das »Refugium«, norwegische Holzhütte auf dem Kitzeberger Waldgrundstück, um 1906

den Familienalltag, eine Fotografie aus dem Hofgarten in der Lornsenstraße. »Welche Eltern konnten ihren Kindern Ponywagen kaufen, riesige Puppenhäuser, Fahrräder!« schreibt ONH 1981 in einem Brief. »Es mangelte uns an nichts.«

1905, nach der Fertigstellung des kleinen Sommerhauses »Drosselhörn«, schenkte Theodor Niemeyer das Blockhaus, in dem die Familie zunächst nur die Sommerwochenenden verbracht hatte, den Kindern als Refugium. Es wurde dem übersensiblen Jungen Otto bald zur Zuflucht in bedrängenden Schulkonflikten. »Ich wurde gedemütigt von einem Prügelpauker namens Dimigen, der an mir, dem ›Sohn aus gutem Hause‹, sein Mütchen kühlte. Ich ertrug es; es wäre gegen meine Ehre gewesen, meinem Vater davon zu berichten; ich fraß all meinen Kummer in mich hinein, wurde verstockt und verschloß mich eines Tages in unserer Waldhütte vor aller Welt. Der Gedanke an Selbstmord kam auf, die ganze Qual, die man aus Hermann Hesses ›Unterm Rad‹ kennt, war mein Los. Dabei hätte ich das Gymnasium gar nicht besuchen müssen, ich wollte Gärtner oder Förster werden, Rosen züchten wie unser Gärtner Selan. Ja, im Holzhaus, in der Einsamkeit des Waldes, fand ich Trost und Sammlung.«

Zum Kitzeberger Anwesen gehörte auch ein Stück Strand mit einem großen Findling, der alle Kinder magisch anzog. Das zumeist leise Anrollen der Wellen sei wie Musik gewesen, der man im höher gelegenen Haus entbehrte, obgleich man von einigen Räumen die Förde sehen und die heiseren Signale der Schiffssirenen hören konnte. Manchmal habe man auch Feuer entfacht, so daß zum einschmiegenden Wellentakt das Knistern und Knacken des brennenden Holzes hinzugetreten sei, ein Klang, den man sein Leben lang nicht vergesse, wenn man ihn einmal wahrgenommen habe.

DIE ERZIEHUNG DER KINDER war musisch geprägt. Musik gehörte zu den Selbstverständlichkeiten wie das »Leben unter Bildern«: neben Originalgemälden sind es Stiche, Lithographien sowie die damals beliebten »Lichtdrucke nach Originalen Alter Meister«. Die Pflege der Musik ist eine in der Niemeyerschen Familiengeschichte verwurzelte Tradition. Der Vater, Förderer der Kieler Musikfeste, rief als Rektor der Universität Matineen ins Leben, »die eine liebe und unverzichtbare Gewohnheit aller Sonntage« (Annemarie Niemeyer) wurden. Sie fanden in der Universitätsaula statt, manchmal unter Mitwirkung der Niemeyer-Kinder, die regelmäßigen Musikunterricht – zumeist Klavier und Violine – genossen. Eine vertraglich verpflichtete Musikpädagogin, Maria Becker, zählte neben Hauswirtschafterin, Kinderfrau, Erzieherin sowie Gärtner und Hausmeister zu den Kitzeberger Angestellten. Dennoch war die Bindung der Geschwister, nun waren es ihrer sechs, nicht nur altersbedingt unterschiedlich, auch ihre Interessen gingen auseinander, und letztlich stand das Musische gegen das Kaufmännische und Technische. Und es gab eine Mehrheit: »Meine Schwester Annemarie wurde von meinem älteren Bruder Wolfgang gern geringschätzig als ›dat eene Meechen‹ gefoppt, weil wir Jungen in der Übermacht waren. Sie hatte es nicht leicht mit uns.«

Die Schwester Annemarie um 1905, Fotografie der Mutter

Das Lesen belletristischer Literatur scheint zumindest bei Sohn Otto keine besondere Rolle gespielt zu haben. »Das kam erst später, so mit vierzehn. Ich bekam Jean Pauls ›Siebenkäs‹ von meinem Vater mit dem Bemerken, daß der Autor zu den von seinem Vater Geschätzten gehört habe.« Großvater Hans Niemeyer hatte auch gemeinsam mit einem Freund in der Rollwenzelei, dem Arbeitsort des Dichters bei Bayreuth, das erste Jean-Paul-Museum gegründet.

Anders die Schwester Annemarie, sie »las, was ihr in die Finger kam, zeichnete, malte, hatte eine überrege Phantasie und war zur Freude meiner Eltern sprachbegabt. Das Klavierspiel, das wir anderen oft mehr oder weniger als tägliche Fron empfanden, war ihr eine tägliche Freude, von der sie über Stunden nicht loskam. Mit Hingabe saß sie am Bechstein unter der Sixtinischen Madonna, einem Lichtdruck, in ihrem Rücken gerahmte Lithos und Fotos von Robert und Clara Schumann, Johannes Brahms und anderen Komponisten und Virtuosen, mit denen Vater und Großvater in Verbindung gestanden hatten.«

Museumsbesuche gehörten zu den Selbstverständlichkeiten der Familie. ONH erzählte (in Vorbereitungsgesprächen zum Buch »Lüttenort« und dort selbst) von einem Besuch der Berliner Nationalgalerie gemeinsam mit der Mutter im Jahre 1908, bei dem er einen prägenden Eindruck durch Bilder Adolph Menzels empfing. Nachdem sie an den »Historienschinken, Darstellungen aus der preußischen und deutschen Geschichte«, schnell vorbeigegangen waren, kamen sie »zu den kleinen Kabinetten in der Apsis des Gebäudes, wo mich vieles ansprach: die ›Gänserupferinnen‹ von Liebermann, das ›Eisenwalzwerk‹ von Menzel, die ›Tafelrunde‹, ›Das Flötenkonzert‹ – und vor allem ›Das Balkonzimmer‹. Dieses Bild ließ mich nicht mehr los.«

DIE VERZWEIGTEN FAMILIEN beider Seiten pflegten eine enge und rege Beziehung. In den Lebenserinnerungen des Vaters finden sich viele Belege dafür, »daß ein fleißiger Besuchsverkehr zwischen beiden Elternhäusern« stattfand und daß es Familientreffen gab; vor allem der Bruder Johanna Niemeyers, Richard Schulz, war bereits vor der Übersiedelung der Niemeyers von Unna nach Kiel ein gerngesehener Gast des Hauses über längere Zeit »zu seiner gesundheitlichen Erholung«. So wundert nicht, daß auch die Kinder wechselseitig zu den Familien in die Ferien geschickt wurden und später der Schüler Otto ebenfalls gern Ferientage im Blankeneser Landhaus »Grüneck« der Schulzens verbrachte, deren Stadtwohnung beim Sitz ihrer Export-Import-Firma in Hamburg lag. Mit den etwa gleichaltrigen Kindern Hans, Ilse, Karin und Karl Julius erlebte der Elfjährige, wie aus einem Brief vom Juli 1907 an die Eltern hervorgeht, manches Lustige, auch wenn es in Kreisen des gehobenen Bürgertums üblich war, wichtige Unterrichtsfächer fleißig zu repetieren. So wurde fürs Körperliche ein Fräulein Olga engagiert, fürs Geistige eine, wie es im Brief heißt, Mademodeselle. »Karl Julius hat Sonnabend einen schönen großen Dampfer bekommen den wir gestern mit Onkel Richard ausprobiert haben, der sehr gut fuhr. Hier ist auch eine Mademodeselle, jetzt haben Ilse, Karin und Karl

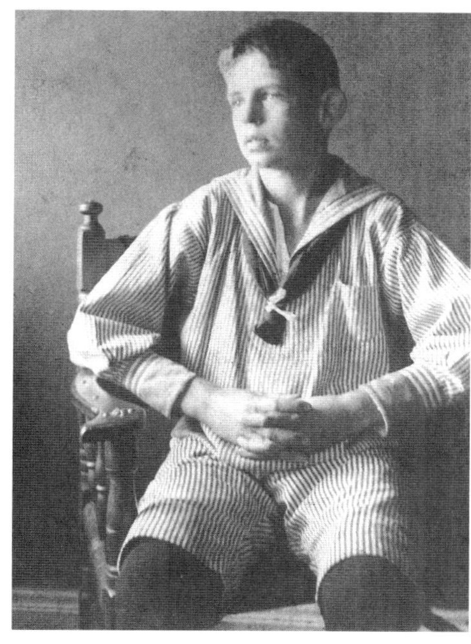

Der Quartaner, 1910

Julius französische stunde, eben haben wir Turnstunde gehabt bei frl. Olga. Ilse und ich haben schon öfters zusammen geübt. Gestern da war ja Sonntag da wollte ich meine weiße Hose anziehen aber ich hatte keine Hosenträger da gab Ilse mir Karl Julius seine Tirolerhosenträger. Die Grünecker haben noch nie gebadet, nur Hans einmal. Hier wird immer erst um sechs gegessen, nur Sonntags um 12 Uhr wegen Onkel Richard. Mutti willst Du mir bitte die Adresse von frl. Emma schreiben. Ilse läßt tausend und zehntausend mal grüßen und Karl Julius ebenfalls. Gestern sind wir mit dem Wagen ausgefahren. Ist mein Tirolerzeug schon da? Ich weiß gar nichts mehr zu schreiben.«

Aber auch in München gab es eine willkommene Möglichkeit, Ferien zu machen, in zünftiger Tracht dann sogar, die er so sehnsüchtig erwartete hatte. Hier lebte ein »randständiger« Onkel, Adelbert, der jüngste Bruder des Vaters,

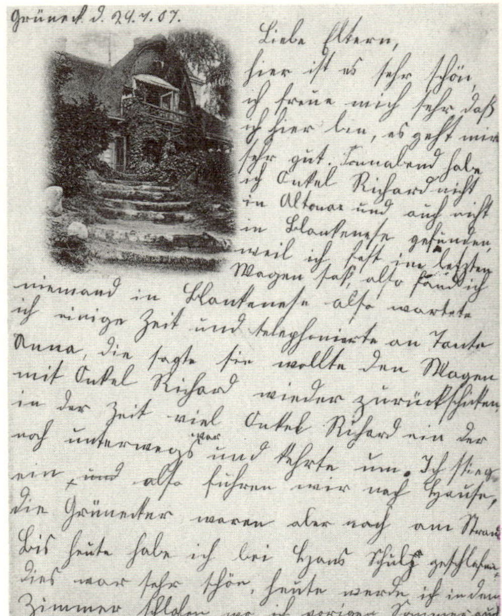

Grünreck d. 24.7.07.

Liebe Eltern,
hier ist es sehr schön,
ich freue mich sehr daß
ich hier bin, es geht mir
sehr gut. Sonnabend habe
ich Onkel Richard nicht
in Altona und auch nicht
in Blankenese gefunden,
weil ich fast im letzten
Wagen saß, also fand ich
niemand in Blankenese also wartete
ich einige Zeit und telephonierte an Tante
Anna, die sagte sie wollte den Wagen
mit Onkel Richard wieder zurückschicken,
in der Zeit [illegible] Onkel Richard [illegible]
noch unterwegs war und kehrte um. Ich stieg
ein, und also fuhren wir nach Hause,
die Grünrecker waren aber noch am Strand
bis heute habe ich bei Hans Schultz geschlafen
das war sehr schön, heute werde ich in dem
Zimmer schlafen wo ich voriges Sommer auch

Ein Brief aus den Ferien in Hamburg, 1907

ein angesehener Künstler, der mit seiner Familie ein stattliches Haus mit Blick auf die Alte Pinakothek bewohnte. Als Sechzehnjähriger hatte er das Essener Gymnasium »in Folge miserabler Zeugnisse« geschmissen, um an der Düsseldorfer Kunstakademie zu studieren. Klar, daß er da bald des Neffen besonderes Interesse gewann, zumal er für dessen Nöte aus eigener Erfahrung großes Verständnis zeigte: »Es empört sich geradezu noch heute mein Inneres, wenn ich zurückdenke an viele meiner Lehrer, die mich schlugen«, schreibt er in seinen autobiographischen Aufzeichnungen, »[…] so bleibt mir in der Erinnerung nur noch eine Vorstellung an eine Gruppe von ›Pädagogen‹ der Art, wie sie Thomas Theodor Heine soundso oft, offenbar auch ›in dankbarer Erinnerung‹ an seine Schulzeit, verewigt hat.«

Nach Jahren des Studiums an der Düsseldorfer Akademie – Modersohn, Mackensen und Vogeler gehörten dort zu seinen

Freunden – und an der Académie Julian in Paris lehrte er nun an der Staatlichen Kunstgewerbeschule in München und entwarf Holz-Typenhäuser (für die Deutschen Werkstätten Hellerau), Möbel und Inneneinrichtungen (für Schiffe der HAPAG), vor allem jedoch Porzellan »von zeitloser Gebrauchsschönheit« (für die Nymphenburger Manufaktur, aber auch für andere Firmen wie Villeroy und Boch, die Königlich-Sächsische Manufaktur Meissen und die Hutschenreuther AG).

Auch Entwürfe für die damals so beliebten Erinnerungs- und Jubiläumsplaketten gibt es von ihm. Seinen Eltern schenkte er zur Goldenen Hochzeit im Mai 1916 ein kleines Bronzerelief: ein Mädchen streut Rosen aus ihrem hochgerafften Kleid.

Der Onkel muß dem Neffen Otto auch noch aus einem anderen Grund nahegestanden haben. Er sei sehr humorvoll und ein geistvoller Wortspötter gewesen. Das habe ihm als Jungen sehr imponiert. Allerdings, sein Vater habe den zehn Jahre Jüngeren ebenfalls gern mit Spott bedacht: »Mein Bruder Adelbert ist ein Ku- / nstmaler und Töpfer dazu.« Solche Sätze, hier in Anspielung auf Hans Sachs, habe er nicht nur einmal gehört, wenngleich er auch anerkennend gemeint habe, daß sein Sohn Johannes, Otto Niemeyers älterer Bruder, »gut in Adelberts Fußstapfen trete«.

NACH DEN GRUNDSCHULJAHREN in Kiel besuchte Otto die Oberrealschule II (heute Max-Planck-Schule), die kurz zuvor am Königsweg ein neues Gebäude erhalten hatte. Sie gehörte damit zu den modernen Einrichtungen ihrer Art. Aber das half dem Schüler Niemeyer wenig. Er galt als ein nachdenklich-verträumter, an manchen Fächern wenig interessierter Junge, was sich in den Zeugnissen prompt niederschlug. Viel lieber hätte er das Gymnasium verlassen und, seiner Neigung gemäß, eine Ausbildung zum Gärtner oder Förster vorgezogen, hatte jedoch eine Scheu, seine Eltern zu enttäuschen, die für ihn eine wissenschaftliche Laufbahn

Die Oberrealschule am Königsweg in Kiel, um 1910

vorsahen. Aber er habe nicht verstehen können, daß so viele Lehrer geradezu eine Verkörperung der ironisch-verdrehten Seneca-Epistel »Non vitae, sed scholae discimus« (Nicht für das Leben, sondern für die Schule lernen wir) gewesen seien. Das »lebensfremde, mechanische Auswendiglernen konnte ich mit meinem Suchen nach Einsicht und Erkenntnis nicht vereinbaren«. So lautete folglich auch eine Notiz im »Schulalbum«, daß sich der »Schüler N.« bemühen muß, »die vorhandenen Lücken zu bessern«. Doch wie bessert man denn Lücken?

Eine besondere Aufwertung seines Selbstbewußtseins kam da zur rechten Zeit: Im Oktober 1912 rettete der Sechzehnjährige ein Mädchen vor dem Ertrinken. »Wir Jungen«, erzählt ONH im Buch »Lüttenort«, »fuhren täglich von Mönkeberg über die Kieler Förde zur Schule. Als eines Tages die Fähre ablegte, kam ein Mädchen gerannt und wollte noch aufspringen, verfehlte aber und stürzte ins Wasser. Das wäre wahrscheinlich nicht weiter schlimm gewesen, wir konnten alle schwimmen, aber beim Ablegen des Schiffes geriet das Mädchen in den Sog und wurde in die Tiefe gezogen. Ich sah

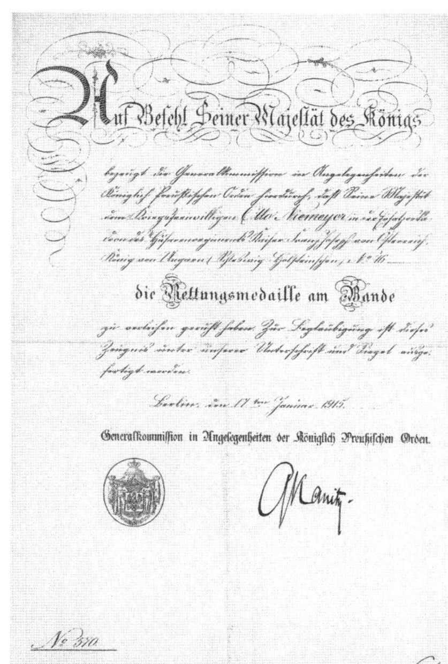
Auf Befehl Seiner Majestät des Königs

bezeugt die Generalkommission in Angelegenheiten der Königlich Preußischen Orden hierdurch, daß Seine Majestät dem Kriegsfreiwilligen Otto Niemeyer in der Ersatzschwadron des Husarenregiments Kaiser Franz Joseph von Österreich, König von Ungarn (Schleswig-Holsteinschen) Nr. 16

die Rettungsmedaille am Bande

zu verleihen geruht haben. Zur Beglaubigung ist dieses Zeugnis unter unserer Unterschrift und Siegel ausgefertigt worden.

Berlin, den 17ten Januar 1915.

Generalkommission in Angelegenheiten der Königlich Preußischen Orden.

No 370

Urkunde zur Preußischen Rettungsmedaille am Bande

es, sprang ins Wasser und holte die Ohnmächtige heraus. Irgend jemand muß den Vorfall an die große Glocke gehängt haben, denn einige Zeit später bekam ich vor den versammelten Klassen die Auszeichnung.« Vermutlich bekam er zunächst nur eine Belobigung im Namen Seiner Majestät, denn in den entsprechenden, von »Wilhelm R.« gezeichneten Ordern (Ges. 13/1883) heißt es in bezug auf Nicht-Volljährige: »Zugleich erkläre Ich mich damit einverstanden, daß die Verleihung der Rettungs-Medaille am Bande [...] so lange ausgesetzt werde, bis sie das 18. Lebensjahr vollendet und eine selbständigere Lebensstellung erlangt haben werden. Vorläufig sind sie für ihre Tat in Meinem Namen zu beloben.«

Die Urkunde mit dem Namen Otto Niemeyers trägt das Datum des 17. Januar 1915. Die Medaille erhielt er am 27. Januar, dem Geburtstag des Monarchen – aus der Hand des Vaters.

LAUT SCHUL-PROTOKOLLBUCH wird der Gymnasiast »aus der U II a nach der O II a versetzt« – immerhin vier Schüler der Klasse blieben hängen. Es war dies die letzte der meist so gefürchteten Versetzungen, man war »durch«. Die Tatsache, daß Otto Niemeyer, wie das »Klassenalbum« zeigt, sogar einem gewissen Klassendurchschnitt entsprach, mag ihn getröstet haben. Viele waren auch nicht besser, manche sogar wesentlich schlechter.

Zu guten Leistungen brachte es Niemeyer vor allem in den Fächern Naturkunde und Freihandzeichnen. Eine Arbeit aus dieser Zeit zeigt ein Gehöft, wahrscheinlich aus dem Engadin. OHN, der das Blatt 1981 für eine Ausstellung von »Kinderzeichnungen bekannter Künstler« in Frankfurt an der Oder zur Verfügung stellte, hatte als Entstehungsjahr 1915 angegeben. Zu vermuten ist eher 1913, und wahrscheinlich handelt es sich um eine Zeichnung nach einer Vorlage. »Ich zeichnete gern nach Vorlagen – nach Fotos, nach Postkarten, auch nach schon vorliegenden Zeichnungen, die ich phantasievoll wandelte.«

Am »ersten Mobilmachungstag 4 Uhr morgens« wird der Achtzehnjährige, »als Kriegsfreiwilliger bei dem 16. Husarenregiment Schleswig«, wie die Schwester Annemarie sich erinnert (Rede zum 70. Geburtstag ONHs) »angenommen«. »Er schreibt glückselig: ›Das Schönste daran ist es, daß ich das Einjährigenzeugnis ohne Examen bekommen habe.‹« In den Schulprotokollen heißt es dazu unter dem 8. September 1914: »Klassenkonferenz der O II a unter dem Vorsitz des Direktors. Den Schülern Werner Elson und Otto Niemeyer wurde auf Grund der Verfügung vom 31. August 1914 – U II No 2272 1 – die Primareife zuerkannt.«

Der 8. Jahresbericht der Oberrealschule II 1914/15, erstattet von Direktor Prof. Dr. Fritz Heyer, verkündete patriotisch: »Von 25 Oberprimanern sind 24 als Kriegsfreiwillige zu den Fahnen geeilt, ein Oberprimaner war herzleidend und daher militäruntauglich. Von 26 Unterprimanern traten 8 als Kriegsfreiwillige ins Heer ein und erhielten auf Beschluß der Klassenkonferenz sämtlich das Zeugnis der Oberprima. Von 48 Obersekundanern wurden 17 als Kriegsfreiwillige in

Federzeichnung des Schülers, um 1913

die Armee eingestellt. 15 Schülern konnte auf Konferenzbeschluß das Zeugnis für Prima erteilt werden. Die beiden Untersekunden zählten 84 Schüler. Von ihnen meldeten sich 23 als Kriegsfreiwillige und wurden ins Heer eingereiht. Allen diesen Schülern wurde durch Konferenzbeschluß mit dem Zeugnis für Obersekunda die wissenschaftliche Befähigung für den einjährigfreiwilligen Dienst zuerkannt. Auch 2 Obertertianer sind ins Feld ausgerückt.«

Bereits am 13. September bekommt Otto Niemeyer seinen ersten Sonntagsurlaub, den die Mutter im Foto festhielt. ONH kommentierte es später: »Ich hatte zunächst gemeint, daß es schmuck sei, so dahergehen zu können. Aber was heißt ›gehen‹! Der Säbel geriet einem ständig zwischen die Beine, die ungelenken Stulpstiefel machten die Schritte steif. Und der ganze Putz, die Schnüre und Kordeln! Ich kam mir vor wie der Portier vom Hotel Prinz Albern. Und dann kam's auch bald dicke. ›Frisch auf, Kam'rad, aufs Pferd, ins Feld...‹, na ja, man kennt ja das Lied.«

Der Husar mit dem Vater am 13. September 1914

Johanna und Theodor Niemeyer mit den Söhnen Otto (rechts) und Günther, September 1914

WIE SEIN JÜNGERER BRUDER GÜNTHER wurde der Kriegsfreiwillige der 18. Brigade des 16. Husarenregiments der 4. Kavallerie-Division Schleswig zugeteilt, Otto der III., Günther der I. Eskadron. Beide wurden sowohl für berittene Angriffe (als Husar) als auch für schwere Lanzenattacken (als Ulan) ausgebildet. »Ich mußte zunächst auf Befehl und Kommando reiten lernen – vor allem immer und immer wieder Attacke mit Lanze. Merkwürdiger Zufall: Heute befindet sich im Kreuzstall, in dem unsere Pferde standen, und im Hippodrom, wo wir täglich drangsaliert wurden, das Schleswig-Holsteinische Landesmuseum mit Werken von Künstlern, die in Schleswig-Holstein geboren sind oder eine enge Beziehung zu diesem Land hatten.«

Während der Ausbildung blieben die Brüder in Tuchfühlung; mit der Verlegung zunächst nach Belgien, dann an die Ostfront bereits am 16. Oktober verloren sie den Kontakt. Otto geriet 60 Kilometer westlich von Warschau in einen vernichtenden Nahkampf und »drehte buchstäblich durch«. In

Schloß Gottorf; im Vordergrund der historischen Luftaufnahme der Kreuzstall, heute Schleswig-Holsteinisches Landesmuseum

ohnmächtiger Wut sei er auf seinen Vorgesetzten losgegangen. Zum Glück habe dies nicht zu Weiterungen geführt. Die Familienannalen verzeichnen, daß sowohl Otto als auch Günther »infolge Überanstrengung erkrankten«. Welch schöngefärbte Umschreibung! Von der Wirklichkeit des Kriegsalltags hätte der Chronist schon am 21. August 1914 aus einem Brief des Cousins Hans Jürgen Vollbrandt an seine Eltern erfahren können: »Ein Mann, nein: eine Masse Fleisch wurde neben mir, nachdem er etwa 10 m in die Luft geflogen war, zur Erde geschleudert. Meinem Nebenmann wurde das Bein abgerissen, und mir flog das Bein oder ein Granatsplitter, der vom harten Boden aufprallte, so stark an das Bein, daß ich im ersten Augenblick das meinige auch verloren glaubte, aber nur einige blaue Flecke davontrug. Ein Splitter zerriß mir den zusammengerollten Mantel auf dem Tornister und den Tornister selbst. [...] Ich will lieber gleich tot sein, als so verstümmelt werden.«

Otto Niemeyer indessen, der noch im Dezember 1914

Die II. Beritt; obere Reihe, 4. von links Otto Niemeyer

nach einer »Schleichpatrouille bis in die feindlichen Artilleriestellungen« (Mitteilung des Bruders Günther in den Familienpapieren) das Eiserne Kreuz erhielt, erlitt erst am 7. Januar 1915 nach einem mehrtägigen Trommelfeuer bei Sochaczew, unweit Warschaus, »infolge Explosion einer in seiner unmittelbaren Nähe einschlagenden Granate einen mit Gehirn- und Rückenmarkserschütterung einhergehenden psychischen Chock«, so die Diagnose, die im Armee-Krankenbuchlager erhalten geblieben ist. Die Folge war eine »Blockade der unteren Extremitäten und Bewegungskoordinierung« (ONH). Nach Behandlung im Feldlazarett und ergebnisloser neurologischer Therapie in Lazaretten in Bromberg (Bydgoszcz), Kiel und Lübeck wurde er, inzwischen noch zum Gefreiten befördert, im September 1915 als »dienstunbrauchbar mit Versorgung« aus der Behandlung und Ende Oktober des gleichen Jahres als »dauernd arbeitsverwendungsunfähig« aus dem Militär entlassen.

»Glück gehabt. Das hätte es sein können.« Aber das nächste Unglück folgte mit den Anwendungen der Kriegspsychiater, deren politisches Behandlungsziel es war, »Simulanten zu entlarven, Kriegsgegner zu erkennen, ihren Unwillen zu brechen, ihren Willen aber für das Morden gefügig zu machen« (»Ärzte-Zeitung«, Nr. 205/1998).

So stolz Johanna und Theodor Niemeyer auch waren, zwei ihrer Söhne »in des Kaisers Waffenrock« zu sehen, so wenig träfe es doch zu, sie als blinde Kriegsbejubler zu verstehen. Immerhin bezeichnete Theodor Niemeyer, der als Hauptmann der Reserve nun Kommandant des militärisch wichtigen Kieler Bahnhofs war, den Krieg als »Wahnsinnsausbruch der europäischen Welt«. Zwar »war er gleich vielen anderen in deutsch-nationalem Denken befangen, aber er gab mir und meinem Bruder auch Hinweise, die man als Anleitung zum Überleben bezeichnen könnte, hat uns von Anfang an darin bestärkt, den Krieg als ein Mittel der Politik abzulehnen. Das war für ihn eine Frage der Moral. Und sein Bestreben als juristischer Berater des Reichsmarineamtes blieb es, nicht den blanken Patriotismus zu predigen, sondern Recht und Gerechtigkeit zum Durchbruch zu verhelfen, was schwer genug, offenbar sogar unmöglich war. Anders unsere Mutter. Politische Fragen hatten wenig Raum in ihrem Denken, das schuf Platz für hohle patriotische Gefühle, die ihr die Brust schwellen ließen.«

Von dem Bemühen, die sich abzeichnende Entwicklung der neuen Kriegstechnik mit ihren voraussehbar verheerenden Folgen völkerrechtlich zu fixieren, berichtet Theodor Niemeyer in seinen Lebenserinnerungen. Über einen Besuch beim Grafen Zeppelin im Jahre 1915 heißt es: »Er empfing mich in Gegenwart seiner Tochter und sichtlich aufgelegt zu einer längeren Unterhaltung. Diese war hauptsächlich den völkerrechtlichen Fragen des Luftkrieges gewidmet. […] Er ließ ein kleines Buch holen, dessen Verfasser der deutsche Kronprinz war, zu dem der Graf im Vorwort geschrieben hatte, […] daß jede Kriegsmaßregel verbrecherisch sei, die nur Schadenszufügung und Schmerz bewirke, ohne durch

Schleswig den 10. Septemb. 1915.

Militärärztliches Zeugnis.

(Siehe Bemerkungen hierzu auf S. 212 der D. A. Mdf.)

1) Anordnende Dienststelle:	Ersatz-Eskadron Husaren Regt. Nr. 16.	
2) Zweck der Untersuchung und Zeugnisausstellung:	Dienstunbrauchbarkeit mit Versorgung.	
3) Wann hat Untersuchung od. Lazarettbeobachtung f. d. Zeugnis stattgefunden?	10. September 1915.	
4) Name und Dienstgrad des Zeugnisausstellers:	Dr. Grabow, Oberarzt d. R.	
5) Name des Untersuchten, sämtliche Vornamen, Rufname unterstrichen:	Theodor, Otto Niemeyer,	
6) Dienstgrad und Truppenteil, Kompagnie usw.:	Kriegsfreiwilliger Gefreiter der Ersatz-Esk. Husaren Regt. Nr. 16.	
7) Näher bezeichnet in	anliegendem Kriegs-Truppenstammrollenauszug und der Rentenliste	
8) Tag der Geburt:	11. 5. 1896.	
10) Tag des Diensteintritts:	4. 8. 1914.	11) Ausgebildet
13) Art des Diensteintritts:	b) eingestellt als Kriegsfreiwilliger	
14) Untersuchungsvermerk: a) in der Nationalliste: — bei der Annahmeuntersuchung bei	-.-	
14) Untersuchungsvermerk: b) bei der Einstellung (nach der Mannschaftsuntersuchungsliste):	-.-	

A. Krankheitsgeschichte.

Niemeyer erlitt am 7. 1. 15. bei Wenziki-Stare infolge Explosion einer in seiner unmittelbaren Nähe einschlagenden Granate einen mit Gehirn- und Rückenmarkserschütterung einhergehenden psychischen Chock. Nach eintägigem Aufenthalt im Feldlazarett Saniki kam er ins Feldlazarett Lowitsch und von hier am 14. 1. ins Reservelazarett Schützenhaus, Bromberg. Am 21. 1. wurde er verlegt nach Kiel, wo er beim Geheimrat Siemerling in Privatbehandlung war. Am 8. 6. 15. kam er auf Anordnung des Herrn Korpsarztes in die Nervenabteilung des Reservelazaretts Lübeck, wo er bis zum 8. 8. blieb, an welchem Tage er als garnisondienstfähig zu seinem Ersatztruppenteil entlassen wurde. Hier litt er erneut an Ohnmachtsanfällen weshalb er zu erneuter Beobachtung dem Reservelazarett Schleswig, Abt. Stadtfeld überwiesen wurde.

B 188a. Waisenhaus-Buchdruckerei Cassel. (Neues kriegsministerielles Muster von 1918.)

Militärärztliches Zeugnis, 1915

den Kriegszweck gerechtfertigt zu sein. Der Graf erläuterte seine Auffassung durch die Ausführung, er mißbillige die Anwendung seiner Luftschiffe für Bombenabwürfe über Land, die nicht auf effektive militärische Erfolge gerichtet seien.«

In Wirklichkeit lief längst alles anders, wie Otto Niemeyer mehr als ein halbes Jahrhundert später in einem Brief schrieb: »Ich vor Warschau im pausenlosen Trommelfeuer, mein alter Herr im ›Kaiserhof‹ und beim Grafen Zeppelin in Unterhaltung darüber, was man rein rechtlich nicht tun dürfe, was jedoch längst geschah und man täglich erleben mußte.«

Eine Feldpost-Bildkarte aus dem Jahr 1915, die Zeichnung eines Kriegsberichters, bewahrte Niemeyer nicht zufällig in einer Sammlung von Kuriositäten auf: Ein deutsches Schütte-Lanz-Luftschiff bombardiert Warschau. Sie stammte von seinem Großcousin Guido Wolff, der als Aeronaut offenbar unweit des Ortes im Kriegseinsatz gewesen war, an dem der junge Husar um sein Leben gebangt hatte.

Auf dem Berg

Otto Niemeyer hatte Glück, das Glück im Unglück. Durch Vermittlung des Roten Kreuzes und, natürlich, dank der Verbindungen des Vaters wurde ihm im Herbst des folgenden Jahres ein Genesungsaufenthalt in der neutralen Schweiz erlaubt, der ihn zunächst nach Davos, in ein Sanatorium, danach in die Stadt Zuoz im Engadin führte, wo die Familie Noack am Hang über dem Ort ein Ferienhaus besaß. Ferdinand Noack, Professor für klassische Archäologie und Kollege Theodor Niemeyers an der Kieler Universität, hatte es in besseren Tagen erworben, um seiner Familie, vor allem dem asthmakranken Sohn, unbeschwerte Aufenthalte in der reinen Luft des Engadins zu ermöglichen. Nun, im Krieg, lag es für seine Frau Else nahe, »Kinder und Jugendliche aus ihrem Freundeskreis längere Zeit aufzunehmen, um sie aufzupäppeln« (Mitteilung der Enkeltochter Brigitte Roeseler-Noack). Ganz offensichtlich verstand sie es aber auch, dem vom Krieg gezeichneten jungen Mann nicht nur das Gefühl von Geborgenheit zu vermitteln, sondern ihn überdies zu einem sinnvollen Tun zu ermuntern: Otto Niemeyer besann sich einer Vorliebe aus Schultagen und tat, was er stets gern getan hatte, er zeichnete und malte. Waren es zunächst Häuser des Ortes, die er mit Bleistift und Tuschfeder aufs Papier brachte, ließ ihn das Motiv der alten, von den Lawinenstürzen vergangener Zeiten verschont gebliebenen Wassermühle unterhalb der Chesa Noack (heute Chesa Ulrich) – sein nach eigener Aussage erstes zeigenswertes Ölbild – bald gewahr werden, daß motivisches Malen nicht sein Ziel sein konnte. So sah man ihn schon bald zünftig ausstaffiert mit Staffelei und Palette vor dem Piz Pisoc beim Malen. »Und so lebte ich inmitten der friedlichen Schönheit dieser Landschaft und wußte doch aus eigenem Erleben, was rings in der Welt geschah.«

Zuoz im Engadin, Foto 1997. Im Vordergrund die Wassermühle; links oben die Chesa Noack

Otto Niemeyer, 1916

Die erste »Drucksache«: Umdrucklithographien aus dem Engadin, 1918

Vergleichsfoto von 1997

NACH EINIGER ZEIT wanderte Otto Niemeyer in das rätoromanische Bergdorf Fetan (heute Ftan). Seine Hoffnung war es, eine junge Frau, Tochter der wohlhabenden Münchner Familie Biergans, wiederzutreffen, die er bei »Mutter Else« Noack in Zuoz kennengelernt hatte und die eine dem Hochalpinen Töchterinstitut angegliederte Handelsschule besuchte. Doch eine andere Begegnung wurde ihm noch wichtiger: In der Umgebung des Ortes lernte er einen Mann kennen, der ihm beim Zeichnen vor der Natur über die Schulter gesehen hatte. Es war Otto Wyler (1887–1965), ein vom Impressionismus geprägter Maler aus dem Aargau, der nach dem Besuch der École nationale des Beaux-Arts einige Jahre in Fetan arbeitete, bevor er sich 1924 in der Hauptstadt seines

Otto Wyler: »Monte Forno. Maloja«, Öl, 1917

Heimatkantons niederließ. »Eigentlich suchte Wyler im Auftrag des Schweizerischen Hotel- und Fremdenvereins nach Bildmotiven für Werbe-Prospekte. Nachdem ich ihm einiges von mir erzählt hatte, schlug er vor, daß diesen Auftrag doch ich übernehmen könne. Fand ich großartig. Und er gab mir Hinweise, die ich mir sehr zu Herzen nahm.«

Wie sehr er dies tat, zeigt ein Vergleich der Bildmotive mit der Realität; noch nach achtzig Jahren findet man in den Ortsteilen Ftan Pitschen und Ftan Grond Situationen, die mit den von Niemeyer gesehenen und gezeichneten identisch sind; selbst die Baumgruppe hinter einem Gehöft steht noch heute in ihrer charakteristischen Wuchsform. Der Künstler äußerte später, daß diese Zeichnungen der Jahre 1917/18 nach Motiven der Engadiner Orte Thusis und Ftan künstlerisch gewiß ohne Belang seien, doch Zeugnisse seines Bemühens, durch ernsthaftes Zeichnen und Malen seinen Unterhalt zu bestreiten, seien sie allemal, gleichsam ein Beispiel für das Erklimmen einer ersten Sprosse.

Ganz scheint den jungen Mann solches Zeichnen nicht befriedigt zu haben. Im Nachlaß des Künstlers befindet sich ein Ölbild aus dem Jahre 1917, das die Häuser des Dorfkerns von Ftan mit dem hochaufragenden Kirchturm in stark kontrastierenden Farben darstellt. Und in einem erinnernden Brief an Werner von der Schulenburg vom September 1957 schreibt er: »1917 war unsere erste Begegnung, in Schuls-Tarasp. Ich hatte die ersten Ölfarben gekauft.«

Von Mitarbeitern des Kunsthistorischen Seminars der Universität Basel nach seinen Eindrücken aus dieser Zeit befragt, äußerte ONH 1980, daß Otto Wyler, ein guter Maler, sein erster Lehrer gewesen sei. Und beim Betrachten der frühen Zeichnungen präzisierte er später gesprächsweise: »Otto Wyler war für mich zu dem Zeitpunkt sehr wichtig, indem er mir so grundsätzliche Ratschläge gab, daß sie für mich ihre Gültigkeit bis heute behalten haben. ›Ich weiß‹, meinte er einmal, ›daß die Genauigkeitswiedergabe eine problematische Sache ist, da es doch Fotoapparate gibt, die das viel besser können. Aber das enthebt uns nicht unserer Grundpflicht, zuerst vor allem die Augen aufzumachen und genau hinzusehen und aufzunehmen, also den ersten Schritt vor dem zweiten, der künstlerischen Abstraktion, zu tun. Der Schritt zur Kunst fällt dann schon zu, wenn man begabt genug ist.‹ Eine – jedenfalls für mich – wichtige Lehre, wie ich bald bemerkte.«

Es folgte bald eine weitere. »Eines Tages besuchte mich Schulenburg, sah sich an, was ich gemalt hatte. Plötzlich entdeckte er ein kleines Aquarell vom Pizzo Pisoc, dem ich selbst wenig Bedeutung beimaß. ›Von wem ist das?‹ – ›Von mir.‹ Er nahm das Blatt in die Hand und betrachtete es lange. ›Aber was wollen Sie denn hier bei den Bildschnitzern? Glauben Sie mir, Sie müssen über den Sankt Gotthard, ins Licht. Gehen Sie nach Ascona, dort ist Künstlervolk, dort bekommen Sie Anregungen und Hinweise, da gehören Sie hin.‹ Ich glaubte ihm, packte meinen Rucksack und ging nach Ascona, in eine andere Welt.«

Damit öffnete Schulenburg dem jungen Mann nicht nur die Tür in eine andere Welt, er half ihm zugleich, sich als Künstler in spe unverwechselbar vorstellen zu können – mit einem »Geschenk zum 21. Geburtstag«, dem Rat nämlich, seinem Namen den Hinweis auf seine Herkunft anzufügen. Otto

ONH: »Ascona«, Holzschnitt, 1918

Niemeyer-Holstein schrieb dieser von nun an selbstbewußt auf den unteren Rand seiner Bilder und mietete eine der Hütten, die Ende des 19. Jahrhunderts von Lebensreformern auf dem Monte Verità, einem Hügel bei Ascona, gebaut worden waren und mehr und mehr auch von Künstlern bezogen wurden. »Als ich in Ascona eintraf, gab sich der Ort nicht mehr so verträumt und abgeschieden. Früher hatten dort nur Fischer und Bauern gelebt; auf dem Berg, ursprünglich hatte er Monte Monescia geheißen, wurde Weinbau betrieben – bis zur Reblausinvasion. Da mußte alles verbrannt, durfte einige Jahre nichts mehr angebaut werden. Die Weinbauern wanderten ab oder wechselten in andere Berufe über, die Anlagen verfielen, und es entstanden wilde Naturgärten, die von zivilisationsmüden Sonderlingen aus aller Herren Länder in Besitz genommen wurden. Einige lebten in verfallenen Steinhäusern, andere in zusammengezimmerten Holzhütten; sie nährten sich von Beeren und Pilzen, bauten auch selbst Gemüse und Kräuter an. Fleisch verschmähten sie ohnehin.«

Dem Schriftsteller und Maler Werner von der Schulenburg (1881–1958) fühlte sich ONH als väterlichem Freund zeitlebens verbunden, und er bemühte sich bis zuletzt vergebens,

Werner von der Schulenburg, 1957

einen Verlag der DDR für dessen historische Romane und die längst vergriffene Erzählung »Briefe vom Roccolo«, aber auch für ungedruckte Manuskripte – so eine poetisch-philosophische Arbeit des Titels »Helios« und eine Sammlung von Betrachtungen und Reden zur Kunst – zu interessieren. Unter anderem wohl auch für einen Aufsatz: »Otto Niemeyer-Holsteins Wollen und Werden« mit der Passage: »Hier [in Ascona] liefen Ströme jeder Art zusammen, und sie alle wirkten auf Niemeyer. Er übernahm also nicht wie andere Künstler von französischen, russischen oder sonstigen Meistern die Ausdrucksmittel, sondern er erlebte deren Erlebnisse unter der Sonne Asconas, dem ›Nabel der Welt‹, wie Dr. Friedeberg den Ort lachend nannte. Aber Niemeyer unterwarf sich erst einmal einer strengen Zucht bei dem Meister Segal, der in Ascona eine Malschule leitete.«

MIT DIESER MITTEILUNG hatte Werner von der Schulenburg nur bedingt recht. Zunächst rückten andere in den Vordergrund: Frauen.

Casa Signor in Croce, Haus Wrangel, Foto 1997

Otto Niemeyer-Holstein war nämlich alsbald wieder aus seiner Hütte aus- und bei der Baronin von Wrangel in die Casa Signor in Croce eingezogen. Die Dame, die sich nach dem Tod ihres Mannes, eines zum Pazifismus konvertierten zaristischen Generals, der Theosophie zugewandt hatte, pflegte eine illustre Gesellschaft. Sie versammelte Gleichgesinnte in einem Zirkel, dem einst auch Erzherzog Leopold Ferdinand von Habsburg und der Toskana, der sich als Leopold Wölfling bürgerlich gerierte, und seine Frau Wilhelmine (Vilma) Adamowicz angehörten, ebenso – und vor allem – ihre ehemalige Gesangslehrerin, Carolina Langwara, und deren Tochter Hertha (oft auch Herta), eine angehende Konzertsängerin, auf die es der junge Maler bald abgesehen hatte.

Carolina Langwara hatte 1899 auf »dem Berg« ein paar Quadratmeter Land erworben, denn ein Dokument besagt, daß »Virgilio Pancaldi-Pasini, Fu Dr. Constantino, am 5. 6. 1910 der Witwe Carolina, Witwe von Leopold Langwara aus Wien, mit dem Domizil in Ascona, ein Grundstück verkauft – Mappala 601, Gebiet Varalda, m^2 490 für Fr. 650,–«. Zur Zeit der Bekanntschaft mit Otto Niemeyer bewohnte sie mit der Tochter Hertha ein aus den beiden Teilen S. Pietro

Carolina Langwara mit Gesangsschülerinnen, rechts stehend Hertha Langwara, um 1916

und S. Paolo bestehendes Doppelhaus gegenüber der Baronin Wrangel. Ihre Nachbarn waren eine Zeitlang Leopold Wölfling und Vilma Adamowicz gewesen.

Die Langwaras waren über mehrere Generationen künstlerisch tätig gewesen – die Männer als Komponisten, Kapellmeister und Musikdirektoren, die Frauen als Sängerinnen und Gesangspädagoginnen. Schon der Großvater Hertha Langwaras, Leopold Johann Langwara-Schubert, geboren 1833 in Wien als Sohn der ledigen Modistin Anna Schubert, hatte als Beruf Compositeur angegeben. Veröffentlichungen sind ebenfalls nachweisbar – so eine »Faust-Parodie« für vier Männerstimmen, aber auch Liedvertonungen, Orchester- und Kammermusik. Eine Instrumentalmesse wurde 1851 in der Wiener Schottenkirche mit großem Erfolg aufgeführt.

Seinem Sohn Leopold Anton, dem Vater Hertha Langwaras, geboren 1854 in Wien, war weniger Erfreuliches beschieden. Ihm, der mit »wesentlichen Leistungen und größeren Aufführungen« nicht in Erscheinung getreten war, wurde »auf allen Gebieten« seiner Verpflichtungen als Direktor der

Gesellschaft der Musikfreunde in Dornbirn bei Bregenz »ein wacheres Interesse« angeraten; allerdings konnte man ihm auch nur ein so knappes Jahresgehalt zahlen, daß erst nach seinem Ersuchen bei der Gemeinde (23. 6. 1898) »der Erhöhung auf fl. 300,– stattgegeben« wurde.

Am 18. Februar 1899 gab sich Leopold Anton Langwara im Alter von 45 Jahren in einer depressiven Situation »auf dem Zanzenberge durch einen Revolverschuß selbst den Tod« (»Dornbirner Gemeindeblatt«, Nr. 3/1899) und hinterließ seine Frau mit dem Sohn Kurt (eigentlich Carl Leopold), geboren 1887 in Göggingen (heute zu Augsburg gehörig), und der Tochter Hertha (Herta Maria Augusta Betty), geboren am 9. September 1896 in Dornbirn, »ein nettes, sehr musikalisch begabtes Mädchen«, wie Marianne Werefkin sie Ende Februar 1920 in einem Brief an Paul Klee mit der Bitte charakterisiert, ihr bei einem Besuch in München Hilfe zuteil werden zu lassen, da sie dort »Arbeiten ihres Brautigams Herrn Niemayer Kunsthändlern zu zeigen« die Absicht hat. Später wurde sie Niemeyer-Holsteins erste Ehefrau.

IN ASCONA entwickelte sich zwischen dem aus Petersburg stammenden, um mehr als drei Jahrzehnte älteren und schon berühmten Maler Alexej von Jawlensky (1864–1941) und dem suchenden jungen Mann bald eine für ihn hilfreiche Beziehung. In seinen Lebenserinnerungen, dem Buch »Lüttenort«, erzählt Niemeyer-Holstein: »Von irgend jemandem hatte er gehört, daß da ein junger Mann auf dem Monte Verità sitze und passable Versuche mache, vielleicht hat man ihm auch gesagt, daß ich eines Zuspruchs bedürfe. Jedenfalls kam er eines Tages herauf, setzte sich stumm vor meine Bilder und sagte nach einem langen, für mich quälenden Nachdenken: ›Särr gutt, junger Mann, werden Sie Maler!‹ – Kein Wort mehr, aber er äußerte es in einer ruhigen und bestimmten Art, die mich beeindruckte. Ich hab das natürlich nicht ganz ernst genommen, aber daß dieser Besuch für mich von gro-

Alexej von Jawlensky in Ascona, um 1919

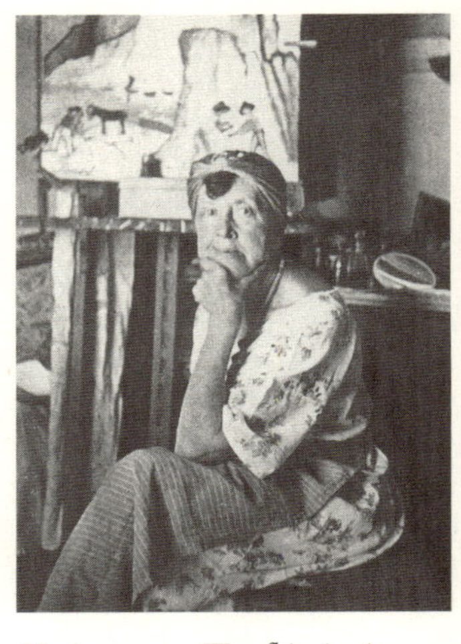

Marianne von Werefkin in Ascona, um 1930

ßer Bedeutung war, spürte ich sofort.« Von methodischen Hinweisen, die ihm Jawlensky gegeben habe, vor allem auch von kritischen Bemerkungen zu seinen Malergebnissen, gar »entscheidenden Anstößen« berichtete Niemeyer-Holstein später, obgleich Jawlensky sich zu jener Zeit in seiner Arbeit vom Naturbild schon zu lösen begonnen hatte, weswegen es zu einem unvermittelten Einfluß kaum gekommen sein kann. Gelegentlich sei er dem Maler auch zur Hand gegangen – bei technischen Vorbereitungen vor Ausstellungen etwa. Die von Marianne von Werefkin niedergeschriebenen Sätze seines Glaubensbekenntnisses von 1910 gehörten zu den wichtigen Äußerungen, die ONH später, mit kräftigem Tuschschwarz auf einem Aquarellblatt notiert, in seiner Arbeitsnähe sichtbar an die Wand pinnte: »Für mich ist die Kunst ein Kommentar des Lebens, meine Werke sind nichts weiter als immer neue Versuche, meine Art und Weise, das Leben um mich herum zu betrachten.«

Marianne von Werefkin (1860–1938), die Wegbegleiterin Jawlenskys über Jahrzehnte, wurde gleich ihm und Wassily

Die Piazza von Ascona, Foto von 1997; Marianne von Werefkin und Alexej von Jawlensky wohnten zunächst im Castello (Gebäude mit dem Turm), später zog die Malerin in die Casa Perucchi (Haus mit den Eisengitterbalkons)

Kandinsky bei Kriegsausbruch 1914 von den deutschen Behörden unter militärischer Bewachung in die Schweiz abgeschoben. Sie, die unerwünschte Russin, hatte an der Moskauer Lehranstalt für Malerei, Plastik und Architektur studiert, bevor sie in St. Petersburg Schülerin Ilja Repins wurde. Durch ihn lernte sie 1891 Alexej Jawlensky kennen, mit dem sie eine Jahrzehnte währende Beziehung einging. Sie lebten beide lange in München, wo Jawlensky – wie auch Kandinsky – die bekannte Malschule des slowenischen Kunstpädagogen Anton Ažbè besuchte und seinen Malstil entwickelte. Nach Kriegsausbruch 1914 und ihrer Ausweisung aus Deutschland gingen sie zunächst nach Zürich und von da nach Ascona. »Marianne Werefkin kam mit Alexej Jawlensky im Jahre 1918 nach Ascona ins ›Castello‹. Seit 1921, nach der Trennung von Jawlensky, wohnte sie im Hause ›Perucchi‹ gleich vor dem Castello, wo sie eine kleine Wohnung und Atelier hatte, bis zu ihrem Tod 1938. Castello und Casa Perucchi sind am Ende der Piazza am See.« (Hetty Rogantini de Beauclair)

Daß auch Marianne von Werefkin auf Otto Niemeyer-Holstein einen gewissen Einfluß ausgeübt hat, spricht aus einer Passage in seinen Lebenserinnerungen: »An die Tür ihres Ateliers in Ascona hatte sie einen Zettel gepinnt: J'aime les choses qui ne sont pas – Ich liebe die Dinge, die nicht sind. Mit dieser Maxime konnte ich wenig anfangen, umso mehr aber mit einer anderen, die sie mir mit auf den Weg gab, nachdem sie einige Bilder von mir gesehen hatte: Jedes wirkliche Kunstwerk hat seine Begründung im Leben, und deshalb ist die genaue Beobachtung des Lebens für einen Künstler wichtig. Große Kunst ist verwandeltes Leben. – So ungefähr. Das war ja auch meine Ansicht, und es ist meine Ansicht bis zum heutigen Tag geblieben.«

»Ein anderer Maler«, bekannte ONH, »war für mich zu dieser Zeit ebenfalls wichtig: Ernst Frick, aber nicht als Maler, obgleich er gute Bilder gemalt hat, sondern weil er ein kluger Mensch war. Er erklärte mir viel über Psychologie, Gesellschaftspolitik und Sozialethik. Als ich Frick kennenlernte, war er noch mit der Frau des Psychoanalytikers Otto Groß liiert; zugleich war Margaretha Fellerer, die Freundin meiner späteren Frau Hertha Langwara, seine Geliebte.«

Ernst Frick (1881–1956), zu dem sich ONH 1980 auch in einem Brief an das Kunsthistorische Institut der Universität Basel mit dem Satz »Mit Ernst Frick übrigens verband mich eine besonders enge Freundschaft« ausdrücklich bekannte, war von Beruf Metallarbeiter. Er hatte sich als junger Mann dem Gewerkschaftskampf angeschlossen und nach 1900 den anarcho-sozialistischen Gedanken und Theorien Gustav Landauers und Erich Mühsams genähert. Nach Verbüßung einer einjährigen »Haftstrafe wegen versuchter Befreiung eines russischen Sozialisten aus dem Gewahrsam der Zürcher Kantonspolizei« zog er sich 1914 von politischen Aktivitäten zurück, um sich auf seine künstlerische Arbeit zu konzentrieren. Dem »Anspruch, den Krieg als eine gesellschafts-

ONH: »Bildnis Frau Fellerer«, Öl, 1918

Margaretha Fellerer und C. G. Jung in Ascona, um 1919

bedingte und also ausrottbare Seuche zu begreifen, hat Ernst Frick jedoch nie abgeschworen«.

Margaretha Fellerer (1886–1961) war als junge Bühnendarstellerin 1909 mit Carolina Langwara nach Ascona gekommen, um dort ihre Gesangsausbildung fortzusetzen. Bereits zu dieser Zeit begann sie als Fotografin zu arbeiten, konzentrierte sich aber erst später, unter dem Einfluß Ernst Fricks, mit dem sie nach 1918 zusammenlebte, voll auf diesen Beruf. Allgemein bekannt wurde sie durch eine Fotoserie der »Gottesanbeterin«, einer Fangheuschrecke, die nach vollzogener Kopulation ihren Partner auffrißt. C. G. Jung, der väterliche Freund, schrieb ihr, nachdem er eines der Fotos gesehen hatte: »Es ist ein fabelhaftes Bild, und ich bin froh, daß nicht alle Frauen so aussehen.«

Ernst Frick, um 1920

Otto Niemeyer-Holstein malte von ihr auf Wunsch von Ernst Frick ein Porträt, sein erstes Bildnis. Franziska Fellerer schreibt 1998 in einem Brief: »Meine Tante bevorzugte große Hüte, sie trug immer Hüte. Das Bild von ONH ist nicht nur porträtähnlich – in späteren Jahren sah meine Tante noch so aus –, auch ihr Wesen erfaßt dieses Bild. Darauf kam es dem Maler offensichtlich an.«

Auch Richard Seewald (1889–1976) gehörte zum Kreis derer, die einen Einfluß auf Otto Niemeyer-Holstein ausübten. Der aus dem pommerschen Arnswalde stammende Künstler hatte in München Architektur studiert, war aber dann zur Malerei übergewechselt. Er nahm an Ausstellungen u. a. bei Tannhauser in Berlin, am Salon d'Automne in Paris, am Herbstsalon »Der Sturm« 1913 in Berlin und am »Neuen Kunstsalon – Dietzel« in München teil; im gleichen Jahr erschien bei H. F. S. Bachmair in München von ihm eine Mappe mit 10 Holzschnitten. Bereits 1916 hatte er seine erste umfassende Personalausstellung (Gemälde, Aquarelle, Holzschnitte, Zeichnungen) in der Galerie Hans Goltz in München.

Ab 1910 hielten sich Seewald und seine Frau Uli (eigentlich Emma Margarethe) wiederholt im Tessin auf, wo sie sich

Richard Seewalds Holzschnitt »Revolution« für die gleichnamige Münchner Zeitschrift, 1913

später endgültig ansiedelten, zunächst in einer stillgelegten Wassermühle nahe Ronco, danach in einem »kleinen Haus mit Stallatelier«, bevor Seewald 1957 nach eigener Vorstellung ein Haus in Ronco sopra Ascona baute.

ONH berichtete, daß Richard Seewald, Ernst Frick und er gelegentlich ausgedehnte Bergwanderungen unternahmen, bei denen Seewald in bezug aufs Malen der fleißigste von ihnen gewesen sei. Seewald habe ihn auch auf Ausdrucksmöglichkeiten des Holzschnitts hingewiesen, in dieser Kunstform sei er ein Meister gewesen. Seewalds Holzschnitt »Revolution« von 1913, auf dem ein für Freiheit demonstrierender Menschenzug von einem Militärkordon niederkartätscht wird, habe ihn damals »erregt«.

Seewald, der auch Prosa, Lyrik und Stücke für Jakob Flachs berühmte Puppenbühne schrieb, fand zu herausragenden

Leistungen auf dem Gebiet der Freskenmalerei; Arbeiten von ihm finden sich in der Maria-Lourdes-Kirche in Zürich-Seebach, in den Münchner Hofgartenarkaden und im Kölner Gürzenich. In seinem Buch »Gestehe, daß ich glücklich bin« schrieb er kritisch über den Monte Verità: »Die ersten, die glaubten, ihre Wahrheit hier verkünden zu müssen und deshalb den Hügel über Ascona zu ihrem Sinai machten und ›bescheiden‹ Monte Verità nannten, waren Vegetarier. Diese also machten ihren Bauch zu ihrem Gott. Und ihnen folgten immer neue Scharen im Namen immer neuer Propheten.«

AB SPÄTSOMMER 1918 besuchte Otto Niemeyer-Holstein die Kunstgewerbeschule des Kantons Luzern, um unter berufener Anleitung Fertigkeiten auch in druckgraphischer Technik zu erwerben. Diese Möglichkeit bot sich, da laut Jahresbericht der Lehranstalt (1918/19) auf »Ansuchen der deutschen Gesandtschaft kriegsinternierten Deutschen« als Vorbereitung auf ihren späteren Beruf eine Ausbildung zu Zeichenlehrern nach der preußischen Prüfungsordnung gewährt werden konnte. Genauere Angaben über die Dauer seines Studiums konnte der Künstler später nicht machen, doch sprach er immerhin von »paar Semestern«, bevor er bemerkt habe, daß er künstlerisch »keinen Schritt weiterkam«. Das Erziehungs- und Kulturdepartement des Staatsarchivs des Kantons Luzern teilte (20. 3. 1997) mit: »Im gedruckten Jahresbericht von 1918/1919 ist nur festgehalten, daß 22 Ausländer die Schule besucht hatten. Der kantonalen Obrigkeit scheint Niemeyer auch nicht negativ aufgefallen zu sein, in den Personalakten gibt es über ihn kein Dossier.«

»Zur Aufnahme«, erinnerte sich ONH, »mußte man Arbeiten in verschiedenen Techniken vorlegen, auch einen Holzschnitt. Ich kaufte Flacheisen, Hohleisen, Geißfuß, nahm eine Holzplatte und schnitt unbekümmert drauflos – eine Eule, die ich vorher gezeichnet hatte. Es wurde ein spannungsloses Blatt, aber zum Bewerben reichte es, ich kam an.«

Pension Felsberg in Luzern, historische Aufnahme

So zeichnete sich damals, im Herbst 1918, für Otto Niemeyer ein Lebens- und Berufsweg ab, der bei den Eltern in Kiel nicht nur Freude auslöste, war doch für den Sohn ein Studium in Kiel ins Auge gefaßt, und der Vater hatte ihn bereits bei seinen Kollegen vom naturwissenschaftlichen Fach angekündigt. Auch aus diesem Grund stieß die Mitteilung Ottos, seinen Weg als Künstler weitergehen zu wollen, auf Bedenken. Dabei hatte Theodor Niemeyer selbst schweren Herzens und auch mehr dem Wunsch der Mutter zuliebe auf eine musische Berufsausbildung – Kapellmeister hatte er werden wollen – zugunsten des Studiums der Jurisprudenz verzichtet. Nun aber reiste er, um nach dem Rechten zu sehen, Anfang Oktober 1918, einen Monat vor Kriegsende, in die Schweiz. »Die Verbindungen zwischen Deutschland und der Schweiz waren nie unterbrochen, wie man vermuten könnte, Post, Telefon, Eisenbahn – alles funktionierte. Bei einem Telefonat mit meinem Vater spürte ich die Besorgnis, mich bei den Vögeln unterm blauen Himmel Asconas zu wissen – im freien Flug in eine ungewisse Zukunft. Da beschloß er, mich zu besuchen.« Die Tatsache, daß nun eine Ausbildung

Der Irrläufer-Brief Theodor Niemeyers

mit einem Abschluß begonnen worden war, scheint bei der Wiederbegegnung zu einer Entkrampfung geführt zu haben. Noch auf der beschwerlichen Rückfahrt – das Züricher Reisebüro Kuoni hatte eine mit Ende des Sommerfahrplans eingestellte Verbindung vermittelt, wodurch die Schlafwagenreservierung verlorengegangen war – schreibt Theodor Niemeyer am 17. Oktober 1918 im Coupé des Zuges München – Berlin einen Brief, um dem Sohn für das rückhaltlose Vertrauen zu danken. »Ich denke sehr viel an Dich, mein lieber Junge, und das ist ein großer Vorteil der Tagreise gegenüber der eingebüßten Nachtreise. [...] Ich denke, Du hast selbst die Sicherheit, daß ich Deine Lage nunmehr in jeder Hinsicht verstehe, und ich glaube, daß ich doch dazu beitragen kann, Deinen Lebensweg zu ebnen. Einen größeren Wunsch als den, meinen Kindern etwas zu sein, habe ich jetzt nicht, auch angesichts der schrecklichen Weltlage, in der wir stehen und welche unabsehbare Schwierigkeiten und Sorgen bereitet.«

Der Brief erreichte den Adressaten, der sich zeitweise zur medizinischen Behandlung im Sanatorium St. Anna befunden hatte, dort nicht mehr; er ging als Irrläufer über Vitznau und

Bern an die Adresse des Absenders nach Kiel. Als er dort schließlich eintraf, lag Otto Niemeyer schon schwer erkrankt in der Pension Felsberg, einer von Kriegsinternierten bewohnten Herberge.

Dem Vater war bei seinem Besuch der Gesundheitszustand seines Sohnes freilich nicht ganz entgangen. In einem Briefzusatz hofft er allerdings, daß es nur eine durch ein Bad ausgelöste Erkältung sein möge. Es war aber die »spanische Grippe«, die um die Welt ging und allein in Europa binnen zweier Jahre rund 30 Millionen Tote forderte, mehr als der zu Ende gehende Krieg Opfer gekostet hatte.

AUF DEM WEG ALS JUNGER KÜNSTLER war Otto Niemeyer-Holstein schon ein gutes Stück vorangekommen. Bereits 1919 waren Bilder von ihm in einer Ausstellung des renommierten Kunstsalons Wolfsberg in Zürich zu sehen, die Werke der in Ascona ansässigen Maler vorstellte. Diese für ihn erste wesentliche Präsentation stand unter der Ägide des Malers Arthur Segal, der in Ascona eine Malschule leitete, die Niemeyer auch besuchte, aus finanziellen Gründen jedoch nur sporadisch. Segal selbst war in der Ausstellung »mit einer ganzen Kollektion neuer Arbeiten vertreten«, wie es in einer Besprechung der »Züricher Post« (19. 6. 1919) heißt, der man auch die weiteren Teilnehmer entnehmen kann, von denen vor allem Marianne von Werefkin, Alexej von Jawlensky, Ernst Frick und Gordon McCouch zu erwähnen wären. Niemeyer-Holstein bescheinigt die Kritik »einen starken und radikalen Kolorismus«.

Diese Ausstellung war für ihn quasi der »Durchbruch«, und sie war auch ein Erfolg, denn eines seiner Bilder wurde gekauft. Als Vermittler trat Walter R. Diethelm, der Inhaber einer Züricher Import-Export-Firma, in Erscheinung, der die Bilder des jungen Malers dem Rechtsanwalt und Kunstsammler Dr. Keller empfahl. Dieser erwarb ein »in Anlehnung an Jawlensky entstandenes Stilleben«. Diethelm bemühte sich

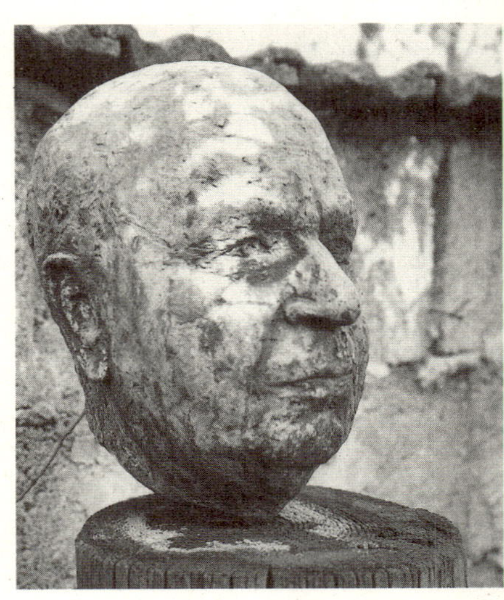

Cesare Ferronato: Porträtplastik »Walter Diethelm«

auch später darum, dem Maler »auszuhelfen mit Geld und zu helfen mit der Vermittlung von potentiellen Käufern« (ONH). So ermöglichte er Anfang der dreißiger Jahre den Kauf und Transport des S-Bahn-Wagens, der Urzelle von Lüttenort. Und vor allem nach 1945 ließ er es an freundlichen Zuwendungen nicht fehlen. Günter Niemeyer, der Sohn, erinnert sich in einem Brief: »Walter war mein Patenonkel, der uns nicht nur Lebensmittelpakete schickte – vor allem nach dem Krieg –, sondern mich 1957 auch zu zwei Semestern Studium an der Medizinischen Fakultät Zürich einlud. Das war einer der Gründe, weshalb ich nach drei Jahren Medizinstudium an der Humboldt-Universität Berlin die DDR verließ und mein Studium in Zürich fortsetzte. Walter, der Götti (Patenonkel auf Schweizerdeutsch), war großzügig, ein Weltmann, der länger im Fernen Osten gelebt hatte, stets sehr konventionell gekleidet. Er wohnte in einer größeren Villa in einem großen Garten in Zollikon, war immer distanziert und später in religiöse Konzepte eingewoben, daher für mich eher unnahbar, aber doch liebenswürdig und stets besorgt um das Schicksal meiner Eltern, zu denen er eine tiefe Verbundenheit empfand.«

Der Porträtkopf des Förderers, geschaffen von dem Züricher Plastiker Cesare Ferronato, erhielt an der Mauer des Lüttenorter Hofgartens, genannt Klostergarten, einen Ehrenplatz.

IM FRÜHJAHR 1920 verließ Otto Niemeyer-Holstein überraschend Ascona und fuhr ins heimatliche Holstein. Hertha Langwara reiste mit. Die Möglichkeiten, die ihm das »liebe närrische Nest« eröffnet hatte, schienen für ihn erschöpft, die ihm wichtigen Einflüsse aufgenommen zu sein. Nun wurde klar, daß neue produktive Anstöße anderswo zu suchen sein müßten. Auch gab es einen weitern Grund: »[...] unsere Hochzeit vorzubereiten. Unser Verhältnis war in Ascona allgemein bekannt, nicht aber, daß wir es ohne – zunächst! – zwingenden Grund in eine Ehe umwandeln wollten. Außerdem hatte es wegen der Tratschsucht der alten Baronin [Wrangel] eine Verstimmung gegeben; ich wollte der nutzlosen Auseinandersetzung aus dem Weg gehen.«

Werner von der Schulenburg reflektiert die Abreise 1970 in seinem Manuskript über »Otto Niemeyer-Holsteins Wollen und Werden« ebenfalls: »Als ihn eines Tages irgendeine Kleinigkeit geärgert hatte – wie alle Künstler ist er reizbar –, schrieb er mit Kreide an seine Zimmertür in der Wohnung der russischen Baronin Wrangel: ›Lago Maggiore!‹, eine kulante Übertragung des bekannten Götz-von-Berlichingen-Wortes ins Lateinische, warf sich seinen Rucksack um und zog ab. Er hatte sich gefunden; Ascona war für ihn ausgeschöpft, und nun trieb es ihn weiter. Der alten Baronin, die mit der gierigen Hoffnung auf Sensation zu mir kam und, den Finger im Mund, zwinkernd fragte, ob er wirklich in den Lago Maggiore gegangen ist, mußte ich zu ihrem Schmerz erwidern: ›Sicher nicht, denn Otto sagt zum Leben Ja.‹«

Damit hatte er recht, Otto und Hertha heirateten. Die Trauung wurde am 26. Juni 1920 in (Alt-)Heikendorf an der Kieler Förde vollzogen. »Ein rauschendes Fest wurde es nicht«, meinte der Maler später, »nur eine kleine Feier in der

Familie. Ich spürte deutlich, daß mein Schritt nicht Gefallen fand. ›Wer ist Hertha?‹ fragte mein Vater. ›Ein bunter Vogel, der Otto ins Netz gegangen ist‹, antwortete meine Mutter – so laut, daß ich es hören mußte.«

Zwar hatte ONH in Ascheberg am Plöner See für seine Frau und sich »Räume in einer zerfallenden Kate« gemietet, zudem bot sich bald die Gelegenheit zum Kauf eines Hauses in der nahen Gemeinde Stocksee, der mit Hilfe der Eltern dann zu realisieren war. Dennoch entstand für das junge Paar bald eine Lage, die sie in ihrer physischen Existenz bedrohte: »Unvermittelt waren wir in größter Not; plötzlich klopfte das Elend an. Wir waren am Ende.« Hinzu kam, daß sich der Maler im Oktober 1920 – in schon verzweifelter Hoffnung, noch einen regulären Ausbildungsabschluß erlangen zu können – zum Studium an der Kasseler Kunstakademie eingeschrieben hatte, gewiß nicht ahnend, daß es seiner Frau »trotz Handreichungen der Eltern« in Kitzeberg kaum möglich sein würde, über längere Zeit auf sich gestellt und isoliert, im Norddeutschen Fuß fassen und ihrem Beruf nachgehen zu können: für die Sängerin gab es keine Aufträge, für die Gesangslehrerin keine Schüler. Und es meldete sich ein Kind an.

Auch die Studien an der Kunstakademie erbrachten dem Maler wieder nur wenig Gewinn, obgleich Professor Curt Witte durchaus ein Lehrer war, der für die Besonderheiten des im Verhältnis zu den anderen Studenten schon nicht mehr jungen, dafür erfahreneren Niemeyer Verständnis zeigte. Nun, festen Lehrnormen unterworfen, gestaltete sich das Verhältnis schwierig. Vom akribischen Freihandzeichnen, dem Niemeyer-Holstein wenig abzugewinnen vermochte, konnte auch er ihn nicht befreien. Dabei hatte der junge Niemeyer mit genauem Zeichnen begonnen, und das »Stricheln« der Häuser von Thusis und Fetan war für ihn eine Erfahrung. Nun übersah er, daß er die Möglichkeit ungenutzt ließ, »Souveränität im freien Strich« zu erlangen, wie er 1973 bei einer Diskussion in der Akademie der Künste bekannte, jedoch mit dem Nachsatz, daß er ja über die Farbe käme.

Später erinnerte sich Niemeyer seines Lehrers als eines

Curt Witte: »Italienisches Stadtbild (Assisi)«, Öl/Lw, o. J.

redlich bemühten Mannes ohne jedes professorale Gebaren. Curt Witte (1881–1959) hatte die Kunstakademien in Berlin, München und Karlsruhe besucht und war bereits 1912 als Lehrer an die Kasseler Kunstakademie berufen worden, wo er nach kurzer Zeit deren Direktor wurde. Er unterrichtete vor allem die Mal-Klassen. Obgleich er nach seiner Zwangsemeritierung 1934 freischaffend arbeitete, hinterließ er ein relativ schmales Werk, zu dem Stilleben, Städteansichten und Akte gehören. Ein Teil seines künstlerischen Nachlasses befindet sich in den Staatlichen Museen Kassel (Sammlung Hess).

Otto Niemeyer-Holstein berichtet in seinen Erinnerungen, daß er nur drei Monate in Kassel studiert habe; auf Fragebogen gibt er vier Studienmonate an. Die Einwohner-Meldekarte weist als Beginn seiner Anwesenheit in Kassel den 12. 11. 1920 und als Ende den 5. 8. 1921 aus. So ist anzunehmen, daß diese neun Monate in etwa auch die Zeit seines Studiums umfassen, das er nicht allein aus Geldmangel bald wieder abbrach, sondern weil »das Ereignis« schneller als erwartet eintrat. Hals über Kopf reiste er zu seiner Frau, die sich nach Traben-Trarbach zurückgezogen hatte, um dort, in der familiären Obhut ihres Bruders Kurt und seiner Frau Berta, das Kind zur Welt zu bringen. Als Niemeyer-Holstein in dem Moselort eintraf, war er bereits seit fünf Tagen Vater.

DIE SOMMER- UND HERBSTMONATE 1921 verbrachte der Künstler bei seiner Frau und dem neugeborenen Sohn Peter an der Mosel. Die Darstellung des ehemaligen Springiersbacher Hofes auf einem Holzschnitt ONHs aus dem Jahr 1921, der als Entwurf für ein Flaschenetikett gedacht war, legt die Vermutung nahe, daß der neun Jahre ältere Bruder Hertha Langwaras, von Beruf Maler und Restaurator, zu der kunstsinnigen Weinhändler-Familie Wuppermann in Verbindung gestanden hat. Der in Traben-Trarbach ansässige Maler Helmut Wendhut berichtete 1997, daß es im Hause Wuppermann, eben dem Springiersbacher Hof, wo er ab 1936 eine Lehre als Weinkaufmann absolvierte, sogar ein Archiv gegeben habe, in dem man »in Mußestunden die zahlreichen monatlich erschienenen Kunsthefte – Plastik und Malerei und was sonst noch – studieren« konnte. »In den drei Zacken [gemeint sind die Dächer der Gebäude am unteren Rand des Holzschnitts von ONH] befanden sich Wohnungen für Angestellte, dann Kisten- und Faßlager, daneben die Faßküferei Rich. Schirrmeister. [...] Zwischen den Weinbergspfählen und der Häusergruppe ist die Rissbacher Straße, um 1900 die schönste Nußbaumallee der Mosel.«

Im Herbst 1921 zog Otto Niemeyer mit seiner Frau und dem Neugeborenen nach Stocksee in Schleswig-Holstein; im September 1922 verabschiedeten sich auch die Langwaras von Traben-Trarbach – bei ihnen hatte sich ebenfalls Nachwuchs eingestellt –, um in den Norden zu ziehen, Kurt nach Ascheberg bei Kiel, seine Frau Berta mit dem Kleinkind nach Sierksdorf bei Lübeck. ONH äußerte später, daß es sich mit seinem Schwager Kurt »gut umgehen ließ«, so daß sie die Absicht

ONH: Holzschnitt für ein Flaschenetikett; Weingut Springiersbacher Hof, 1921

ins Auge fassen konnten, gemeinsam die Innenrestaurierung einer schleswig-holsteinischen Landkirche auszuführen, ein Auftrag, der sich mangels Liquidität der Auftraggeber aber zerschlug, wodurch beide Familien in große finanzielle Bedrängnis gerieten.

Die Erfahrung einer neuen Landschaft, die bei ONH meistens auch zu Bildthemen führte, scheint an der Mosel keinen nennenswerten künstlerischen Niederschlag gefunden zu haben; das Werkverzeichnis nennt – von den beiden zweckgebundenen Holzschnitten abgesehen – kein Bild von der Mosel.

DAS HAUS, das Otto Niemeyer mit seiner Familie in Stocksee bezog, lag, von Wiesen und Koppeln umgeben, in einem Grundstück am Rand des Ortes. Erbaut worden war es im Geburtsjahr Otto Niemeyers von einem Schlachter, der es einem Schmiedemeister verkaufte, von dem es der Maler – in

Das Haus Niemeyer in Stocksee; im Vordergrund Dorfjugend beim Umzug zum Vogelschießen

den Annalen als »Otto Niedermeier« vermerkt – erwarb. Der nicht zustande gekommene Restaurierauftrag bedeutete einen finanziellen Ausfall, der mit Gemüseanbau und Kleintierhaltung kaum auszugleichen war. Auch hatte der Maler zu wenig bedacht, daß es für seine Bilder in ländlicher Umgebung nicht nur an Käufern, sondern an Interessenten von Kunst überhaupt mangeln könnte. Dabei hatte es an gutem Willen und auch an Fleiß nicht gefehlt. Bilder aus dieser Zeit sind erhalten: die Dorfstraße des Ortes, die Landschaft der näheren Umgebung, Katen. Und noch im Jahre 1926 malte ONH das »Bildnis eines Jungen (Axel Bunge)« aus dem Dorf. Dennoch geriet die Familie nach einiger Zeit in eine Lage, der sie nicht gewachsen war. »Tiefer ging's nimmer. Manchmal schnorrte ich ein Stück Brot. Not und Sorge verbrauchten meine Energie.«

In einer ausweglosen Situation, nach Tagen des Hungerns und am Rande der Verzweiflung beschlossenen Hertha Langwara und Otto Niemeyer-Holstein, ihren Weg getrennt fortzusetzen. ONH ging nach Berlin, wo sich ein Auftrag, die

Pflege und Restaurierung von Bildern einer Privatsammlung, ergab. Das Haus in Stocksee verkaufte er 1925 an einen Hamburger Kaufmann.

Im gleichen Jahr, am 27. November, wurden Otto Niemeyer-Holstein und Hertha Langwara rechtskräftig geschieden. Man hatte sich über alles grundsätzlich geeinigt, dennoch wurde es ein zermürbender Kampf. Das Sorgerecht für den gemeinsamen Sohn bekam zunächst die Mutter, später erstritt es der Vater, um den Jungen dann gemeinsam mit seiner zweiten Frau, Annelise, zu erziehen. Ein Ölbild von Jawlensky überließ er seiner geschiedenen Frau, ein Verzicht, der ihn schmerzte: »Mir war er wichtig, sie konnte nichts mit ihm anfangen.«

Hertha Langwara heiratete ebenfalls wieder und zog mit ihrem Mann, einem Seeoffizier, nach Berlin-Köpenick. Sie gebar nach dem Sohn Peter noch zwei Töchter, von denen die jüngste, Ulrike, zu ihrem Halbbruder ein geschwisterliches Verhältnis gewann und Tage ihrer Ferien in Lüttenort verbrachte, während Christine im Mai 2002 in einem Brief an den Autor nur von wenigen, sie jedoch stark beeindruckenden Begegnungen berichtete, wie einem Spaziergang im Tessin, bei dem ihr der Künstler »die Schönheit der Waldes im Regen« bewußt gemacht habe.

Zu den Versuchen, die der junge Maler unternommen hatte, den Lebensunterhalt für sich und seine Familie zu bestreiten, gehörten unterschiedlichste Arbeiten. Ganz kunstfern sollten sie möglichst nicht sein, obgleich zeitweise sogar Saisondienste in der Landwirtschaft nicht verschmäht worden waren. Vor allem gab es Versuche, Aufträge in der Werbebranche zu erhalten, ebenso wie dann die Chance, in Berlin als Restaurator zu arbeiten. Erfolglos war Niemeyer-Holstein in dieser Tätigkeit nicht, und die Qualität seiner Arbeit muß sich herumgesprochen haben, auch wenn der Maler später mehr einen grotesken Vorgang herausstellte: das Restaurieren eines Niederländers, der sich als eine Fälschung erwies.

ONH: »Berge vor aufgehender Sonne«; Holzschnitt als Werbemarke für einen Prospekt des Hotels Bellevue in Rigi/Kaltbad, um 1928

Doch noch einige Jahre später suchte Professor Ortwin Rave als Direktor der Nationalgalerie nach Niemeyer-Holstein, der »sich anheischig machen soll, Gemälde von Caspar David Friedrich wiederherstellen zu können«, wie aus einem Brief vom 15. Dezember 1931 an Dr. Walter Riezler, den Direktor des Staatlichen Museums Stettin, hervorgeht.

Schon früher hatte sich Vater Theodor bemüht, dem Sohn Aufträge zu vermitteln, so 1920 durch seine Fürsprache, ihn für eine Bühnendekoration zur Oper »Die Gezeichneten« von Franz Schreker bei den Kieler Herbstwochen für Kunst und Wissenschaft in Erwägung zu bringen. Damals war es zu heftigen Auseinandersetzungen mit dem Stadtrat gekommen, der andere Bewerber favorisierte. Annemarie Niemeyer, die Schwester, erinnerte sich Mitte der sechziger Jahre in einem Brief: »... für Otto turbulent, weil er den Auftrag erhielt, die Theaterdekoration für ›Die Gezeichneten‹ von Franz Schreker zu schaffen, für den Vater schwierig die Verhandlungen mit Stadträten und Künstlern.« Über diese Verhandlungen findet sich im Kieler Stadtarchiv kein Beleg, sondern (unter dem 14.

6. 1920) nur der Vermerk, daß für acht Vorstellungen einschließlich Personal und Beleuchtung 96 000 M aufzubringen waren.

Die in den »Kieler Neuesten Nachrichten« annoncierte Aufführung nennt den Gestalter der Bühnendekoration nicht. In einer Rezension der Aufführung in der »Holsteinischen Volkszeitung« vom 15. 9. 1920 wird hingegen mitgeteilt, daß »eine von Herrn Dinse geschaffene Ausstattung [...] den höchsten Ansprüchen genug tat«. Sollte Otto Niemeyer-Holsteins Arbeit unter der Leitung des akzeptierten Gestalters stattgefunden haben? Möglich wäre es wohl, denn ONH erinnerte sich 1980, daß er »es mit Vorhängen und farbigem Licht gelöst sehen wollte, nicht mit Kulissen üblicher Art. Damit hatte ich ziemlich alle schockiert. Diese Idee wollte ich fünfzig Jahre später noch einmal aufgreifen mit Lichtprojektionen zum ›Ring‹ von Wagner an der Staatsoper Unter den Linden. Ein Vorschlag des Intendanten Max Burghardt. Leider kamen wir zu keinem Ergebnis.«

Einen Hinweis auf eine so ganz unübliche Bühnendekoration, die auf das Wirken Niemeyer-Holsteins damals in Kiel schließen lassen könnte, findet sich in Peter Dannenbergs Buch »Helden und Chargen«, in dem die Aufführung der Schreker-Oper reflektiert wird: »Die Zeit des illustrierenden Bühnenbildes ist vorüber; die Zeit des interpretierenden Bühnenbildes beginnt. Raumbühne und Lichtbühne lösen die bemalten Kulissen und Soffitten ab. Diese Erkenntnis hat sich in vielen Provinzbühnen freilich noch längst nicht durchgesetzt. Das Kieler Theater aber hält in diesen Jahren den Anschluß an die Zeit.«

EINEN WEITEREN GEWINN verdankte Otto Niemeyer-Holstein bald darauf ebenfalls seinem Vater, einen entscheidenden Zuwachs an Lebenserkenntnis. Theodor Niemeyer lud seinen Sohn ein, im Juni 1921 als Zuschauer an einem Prozeß teilzunehmen, offenbar ganz richtig vermutend, daß dieser sein Rechts- und Gerechtigkeitsempfinden nachhaltig bestimmen würde. Es handelte sich um den sogenannten Talaat-Pascha-Prozeß vor dem Berliner Landgericht, zu dem der international geachtete Völkerrechtler Professor Dr. Theodor Niemeyer als dritter Verteidiger des Attentäters, des armenischen Studenten Salomon Teilirian, bestellt worden war, der im März desselben Jahres den ehemaligen türkischen Innenminister Talaat Pascha in Berlin auf offener Straße erschossen hatte. Das Motiv der Tat lag in der Verantwortlichkeit des Türken an der zu Beginn des ersten Weltkrieges befohlenen Ausrottung der in der Türkei lebenden Armenier im Zuge der türkischen Großmachtbestrebungen in Zentralasien, die von der deutschen Reichsregierung durch Stillschweigen gedeckt worden war, um – nach Auffassung General Ludendorffs eine »deutsche Lebensfrage« – den Zugang zum Erdölzentrum Baku, dem damals größten der Welt, zu erlangen.

Der Schriftsteller Armin T. Wegner (1886–1978), der als Augenzeuge der Geschehnisse wesentlich zur Entlastung des Attentäters beigetragen hatte, veröffentlichte das Protokoll des Prozesses. In dem Exemplar Otto Niemeyer-Holsteins finden sich aufschlußreiche Anstreichungen wie die folgende Passage im Vorwort des Herausgebers: »So ungeheuer war das Verbrechen, das hier begangen wurde, daß sein Echo selbst während des Krieges erschütternd über die Grenzen aller Länder drang, nur in das Herz Deutschlands nicht. [...] Da lenkte der Pistolenschuß eines unbekannten armenischen Studenten, der den ehemaligen türkischen Minister des Innern niederstreckte, und der sich daraus entwickelnde Prozeß noch einmal die Augen der Welt, und zum ersten Mal auch die des deutschen Volkes, auf das blutigste Kapitel des Weltkrieges, und die Wahrheit wird offenkundig: die systematische Niedermetzelung eines ganzen Volkes durch die jungtürkische Regierung. In einer merkwürdigen Umkehrung der Verhältnisse geschieht es, daß der Angeklagte ohne in diesem Sinne selbst ein Wort zu äußern, ein leidendes und verschwiegenes Opfer, allein durch die Wucht der hinter ihm stehenden Tatsachen, zum Ankläger wird, und daß nicht mehr Salomon

Wenn meine schwachen Worte noch etwas zugesetzt haben, so haben sie nur die juristische Grundlage geben wollen, damit Sie wissen, wie auch juristisch Sie zu urteilen haben.

Bedenken Sie auch, meine Herren, daß das Auge der Menschheit auf Ihren Spruch blickt, daß das Auge der Gerechtigkeit in strengster Übereinstimmung mit den Gefühlen der Menschheit auf Sie wartet! Sagen Sie einfach: Er ist nicht schuldig! Alles andere geht uns nichts an!

Vert. Niemeyer: Meine Herren Geschworenen, wir haben nur eine einzige Frage zu beantworten, denn nur diese eine, die erste Frage, steht zunächst vor uns. Diese Frage lautet: Ist Salomon Teilirian des Todes schuldig? Muß er sein Haupt auf den Block legen und die Tat vom 15. März büßen?

Jeder einzelne von Ihnen hat zwei Aufgaben zu lösen. Die eine ist die, das Tatsächliche möglichst der Wahrheit entsprechend in sich selbst lebendig zu machen, und zwar im Sinne der Bestimmung des Strafgesetzbuches. Die zweite Aufgabe ist die, zu erwägen, welchen Sinn Ihre richterliche Tätigkeit hat. Das ist zweierlei. Das Strafgesetzbuch hat außer den wenigen Paragraphen, von denen bisher die Rede war, noch sehr viel andere. Die Paragraphen bestehen aus Absätzen, die Absätze aus Sätzen, aus Satzteilen, die Satzteile aus Wörtern und die Wörter aus Silben. Zwischen jedem Paragraphen und innerhalb der Paragraphen läuft eine unendliche Vielheit von Dingen, die wir juristische Zwirnsfäden nennen; und über Zwirnsfäden, wenn sie eben juristische sind, und wenn sie uns als der Ausdruck, als das System der Rechtspflege erscheinen, stolpert man, wenn man an sie glaubt. Es kann der Teufel selbst sich auf die Schrift berufen! so heißt es ja. Es gibt kaum irgendeine Auffassung, eine Deutung von juristischen Vorschriften, von Gesetzesparagraphen, die man nicht mit irgendwelchen logischen Gründen verteidigen könnte. Wenn es sich hier nur um dies handelte, so würde ich nicht die Ehre haben, hier zu stehen, so würde ich nicht durch das Vertrauen meiner Mitverteidiger und der Freunde des Angeklagten berufen sein, an der Verteidigung mitzuwirken. Meine Aufgabe hier kann nur den Sinn haben, das Gemeinsame, was in der Aufgabe des Rechtslehrers und in der Aufgabe des Geschworenengerichts liegt, hier zur Geltung zu bringen. Es ist die Aufgabe der Rechtswissenschaft, die Zusammenhänge zu erkennen und die toten Paragraphen zu lebendigem Sinn zu entwickeln. Meistens können wir das nur vorbereiten, wie es dem Sinne des Lebens, dem Sinne des Staates, dem Sinne des Rechtes, dem Sinne der Gesellschaft, dem Sinne des menschlichen Zusammenlebens entspricht.

Das Geschworenengericht ist das älteste Gericht der Welt. Die Deutschen, die Römer, die Engländer, sie alle haben mit den Geschworenengerichten angefangen, der römische Richter, der deutsche Schöffe war Geschworener, war Laienrichter, der Jurist nur der Leiter der Gerichtsverhandlung. Die gesunde Auffassung, daß die strenge, die scheidende, die zweischneidige, wie Scheidewasser in den juristischen Begriffen und Paragraphen wirkende Logik zwar unentbehrlich ist, zur Technik, zur Verständigung, zur Vorbereitung, zur Instruktion, daß dies aber nicht das Letzte und Entscheidende sein kann, was die Rechtspflege bestimmt, das ist der Grundgedanke des Geschworenengerichts und zwar in bezug auf die beiden Seiten der Aufgabe: einmal die Würdigung des Tatbestandes nach freiem Ermessen, frei von formellen Beweisregeln, und andererseits die Würdigung des Sinnes des Rechtssatzes, d. h. die Würdigung der Wirkung, die Würdigung des Zweckes, die Würdigung des Zusammenhanges, in dem der Fall steht, und in dem die Entscheidung wirkt.

Stenographischer Bericht des Talaat-Pascha-Prozesses vor dem Berliner Landgericht, 1921; Auszug aus der Verteidigung Theodor Niemeyers, Seite 116

Teilirian auf der Anklagebank sitzt, sondern der blutbefleckte Schatten eines Toten, in einer tiefen Bewahrheitung jenes geheimnisvollen Satzes: Nicht der Mörder, der Ermordete ist schuldig!«

»In der Beweisaufnahme wurden die Verbrechen der türkischen Nationalisten an den in der Türkei lebenden Armeniern in detaillierten Zeugenschilderungen ans Licht geholt«, erzählte ONH später, »und zum Vorschein kam ein organisierter Völkermord unvorstellbaren Ausmaßes: Anderthalb Millionen Menschen wurden erschossen, erschlagen, erstochen, in die Flüsse geworfen und von den Bergen gestürzt; Frauen und Kinder deportierte man, wie es hieß, ins Nichts, man trieb sie in die Wüste, wo sie verhungerten und verdursteten. Eine Blutorgie, wie sie später nur noch von den Nationalsozialisten und ihren Mörderbanden übertroffen wurde. Auch die Familie des Attentäters fiel einem Massaker zum Opfer: Vater, Mutter, Schwestern, Brüder; Teilirian selbst geriet unter Leichen und kam durch diesen Zufall mit dem Leben davon. Im Prozeß wurde deutlich, daß die deutsche Reichsregierung, die vor dem Krieg einen Bündnisvertrag mit der Türkei geschlossen hatte, über die Vorkommnisse Bescheid gewußt, sie aber durch Stillschweigen toleriert hatte. Und noch während des Prozesses versuchte der Anklagevertreter, Talaat Pascha reinzuwaschen. [...] Schauerlich und beschämend!«

Nach dem Besuch eines armenischen Kunsthistorikers schrieb Otto Niemeyer-Holstein im September 1975 in einem Brief an den Leipziger Freund Helmut Soldner mit einem Fotoauftrag: »Kurios: Ein Armenier [...] möchte gerne das Bild [gemeint ist das Fotoporträt des Vaters Theodor Niemeyer] mit meiner Unterschrift haben. Denn mein Vater gilt in Armenien als Nationalheld. Er verteidigte Teilirian, der in Berlin den Talaat Pascha erschoß ...«

»Keene schlechte Jejend zum Klauen«

IM SOMMER 1924, nach dem Scheitern der Ehe mit Hertha Langwara, ging Niemeyer-Holstein nahezu mittellos auf Wanderschaft. Spanien sollte das Ziel sein, im Tessin blieb er, denn da riet ihm der Freund Ernst Frick, nicht in die Ferne zu schweifen, sondern hier, doch entfernt vom Asconaer Kunstrummel, einen künstlerischen Neuansatz zu suchen, im Bergdorf Bosco etwa – dort werde Walliser Deutsch gesprochen –, zwischen Felsen und Lärchen. Er hatte recht, diese Landschaft wurde ein Thema.

In Bosco begegnete er Eugenia von Rechenberg-Linten, der Schwägerin der Schriftstellerin Franziska von Reventlow, die dort für ihre erkrankte Tochter Genesung erhoffte – vergebens, denn die junge Frau starb eines Nachts in den Armen der Mutter im Diabetes-Koma. Die Zweiundzwanzigjährige hatte, schreibt der Zivilstandsbeamte der Gemeinde (24. 6. 1985), »am Vortag frische gezuckerte Heidelbeeren« gegessen. »Um meine Erschütterung zu überwinden«, erzählte der Maler später, »aber auch, weil die Mutter mich darum bat, habe ich das Antlitz des Mädchens gemalt.« Sonderbares Porträt, ein Totenbild, und eine tiefgreifende Erfahrung: Das rettende Insulin war schon entdeckt, doch abseits der Stadt nicht greifbar.

Der Ertrag für den Künstler aber waren in diesen Wochen fünf Kaltnadelradierungen, »Felsen und Lärchen«, ins Weißblech entrollter Konservendosen geritzt, erste Versuche in einer neuen Technik, die Hugo Wilkens, genannt Hugh, Typograph, Drucker und Maler, unter dem Titel »Im Tessin« sogleich in seiner Tipografia Verbano druckte. Sie waren ursprünglich als Mappe zum Verkauf im Asconaer Café Verbano gedacht, was jedoch daran scheiterte, daß ONH keine Vorfinanzierung leisten konnte. Den Verzicht auf einen limitierten Auflagendruck nach dem bescheidenen »Fetan«-Mäppchen empfand der Maler als einen herben Verlust.

Das Dorf Bosco im Jahre 1920

Hugo und Gertrud Wilkens um 1924

Doch wuchs ihm ein unverhoffter Gewinn zu. Hugo Wilkens nämlich war mit Gertrud Kolbe verheiratet, der Schwester des Bildhauers Georg Kolbe, die, aber das ahnte der junge Maler noch nicht, in Berlin eine Freundin namens Annelise hatte: »Annelise nur mit ›i‹«.

ONH bemerkte später gesprächsweise über Hugo Wilkens: »Hugo hatte früher in Berlin bei Ullstein gearbeitet und sich Kenntnisse und Erfahrungen im Herstellen und Drucken angeeignet. Als ich mit ihm in Ascona zusammenkam, besaß er schon Lettern für den Handsatz und das entsprechende Arbeitsgerät wie Pressen, weil er sich mit einer Kunstdrukkerei besser über Wasser zu halten hoffte. Ich glaube, daß er meine Radierungen ohne Geldforderung gedruckt hat; das Papier werde sicherlich ich gekauft haben. Dabei hatte er zusätzliche Arbeit. Ich hatte zwar die Konservendosen entrollt, aber auch verbogen, so daß sie von einem Spengler geglättet werden mußten. Wir wollten die Drucke bei der ersten Ausstellung unserer Gruppe ›Der Große Bär‹ im Café Verbano neben anderem zum Kauf anbieten. Übrigens hatte Hugo mit seiner Frau eine Wohnung in Berlin, in der Güntzelstraße, ganz nahe beim Tauentzien.«

IM GLEICHEN JAHR, 1924, gründeten Marianne von Werefkin, Walter Helbig, Ernst Frick, Albert Kohler, Gordon McCouch, Otto van Rees und Otto Niemeyer-Holstein eine Künstlergruppe. Sie nannten sie »Der Große Bär« und gaben ihr damit einen Namen, der sie im Sinne des Siebengestirns miteinander verband und zugleich ihre Internationalität bekundete: Kohler und Frick waren Schweizer, Helbig und Niemeyer Deutsche, McCouch war Amerikaner, van Rees Holländer und Marianne von Werefkin Russin. Nach dem Programm der Gruppe befragt und nach seiner Mitgliedschaft, äußerte ONH 1983: »Es gab kein formuliertes Programm, es herrschten Spielregeln kollegialer Zusammengehörigkeit unterschiedlicher Leute, wie es der Name der Gruppe

ONH: »Kapelle bei Arcegno«,
Kohlezeichnung und Holzschnitt, 1919 bzw. 1920

auszudrücken versuchte: Großer Bär mit sieben Reiterlein. Die Gruppe gab's noch lange, ich habe auch nie meinen Austritt erklärt, konnte nach 1933 nur aus den bekannten Gründen nicht mehr teilnehmen. Da half man sich, um übrigens auch mich nicht zu gefährden, indem man als siebtes Gründungsmitglied – soviel Sterne hat ›Der Große Bär‹ – meinen Namen durch den des erst später hinzugekommenen Richard Seewald ersetzte. Nach dem Tod der Werefkin zerbröselte dann alles, wen wundert's.«

Der »Vater der Gruppe« war der Maler und Holzschneider Walter Helbig (1878–1968). Der aus Sachsen Stammende hatte an der Kunstakademie in Dresden studiert und sich anschließend in Hamburg als freier Maler niedergelassen. 1910 gründete er gemeinsam mit Hans Arp und Oskar Lüthy den »Neuen Bund«, wurde Mitbegründer der »Neuen Sezession« (1911) und Mitglied der »Novembergruppe« (1918), deren Begründer Arthur Segal war. Ab 1916 lebte Helbig zunächst in Zürich, dann nahezu ausschließlich in Ascona, wo ihn Otto Niemeyer-Holstein kennenlernte. Ihm verdankte er schon früh Hinweise zur Nutzung von Materialgegebenheiten bei der Flächendifferenzierung, einem Charakteristikum des modernen Holzschnitts in der Nachfolge von Munch. »Blätter wie die ›Badende‹ von Helbig oder der Rohlfssche Linoleumschnitt ›Der Tod‹«, heißt es in der Beschreibung einer Mappe (3/II von 1920) der Kunstfolge »Die Schaffenden«, die der Verlag Gustav Kiepenheuer seit Herbst 1918 in vierteljährlicher Folge mit Originalgraphik herausbrachte, »lassen anschaulich diese Tendenz zur malerischen Differenziertheit erkennen. Daneben zeigt sich ein anderes Bestreben, durch straffe tektonische Fügung zur Monumentalität zu gelangen. Schmidt-Rottluff und Feininger erscheinen als die charakteristischen Träger dieser Absichten.«

Nach der ersten gemeinsamen Ausstellung im Asconaer Café Verbano 1924 präsentierte sich die Gruppe 1925 in der Berner Kunsthalle und 1928 in der Galerie Nierendorf in Berlin, was wohl auf Georg Kolbes Vermittlung zurückging. Er war auch auf die Idee gekommen, einige in Deutschland schon bekanntere Künstler zusätzlich einzuladen, deren Arbeiten mit denen der Mitglieder des Großen Bären korrespondierten.

Zur Berliner Ausstellung erschien ein Sonderheft der Zeitschrift »Kunst der Zeit« (Heft 7/1928), das eine Zeichnung Robert Genins zeigt, der sich nur kurz in Ascona aufgehalten hatte. »Marianne von Werefkin kennen wir aus kunstkämpferischen Zeiten«, heißt es in dem Artikel von Dr. Otto Brattskoven. »Ihre bildkünstlerischen Bemühungen waren ein Teil jenes wichtigen Vorstoßes in Neuland, den ›Sturm‹ 1913 mit dem ersten deutschen Herbstsalon in Berlin unternahm. Seitdem zielt sie auf den Ausbau mythisch erfühlter landschaftlicher Komplexe hin. Es läßt sich nicht leugnen, daß in diesen Versuchen noch viel Ungeklärtes vorhanden ist, dennoch paßt die spezielle Bemühung als Ausgleich in die Gesamtbedeutung der sieben Mitglieder des ›Großen Bären‹, die beste malerische Qualität ins Treffen führen können. Da ist Albert Kohler, dessen kultivierte Farbigkeit ein gleichwertiges Äquivalent in der vorzüglichen Herausschälungsarbeit jedweden Themas hat und der in großen Kompositionen oft glücklicher als sein Landsmann Hodler immer noch ein Lebenstüchtiges herauszuklären vermag. Mehr lyrisch gestimmt ist ein anderer Schweizer, Ernst Frick, ohne in dessen weichliche Stimmung zu verfallen. Es zeigt sich vielmehr, daß in seinen mit handwerklicher Gediegenheit durchgeführten Gemälden das zum Ausdruck kommt, was man sonor nennen könnte, in der Unanmaßlichkeit des Aufbaus geradezu eine imponierende Sonorität, die ein Deutscher des Kreises, Otto Niemeyer, bislang nur andeutungsweise zu erreichen vermochte.« Ein Beispiel verbaler »Herausschälungsarbeit«.

Kaum aus der Schweiz zurück, schnürte Niemeyer-Holstein erneut sein Bündel und machte sich auf den Weg. Paris war sein Ziel. Nicht Unruhe trieb ihn, sondern die schon verzweifelte Suche nach einem neuen Ansatz als Maler, der Wunsch auch, sich im künstlerischen Arbeiten weiterzubilden: Studium in praxi.

So schrieb er sich im Sommer 1925 an der Académie Ranson ein, einer von der Witwe des Nabi-Malers Paul Elie Ranson zu Anfang des 20. Jahrhunderts gegründeten privaten Malschule, an der ohne festes Reglement gearbeitet wurde und auch ohne Prüfungszwang. Das war ganz nach seinem Gusto. Geleitet wurde die Einrichtung von Roger Bissière, der sich als Kunstpädagoge einen Namen gemacht hatte, vor allem aber von den Namen bekannter Künstler zehrte, die zu früherer Zeit hier unterrichtet hatten: Paul Sérusier, Félix Valloton und Pierre Bonnard. Durch »ihr Organisationstalent, ihre gute Laune, ihre Klugheit« habe es France Ranson verstanden, »diese Akademie zu einem der lebendigsten Pariser Künstlerzentren zu machen« (Agnès Humbert 1954 in ihrem Buch »Die Nabis und ihre Epoche«).

ONH erinnerte sich eines heruntergekommenen Hauses in der Rue Joseph-Bara auf dem Montparnasse. Vermutlich war es das Haus Nr. 3, das als einziges aus dieser Zeit noch heute erhalten ist. Die Wände des Ateliers seien nie gestrichen worden, weil sich hier berühmte Maler mit Namenszügen, Wortkritzeleien und erotischen Skizzen verewigt hatten. Doch »wurde emsig gearbeitet, allerdings nicht schulisch-verbissen. Bissière ging von Schüler zu Schüler und gab Hinweise, die man beachten konnte, aber nicht mußte. Niemand wurde zensiert oder getadelt. Ich habe in den paar Wochen viel gelernt, vor allem aber eine wichtige Erkenntnis gewonnen, nämlich daß ich noch so viel herumreisen und nach Lehrern suchen konnte, mein eigenes Zentrum würde ich auf diese Weise nie finden, weil ich es nirgendwo als in mir selbst suchen mußte.«

Die Zeit seines Aufenthaltes umfaßte etwa vier Monate. Dann sei alles Geld aufgebraucht gewesen, selbst das, das gar nicht er besessen habe.

Wieder in Berlin und noch immer auf der Suche nach sich selbst, übersandte er in der Hoffnung auf eine für sein künstlerisches Weiterkommen gewichtige Äußerung einige Arbeiten an Max Liebermann, den berühmten Maler und Prä-

Oskar Kokoschka: »Max Liebermann«, Kreidelithographie, 1923

sidenten der Preußischen Akademie der Künste. Werner von der Schulenburg hatte ihm dazu geraten und zugleich Liebermann, mit dem er bekannt war, um die Gefälligkeit eines Urteils gebeten, offenbar mit dem Wunsch, Anregung und Zuspruch zu vermitteln. »Ich packte also einige Bilder zusammen«, erinnert sich ONH ein halbes Jahrhundert später, sich irrend, es habe sich ums Jahr 1930 statt 1926 gehandelt, »und hinterlegte sie mit einem Brief in der Akademie der Künste am Pariser Platz, wo Liebermann sein Atelier hatte. Die ›Kirche von Ronco‹ war dabei, ein Bild mit Steinen am Strand, das ich in Kitzeberg gemalt hatte, ein Blumenstilleben – ganz unterschiedliche Sachen.«

Die Enttäuschung über Liebermanns Meinung war unberechtigt. Auch wenn der große Berühmte dem jungen Unbekannten nur ein paar – wie ihm damals schien – nichtssagende Sätze geschrieben hatte wie »Zeichnen Sie mehr nach der Natur. Zeichnen Sie nur, was Sie sehen«, lag darin eher eine Bestätigung dessen, was er schon erreicht hatte. Und zumindest ein Hinweis entsprach doch im Kern nicht nur dem Fingerzeig Otto Wylers, des ersten Lehrers im Engadiner Bergdorf Fetan, sondern mit der ihm innewohnenden Forderung nach Konsequenz auch den Ratschlägen so gewichtiger Anreger wie Alexej von Jawlensky und Arthur Segal.

Der Brief Liebermanns ist nicht erhalten geblieben, seine Meinung über die Bilder des jungen Malers jedoch ist verbürgt. Sie findet sich in einem Redemanuskript Werner von der Schulenburgs zu Niemeyer-Holsteins 70. Geburtstag: »Da ich Liebermann persönlich durch Alfred Lichtwark kannte, fragte ich ihn kurz darauf nach dem Eindruck, den er von Niemeyers Bildern hatte. Liebermann erwiderte: ›Da haben Se mir 'nen Pfundsjungen zugeschickt. Der hat mich interessiert. Ich hab ihm noch 'ne kleene Spritze jegebn, die wird nischt schaden. Aber der is jut, der wird wat.‹ Und nach einer Weile setzte er noch hinzu: ›Der klaut sich Farben und Linien aus dem Meer. Det is keene schlechte Jejend zum Klauen.‹«

ÜBERHAUPT WURDEN DIE BERLINER JAHRE für Otto Niemeyer-Holstein bestimmend, wenn auch zunächst sein Nachen weiter bald dahin, bald dorthin zu treiben schien; »zu stark waren die Strömungen, als daß ich hätte Richtung finden können: zu mir selbst«, bekannte er. »Dummerweise hat mich doch alles, was geschah, auch sehr interessiert.« Doch die Hektik des nachinflationären Deutschlands mit seinen gesellschaftlichen Umbrüchen und Überflutungen auch in der Kunst schien alles andere zu bieten als die Möglichkeit einer persönlichen Kursbestimmung. Immer wieder geriet der Maler in den Sog, aus dem er freizukommen suchte – »kraftlos, kopflos«. Und genau das war das Problem. »Was rennen Sie so kopflos herum, der Segal ist doch in Berlin, der kann Ihnen sicher helfen.« Dieser Hinweis kam von einer schon bekannten Malerin, der »exzentrischen Lulu« Albert-Lasard, die wegen ihrer Haarfarbe und einer gebeugen Haltung allgemein spöttisch »rote Hexe von Ascona« genannt wurde. Niemeyer hatte sie bereits auf dem Monte Verità kennengelernt,

Arthur Segal: »Selbst mit Hut«, Öl, 1921

dann wieder aus den Augen verloren, nun aber, in einem Zustand des Selbstzweifelns, lief sie ihm zur rechten Zeit über den Weg und machte ihn darauf aufmerksam, daß Arthur Segal in Berlin eine Malschule eröffnet habe, die sie ebenfalls besuche. Der Rat war hilfreich. So nahm ONH einige Zeit Korrekturstunden bei Segal in der Berliner Dernburgstraße.

Kennengelernt hatte Niemeyer Arthur Segal (1875–1944) schon 1919, als dieser ihn einlud, eine gemeinsam mit Alexej von Jawlensky und Hans Arp geplante Ausstellung in Zürich vorzubereiten. ONH meinte später, daß er »bei dieser Gelegenheit und auch dann in Berlin mehr von dem rumänischen Künstler gelernt« habe, als ihm »sofort bewußt gewesen ist, allerdings weniger Theoretisches, da Segal gerade seine sogenannte prismatische Zeit hatte«. Besonders hätten ihn damals seine expressiven Holzschnitte der Jahre vor dem ersten

Theodor und Otto Niemeyer nach einem Besuch der Galerie Alte Meister in Dresden, 1924

Weltkrieg beeindruckt, in denen sich das Dynamische im Moment fixiere wie bei dem Holzschnitt »Demonstration«. Aber auch seine von Goethes Farbtheorie ausgehenden »Ansichten zur Kontrastierung« hätten ihn tangiert, ohne daß er sich ihnen hätte anschließen können, ebenso die von ihm vertretenen psychologischen Probleme der optischen Stimulierung durch das Licht und die Lichterscheinung, wie er sie in seiner Schrift »Das Lichtproblem in der Malerei« vertrat.

Gleichwohl gibt es Bilder ONHs, denen eine Reverenz an den verehrten Lehrer abzumerken ist, selbst noch aus späteren Jahren wie die erst 1931 und 1932 entstanden Gemälde: »Interieur« und »Zwei Flaschen«, auch »Kaffeetassen auf dem Tisch«. Teilweise notierte er diese Nähe später mit dem Hinweis »Segal-Zeit« auf der Rückseite der Leinwände oder in den Seiten des von ihm angelegten ersten Werkverzeichnisses, so daß falsche Schlüsse über die »Lehrzeit bei Segal« naheliegen. Überhaupt waren die Wirkungen nachhaltiger. Rudolf Mayer, der Verfasser der ersten eingehenden Niemeyer-Holstein-Monographie von 1967, äußert dazu in einem Brief: »Ich meine zu sehen, daß Käpten ›Lichterscheinungen‹ durchaus auch gezeigt hat – in einer Melange von Neusachlichem, Altromantischem und ›Kubistischem‹, zumindest Hochstilisiertem. In Kenntnis der Experimente Segals? Wohl doch.«

Ein knappes Fazit dieser Zeit gibt der Maler im Buch »Lüttenort«: »Nicht nur, daß er mich zu Konsequenz zwang, er wies mich auch darauf hin, das Sich-Bewegende in der Natur nicht zu übersehen, Bewegungsabläufe wahrzunehmen. [...] ›In der Natur gibt's nichts, was tot ist‹, sagte er. ›Nature morte ist ein Widerspruch in sich, der nur Mißverständnis auslöst. Was soll denn das sein: tote Natur? Nichts ist lebendiger als sie!‹ So wurde mein Verständnis für die Dynamik der Lebensprozesse durch Arthur Segal geweckt und geschärft, obgleich er selbst zu jener Zeit ganz anders gemalt hat.« Und noch eine Lehre empfing Niemeyer-Holstein durch Arthur Segal, einen Hinweis, den er allen seinen Kursanten mitgab: das durch nichts zu übertreffende »Beispiel Rembrandt« gründlich zu studieren.

Natürlich hatte es auch vorher an Gelegenheiten, die Werke des Niederländers im Original kennenzulernen, nicht gefehlt, und sie waren auch wahrgenommen worden: im Berliner Alten Museum oder – gemeinsam mit dem Vater – im Dresdner Zwinger. Aber nun muß die große Berliner Rembrandt-Jubiläumsausstellung 1930, ein Gemeinschaftsunternehmen der Staatlichen Museen und der Preußischen Akademie der Künste, wie ein Anker erschienen sein. »Rembrandt zwang mich in die Knie, ich begann mein ganzes Tun in Zweifel zu ziehen, wollte aufstecken. Aber nach einiger Zeit richtete er mich wieder auf. Ich begriff plötzlich, wie er die Tonintervalle malte, wie er Details hervorhob und sie wieder ins Ganze eingliederte ... Es klingt unglaubwürdig, ich habe mich mit diesem Maler auseinandergesetzt wie mit keinem zuvor und keinem danach.« Eine Kursbestimmung auf Dauer.

So viel Kopflosigkeit wäre gar nicht nötig gewesen. Denn die Aufnahme seiner Bilder in der Öffentlichkeit bestätigte ihm doch, daß er auf dem Weg war, zumindest nicht stillstand. Er zeigte seine neuesten thematisch und stilistisch sich deutlich verändernden Arbeiten regelmäßig in Gemeinschafts- und Einzelausstellungen – so 1925 in Halle (Kunstverein), Kiel (Schleswig-Holsteinischer Kunstverein) und Lübeck (Overbeck-Gesellschaft), 1926 in Marburg (Kunsthistorisches Seminar), 1929 in Berlin (Kunststube an der Matthäikirche), 1930 in Bremen (Kunstschau in der Böttcherstraße), 1931 in Berlin (Künstlerhaus des Künstlervereins) und 1932 in Kiel (Kunsthalle).

Die Kieler Ausstellung 1925 fand nach einer Renovierungspause der Kunsthalle statt. Am Sonntag, dem 12. Juli, wurde die Sammlung (u. a. Feuerbach, Liebermann, Uhde sowie ein »von Maler Fürst gereinigter Schwind«) nach einer Neuordnung wiedereröffnet. In den hinteren Räumen gab man zwei jungen »heimischen« Malern Gelegenheit, sich dem Publikum zu präsentieren: Heinrich Blunck aus Heikendorf und Otto Niemeyer aus Kitzeberg. Ein Kritiker schrieb dazu in den »Kieler Neuesten Nachrichten« (14. 7. 1925), daß es der Maler »beim blitzartigen Erhaschen rascher Eindrücke mit dem Gegenständlichen und der Perspektive nicht sehr genau« nähme, ein Urteil, das vermuten läßt, daß sich der Schreiber täuschen ließ, da er als »flink« und »auf Fernwirkung berechnet« versteht, was andere Kritiker bei ebendiesen Bildern als »schwebende Leichtigkeit« und als »malerische Umsetzung atmosphärischer Prozesse« ausmachen. Das kam der Sache näher.

Die Ausstellung im Marburger Kunsthistorischen Seminar mit Plastiken und Zeichnungen von Georg Kolbe und Gemälden von Otto Niemeyer-Holstein, ging auf die durch Gertrud Wilkens, die Schwester Kolbes, hergestellte Verbindung Niemeyer-Holsteins zu dem bekannten und hochgeschätzten Plastiker zurück, der sich über die »künstlerischen Ergebnisse des jüngeren Malerkollegen erfreut gezeigt« hatte (ONH). Und es wurde auch ein wichtiges Ereignis. Da es sich um eine Festausstellung zur Grundsteinlegung eines Museumsneu-

Sonnabend doch noch **Revolutions-Feiertag in Sachsen**

Ergebnisloser Verlauf der gestrigen Landtagssitzung / Der ausgeschlossene Opitz erscheint immer wieder

das Kunstwerk gab für die Wahl den Ausschlag. Darum sei auch auf die namentliche Erwähnung einzelner hier verzichtet.

Ein neuer Mann ist Otto Niemeyer-Holstein, der in der „Kunststube" (Königin-Augusta-Strasse 22) zum ersten Male ausstellt. Eine starke Wirkung geht von seinen Aquarellen aus, deren Motive meist das Leben und die Natur des Ostseestrandes schildern. Technisch beherrscht zeigen sie mit ihren sich vermählenden Farben die Luft und das Wesen des vom Meer bespülten Landstrichs. Was aber für die Technik der Wasserfarben gut ist, kann für die Oelmalerei bedenklich sein; in seinen Oelgemälden wirkt das Weichige, Mattige der Malerei bei allem ersichtlichen Können und Gestaltungsvermögen leicht manieriert.

Erich Siemon, der den Rock des Lehrers an den Nagel hängte, um ihn mit dem Kittel des Malers zu vertauschen, stellt in der Kunsthandlung Sagert (Potsdamer Strasse 122c) zum erstenmal aus Aquarelle aus dem Erzgebirge, Harz, der Sächsischen Schweiz und Berlin. Aus diesen Arbeiten eines Autodidakten leuchtet inniges Verbundensein mit der Natur, die Fähigkeit, das Geschaute durchgeistigt malerisch wiederzugeben, so dass man diesen Künstler zu weiterem Schaffen nur ermutigen kann.

Collin E. C.

»Berliner Volks-Zeitung« vom 7. 11. 1929 mit dem Feuilleton-»Keller« von Erich Collin; Passus hier hervorgehoben

baus handelte, war die öffentliche Aufmerksamkeit sicher. »Zwei Künstler kommen zu Worte«, schrieb die »Oberhessische Zeitung« damals, »von denen der eine, der längst weltberühmte Georg Kolbe, mit Plastiken und Zeichnungen aus seiner letzten Schaffensperiode vertreten ist, während der andere, der noch sehr junge Otto Niemeyer-Holstein, mit einer großen Zahl von Gemälden sich die Gunst des Publikums erwerben will. Und man darf im voraus sagen, daß beide günstig nebeneinandergestellt sind.«

Die Ausstellung in der Berliner »Kunststube« (Königin-Augusta-Straße) war nicht nur die erste werkumfassende, sondern durch ihre Wahrnehmung in der Presse auch gewichtigere Einzelausstellung des Künstlers. ONH selbst bezeichnete sie später als einen »bemerkenswerten Achtungserfolg«. Der Kunstkritiker Curt Glaser (1879–1943) widmete dieser Übersicht innerhalb eines umfangreicheren Kunstfeuilletons im »Berliner Börsen-Courier« (30. 10. 1929) eine Passage, die zeigt, daß er einer der ersten war, der das originäre Talent Niemeyer-Holsteins deutlich erkannte und auch für die Kunstöffentlichkeit theoretisch fixierte: »Eine empfindsame künstlerische Natur, die sich landschaftlichen Stimmungen hinzugeben und in farbigen Klängen ihr malerisches Gleichnis zu gestalten vermag. Je weniger diese Kunst von gegenständlicher und räumlicher Realität einbüßt, umso glücklicher wahrt sie ihre schwebende Leichtigkeit. [...] Es ist ein Tasten, aber es ist zuweilen auch ein sympathisches Gelingen, umso sympathischer, als diese Kunst mit wenig Anspruch auftritt.«

Unter den Pressestimmen jener Zeit ist eine weitere bemerkenswert. Sie erschien unter dem Titel »Quantität oder Qualität« am 7. November 1929 im Feuilleton der Morgen-Ausgabe von Rudolf Mosses »Berliner Volks-Zeitung« und verweist bereits auf eine Besonderheit der Malerei Niemeyer-Holsteins, nämlich die Bevorzugung eines Themas, nicht des Motivs: »Die Luft und das Wesen des vom Meer bespülten Landstrichs« der Ostseeküste, wobei der mit E. C. unterzeichnende Kritiker den Aquarellen gegenüber den Ölbildern den Vorzug gibt, in denen »das Weiche, Mattige der Malerei

Die »Comedian Harmonists«; von links nach rechts: Robert Biberti, Erich Collin, Roman Cycowski, Harry Frommermann, Erwin Bootz, Ari Leschnikoff, um 1929

bei allem ersichtlichen Können und Gestaltungsvermögen leicht manieriert« wirke.

Hinter das Namenskürzel – wir greifen hier vor – notierte Annelise Niemeyer, da schon die zweite Ehefrau des Malers, das entschlüsselnde Wort »Collin«, das vermuten läßt, daß es sich um ein Mitglied ihrer Familie handelt. Es ist Erich Collin, bestätigt ihre Nichte Christine Ackermann: »Dieser ist aber keineswegs Kunstkritiker, sondern Musiker, Sänger – kurz einer der Comedian Harmonists. Da er aber ein rundum gebildeter junger Mann war, der sich bei der Berufsfrage: Malerei oder Musik, entschied, Musik zu studieren (er zeichnete und malte auch), ist es leicht, ihn mit dem Text zusammenzubringen.«

Erich Collin, geboren 1899, war der Sohn des Berliner Kinderarztes Dr. Paul Abraham und seiner Frau, einer Tochter des Verlagsbuchhändlers Daniel Collin, des Großvaters von Annelise Niemeyer. Er wurde später als Erich A. (= Abraham) Collin bei der als »Comedian Harmonists« bekannt gewordenen Gruppe 2. Tenor mit ironisch-falsettierender Stimmlage. 1935, nach dem Verbot der Gruppe, emigrierte er als eines der drei jüdischen Ensemblemitglieder in die USA, wo er sich als Lektor, Weinverkäufer und Plexiglas-Designer durchschlug. Er starb 1961. Auf ein Comeback der Gruppe nach dem Krieg hatte er vergebens gehofft.

AUCH AM BEMÜHEN, sich der theoretischen Grundlage der Moderne zu nähern, hatte es nicht gefehlt, nicht an Versuchen, sich malerisch ungesichertem Terrain zu nähern. Vor allem wollte Niemeyer-Holstein die den Arbeiten von Klee und Kandinsky zugrundeliegenden Theorien kennenlernen. So fuhr er im August 1923 gemeinsam mit seinem Bruder Johannes, damals Leiter der Klasse für Raumgestaltung an der Kunstgewerbeschule Burg Giebichenstein, zur Weimarer Bauhauswoche und zur ersten Ausstellung des Staatlichen Bauhauses (25. Juli–31. September 1923). Sie folgten einer Einladung des Bildhauers Gerhard Marcks, der die keramische Abteilung des Bauhauses in Dornburg leitete. Gemeinsam wollten sie die Ausstellung ansehen und einige Veranstaltungen besuchen, vor allem einen Vortrag Wassily Kandinskys über »synthetische Kunst« hören, durch den sich Otto Niemeyer den Zutritt zu diesem ihm bis dahin schwer zugänglichen Bereich erhoffte. Der Vortrag fand am 16. August 1923 im Restaurant »Erholung« am Karlsplatz statt. Nach seinem Eindruck befragt, äußerte Niemeyer später, daß ihm manches zu sehr »abgehoben und herausgetüftelt, zu sehr auf Zeichen und Symbol reduziert« vorgekommen sei, das habe ihn dann weniger angesprochen.

Anders seltsamerweise eine Begegnung mit Paul Klee, die sich während dieser Tage ergab: »Ursprünglich wollte ich noch nach Jena, um Paul Klee zu hören, da er im dortigen Kunstverein über seine Auffassung von moderner Kunst referierte – praktisch schon sein Kredo in bezug auf die Formenlehre verkündete. Dann ergab sich dieses Treffen privatim.

Und ich muß sagen, der Mann hat mich fasziniert. Alles, was er sagte, war auch irritierend, denn ich verstand seine theoretisch fixierte Sprache nicht, aber ich wollte doch hinter das Geheimnis kommen. Heute ist das alles kein Problem mehr, heute gibt's Bücher über diese Leute, die einem das aufschließen. Auch haben sich unsere Seh- und Denkgewohnheiten gewandelt. Damals konnte ich mit Kandinsky, Feininger, Klee nur wenig anfangen, mehr schon mit Schlemmer, dessen Formensprache mir vertrauter war. Die Begegnung mit Klee – eigentlich Klees Zigarre, denn er rauchte fortgesetzt und sein Gesicht verschwand hinterm Qualm – dauerte nur die Spanne einer Zigarrenlänge, eine gute Stunde. Doch beeindruckt hat mich der Mann sehr, nicht beeinflußt. Nach dem Gespräch verstand ich ihn besser, und daran war mir gelegen.«

Dennoch blieb ONH dem Theoretisieren gegenüber mißtrauisch. »Die Praxis des Machens macht's!«, war ein von ihm gern gesagter Satz. Stießen gegensätzliche Kunstauffassungen, ausgetragen gar in größerem Kreis, aufeinander, konnte es geschehen, daß er coram publico einschlief. Dennoch wäre es falsch, daraus auf Desinteresse, gar Theorieabstinenz zu schließen. In einer Handbibliothek am Bett des Malers standen neben lexikalischen Werken u. a. zur Fauna und Flora Europas, astronomischen Kalendern und Atlanten auch ihm wichtige kunsttheoretische Werke, denen man die intensive Nutzung ansehen konnte. Die Schriften von Julius Meier-Graefe, Heinrich Wölfflin, Richard Hamann, Konrad Fiedler und anderen gehörten zum frühen Rüstzeug des Malers, und schon in den zwanziger Jahren war Wilhelm Worringers Schrift »Abstraktion und Einfühlung« trotz kritischer Distanz zu manchen Thesen lange Zeit »die Bibel« des Malers. Auch die Ansichten neuerer Kunsttheoretiker wie Wilhelm Fraenger, Ernst Fischer und vor allem Willi Baumeister weckten seine Neugier, ebenso die kunstästhetischen Äußerungen von Schriftstellern, wie sie sich etwa in den »Französischen Heften« Ilja Ehrenburgs niederschlugen. Überdies machte es dem Maler sichtliches Vergnügen, mit Gelehrten über Fragen zu diskutieren, die ihn selbst beschäftigten. Den Philosophen

Hans von Marées: »Der Kunstgelehrte Konrad Fiedler«, Bleistift, weiß gehöht, 1878

Wolfgang Heise, der seit den siebziger Jahren zum Freundeskreis ONHs gehörte, lud er für Tage nach Lüttenort ein, um wissenschaftliche Auffassungen hören und in Beziehung zu seiner Arbeit setzen zu können. Gleichzeitig malte er von ihm ein Bildnis. Heise äußerte nach solcher Gelegenheit, daß es »gar nicht so einfach sei, wie es den Anschein« habe, da der Maler »durchaus im Stoff, eben seinem Stoff« stehe, dessen begriffliche Substanz man durch das Formulieren von Thesen und Antithesen herausfordern müsse.

IM SELBEN JAHR, in dem Niemeyer-Holstein Paul Klee über den Weg lief, 1923, hatte er eine weitere Begegnung, wie sie gegensätzlicher kaum sein konnte: Auf der Hagemeister-

Karl Hagemeister: »Wellen im Sturm«, Öl, 1915

Ausstellung in der Berliner Nationalgalerie sah er zum ersten Mal im Original das Gemälde »Wellen im Sturm«, das ihm als Reproduktion schon bekannt war. Bereits 1918 hatte ihm der Vater den Katalog der großen Münchner Hagemeister-Ausstellung in die Schweiz geschickt, ganz offensichtlich in der Absicht, den Sohn nun in seinem Entschluß, Maler zu werden, zu bestärken. Es war ein überaus nützliches Geschenk, denn einige Bilder des Preller-Schülers und königlich-preußischen Kunstprofessors wurden Niemeyer, obwohl er die Momente dekorativer Idyllik im Werk des Altmeisters ablehnte, auf besondere Weise eine »Offenbarung«; schlagartig wurde ihm das vor der Natur empfundene Sinnbildhafte einer vom Sturm hochgepeitschten Welle als Thema bewußt. In einem postum veröffentlichten Arbeitsgespräch bekannte der Maler: »Der Wunsch, Meer, Welle, Strand zu einem meiner Hauptthemen zu machen, war sicherlich schon länger in mir vorbereitet, aber regelrecht bedrängend wurde er erst später, Ende der fünfziger Jahre. Daß dabei solche frühen Beispiele, Prägungen, mitgewirkt haben, halte ich für möglich. ›Die Welle‹ von Courbet habe ich erst später gesehen – im Frankfurter Städel. Wichtiger zu diesem Zeitpunkt [...] war für mich wohl mehr die ›Welle‹ von Hagemeister auch ihrer unbändigen Dynamik und ihrer für die deutsche Malerei dieser Zeit geradezu frappanten Farbkontrastierung wegen.«

Nach diesem Sachverhalt befragt, äußerte Rudolf Mayer (1999): »Ich habe mich oft gefragt, weshalb er bei den wenigen wirklich wichtigen Künstlern mit Bildern der anrandenden See betont immer nur von Hagemeister gesprochen hat und nicht auch von dem berühmten Landsmann Nolde, für den es ja auch ein sehr bezeichnendes Motiv war. Vor Noldes Kunst blieb Niemeyer reserviert, sie schien ihm offenbar von Wille und Gefühl allzu beschwert. Bei Hagemeister aber sah er offenbar eine ihm nahe Vermittlung von Naturanschauung und Bildbedeutung. Auch in den Seedarstellungen von Ensor oder auch Hokusai fand er das Maß, nach dem ein Abbild zu einem Sinnbild werden kann.«

Kein Zweifel, das Sinnbildhafte der Bilder Ensors hatte ihn ihn – zunächst mit graphischen Blättern in der Berliner Kunsthandlung Paul Cassirer, bald darauf mit Gemälden in der ersten deutschen Ensor-Ausstellung 1927 in Hannover angesprochen. Doch es geschah nach eigenem Bekunden weniger durch die »Grotesken des Ostender Mummenschanzes« als mehr durch die Blicke aufs »Meer aus Opalen und Perlen« (Ensor), das wechselvolle Spiel des Lichts und die Besinnlichkeit der Stilleben mit Muscheln und Blumen, die seinem Verständnis näher gekommen waren.

Es ist nicht ohne weiteres verständlich, daß sich der Künstler zeitlebens dagegen verwahrt hat, als Autodidakt bezeichnet zu werden. »›Autodidakt Niemeyer‹ – ohne Kenntnis meines Werdegangs«, schrieb er 1983 erbost an einen Kritiker, der ihn so apostrophiert hatte. Für ihn stand fest, daß »eine Quelle eine Quelle ist, ob man direkt aus ihr trinkt oder ob andere erst vorkosten«. Dennoch, kein Zweifel, das Rüstzeug für seine Arbeit gewann er weniger durch

des Bildes gaben und ungemein rasches Arbeiten erlaubten. Durch das dünne Decken der Schattenpartien und das spätere Durchscheinendwerden des Bleiweißes infolge der Verseifung durch Öle, ferner durch Wegnahme der Harzlasuren bei ungeschickter Restaurierung, kam der rote Grund oft störend durch. Dadurch wurde dann der falsche Glaube erweckt, die Bolusgründe seien durchgewachsen. Ebenso wurden schadhafte Holztafeln entfernt und die Bilder auf neue Gründe gebracht. Diese Prozeduren wurden mit dem Schleier des Geheimnisses umgeben. Man verklebte die Vorderseite des Bildes mit vielen Lagen von Papieren, entfernte das Holz bis auf den Grund und oft auch noch diesen. Selbst Metallgründe entfernte man auf ähnliche Art.

Aber alle diese Methoden sind ebenso überflüssig wie schädlich. Ist eine Leinwand schadhaft geworden, so spannt man eine andere darunter. Bei neuen Bildern wäre das auch der beste Schutz der Rückseite, besser, als wenn man die Bildrückseite mit Isoliermitteln bestreicht oder Staniol mit Schellack aufklebt. Die übelste Methode ist die, die Rückseite der Leinwand mit Öl oder Öl- und Wachsmischung zu tränken, da die Leinwand dadurch erst recht brüchig wird und das Aussehen des Bildes Schaden leiden muß. Nichtsdestoweniger ist diese Methode sehr im Schwunge, auch an Galerien.

Sehr beschädigte, durchlöcherte und brüchige Leinwandbilder werden auf neue Leinwand aufgezogen (rentoiliert). Man muß zu diesem Zweck die Rückseite der alten Leinwand sorgfältig von Schmutz, Knoten und Leimresten etc. reinigen. Jeder Knoten und jedes Körnchen prägt sich später auf der Vorderseite stark aus, wenn es nicht vorher entfernt wird.

Man klebt die alte Leinwand auf eine neue, die man vorher provisorisch aufgespannt, d. h. die Nägel nicht ganz eingetrieben hat, und die gut geleimt ist, so daß das Klebemittel nicht durchschlägt. Man gibt dem Leim 1/10 seines Gewichtes Alaun zu. Als Klebemasse dient Kolophonium gepulvert, in Terpentinöl gelöst und mit etwa dem 6. Teil Wachs vermischt. Es dürfen in der Masse keine Knollen sein. Die Masse muß dick, salbenartig sein; sie wird auf die Rückseite des alten Bildes und auf die Leinwand

330

systematisches Studium an Schulen als durch energische Eigenanstrengung. Dies betrifft sowohl sein kunsthistorisches Wissen als auch seine Auseinandersetzungen mit zeitgenössischen Theorien. Ebenso verhält es sich mit Grundsatzwerken, die sich der handwerklich-technischen Seite seines Metiers widmen. Ein Anfang der zwanziger Jahre erworbenes Kompendium, das Werk »Malmaterial und seine Verwendung im Bilde« von Max Doerner, belegt durch zahlreiche Arbeitsspuren – Unterstreichungen in mehreren Farben, Anmerkungen und eingeklebte Hinweise –, wie stark sich der Maler mit den technischen Mitteln und deren Varianten, der Grundierung, dem Selbstanreiben von Farben, den Methoden der Öl-, Tempera-, Pastell- und Aquarellmalerei wie dem Fresco buono und Fresco secco, den Techniken alter Meister und der Bildrestaurierung auseinandergesetzt hat. Viele der

gestrichen und mit der Spachtel abgezogen. Man muß darauf achten, daß die Masse überall gleichmäßig haftet. Man legt dann das alte Bild vorsichtig auf die neue Leinwand, so daß die Ecken gut aufeinander passen, und schlägt, wenn ein Überspann an der Leinwand vorhanden ist, Nägel provisorisch ein. Bei der neuen Leinwand müssen gut 5 cm auf jeder Seite Überspann sein. Bei größeren Bildern müssen mehrere Personen das Übertragen zugleich ausführen, denn sie muß exakt und schnell gemacht werden. Mit einem weichen Tuch drückt man von oben, vorsichtig von der Mitte beginnend, nach außen hin die beiden Leinwandstücke aneinander, wodurch die Falten nach außen geschoben werden. Wo keine Haftung eintritt, sondern sich Blasen bilden, muß man das Bild behutsam mit breiter Spachtelfläche aufheben und Klebemasse einführen. Bilden sich noch nach Tagen Blasen, so öffnet man vorsichtig mit der Schere die Rückseite der neuen Leinwand durch einen rechtwinkeligen Schnitt, fügt Klebemasse ein und klebt den Schnitt wieder zu. Wo sich das Bild nicht eben legt, muß man durch Wärme nachhelfen, indem man das Bild bügelt. Durch die Erwärmung schmilzt die Klebemasse und verbindet die beiden Leinwandflächen.
Man bügelt von der Rückseite mit erwärmtem Eisen, z. B. einem Bügeleisen, dessen Kanten abgeschliffen sind. Man muß sich aber vor zu großer Wärme hüten, weil die Ölfarbe ebenfalls schmelzen und schließlich verbrennen kann. Man darf nur einen Augenblick mit dem Eisen an einer Stelle verweilen und muß von der Vorderseite durch einen gewachsten Holzhobel (ein ebenes Brett mit Handgriff) einen leichten Gegendruck ausüben. Sehr zweckmäßig ist als Bügeleisen ein starkes Eisenblech mit abgeschliffenen Rändern, in das rückseitig ein Handgriff eingenietet ist. Man kann damit unter das Holz des Keilrahmens fahren.
Bei sehr brüchigen Bildern befestigt man erst die Farbschicht durch Überstriche der Vorderseite mit Kopaivabalsam und etwas Terpentinöl, nie aber durch Öl oder Leinölfirnis!
Leinölfirnis mit Kremserweiß zu einem steifen Brei gerieben und mit einer Farbe gleich dem Grund des Bildes, z. B. Rot bei Bolusgrund, vermengt, mit oder ohne Wachszugabe, kann ebenfalls als Klebemasse verwendet werden und wird sehr hart. Alle

331

»Malmaterial und seine Verwendung im Bilde« von Max Doerner; Seiten mit Notizen Niemeyer-Holsteins

stark unterstrichenen Sätze wie »Man kann auf richtig präparierten Gründen tagelang naß in naß malen«, zeugen von dem intensiven Bemühen, alles zu erschließen, was ihm für seine Arbeit nützlich erschien. Überdies lassen sich anhand der Notizen im nachhinein spezielle Interessen des Malers in bestimmten Zeiten und Situationen nachvollziehen wie zum Beispiel die Auseinandersetzung mit dem Restaurieren, mit dem der Künstler zeitweilig das Lebensauskommen für sich und seine Familie zu sichern bemüht war.

Auch dem Buch Beigelegtes läßt besondere zweckdienliche Aufmerksamkeit vermuten – so ein Zeitungsausschnitt vom 15. Mai 1941 über »eine neue Terrazzo-Technik« und die Einladungskarte zu einer Ausstellung Georg Muches in der Berliner Galerie v. d. Heyde 1939, auf der Muche Auskunft über die von ihm angewandte Freskotechnik gibt. Eingeklebt ist auch die Einladung zur Gedächtnisausstellung für Johannes Walter-Kurau im April und Mai 1933 in der Berliner Kunsthandlung Victor Hartberg, auf der sich so »salomonische« Worte Johannes Walter-Kuraus finden wie: »Die Farbe wird erst dann zum vollwertigen Ausdrucksmittel, wenn sie der Maler von einem bestimmten Standpunkt aus deutet, bevor er zu ihrer Verwendung schreitet.«

Ein aufs hintere Vorsatzpapier eingeklebtes Blatt zeigt Skizzen einer vom Fenster des Ateliers in der Augsburger Straße 62 aus gesehenen Hofsituation, die ONH dann noch im Ölbild festgehalten hat. Einen Mesembryanthemum-Strauch im schmalen Hofgarten hat er als Hinweis einnotiert.

Zusätze an den Seitenrändern, Ergebnisse weiterführender Lektüre zumeist, oder eingelegte, gar eingeklebte Briefe von Fachleuten wie eine Antwort von Heinrich Klein, dem Inhaber des bekannten »Malkastens« an der Dresdner Kunstakademie, sind auch Zeugnisse dafür, daß der Künstler für ihn wichtige Auskünfte nicht verlieren wollte. Im Buch finden sich ferner Adressen-Notizen von Leinwand-, Farb- und Rahmenhändlern in Florenz, Locarno, Basel, Berlin, Stettin sowie einschlägige Merksätze wie, daß »der Wurm nicht durch Ölfarbe u. Leim, also auch nicht d. Sperrholz« geht, und Erkenntnisse, denen er im Fachbuch nachgegangen sein muß: »Sascha-Schneider-Bilder: Tempera-Untermalung – Firnis Ölfarbe – dahinein mit Tempera gemalt – alles geplatzt nach 4 Jahren.« Und mit dem Datumsvermerk des 24. Juni 1928 liest man am Rand der Seite 180 unter dem dick unterstrichenen Hinweis Doerners: »Die Selbstanfertigung der Firnisse ist unbedingt anzuraten«, eine mit Bleistift notierte Erfahrung: »Mastixfirnis in Terpentin – gekauft – klebte leicht noch nach 14 Tagen.«

Zu den für ONH »profitablen Freunden und Freundinnen« dieser Jahre gehörten Künstlerinnen des, wie der Maler es scherzhaft nannte, »Segalschen Damenkränzchens«. Kein

Ottilie Reylaender: »Otto Niemeyer-Holstein«, Öl, 1959

Zweifel, ihre Anwesenheit auf der Schulbank des Rumänen spricht für dessen pädagogisches Ingenium. So zum Beispiel war eine Malerin wie Lou Lasard längst bekannt, und dem von ihr gemalten Bildnis Rainer Maria Rilkes (»mit dem überlangen Zeigefinger«) gab der Dichter sogar den Vorzug gegenüber dem (»mit der Knollennase«) von Paula Becker(-Modersohn). Sie malte auch Rilkes Grablegung an der Kirchmauer von Raron – nach dem Erleben, jedoch nicht aus dem Gedächtnis, so daß ONH später meinte, in dem Bild ein Moment seiner Auffassung vom »Wesen des Malens aus der Vorstellung« wiedergefunden zu haben, etwas, das er auch als eine weiterwirkende Botschaft Marianne von Werefkins begreife: »Realismus verdichtet sich zu einer Chiffre, die man am ehesten in der Nähe der Dichtung verstehen sollte.« Dennoch betont er knapp dreißig Jahre später in einem Brief an Werner von der Schulenburg (4. April 1954): »Bei meiner – für mich schweren – Arbeit, aus der Vorstellung zu malen, kam mir in den Sinn, daß es mir an den Lebensnerv gehen würde, wenn es mir abgeschnitten würde, *vor* der *Natur* zu arbeiten. Meine besten Arbeiten entstehen nur da (doch der alte Impressionist).«

Lou Albert-Lasard (1885–1969) gehörte zu den von ONH als besonders anregend empfundenen Künstlerinnen, die er beim Erzählen seines Lebens keinesfalls ungenannt lassen wollte, nicht zuletzt auch, nachdem er von ihrem Schicksal während des zweiten Weltkrieges erfahren hatte: Lou Albert-Lasard war als deutsche Antifaschistin gemeinsam mit ihrer Tochter in dem berüchtigten französischen Pyrenäen-Lager Gurs interniert gewesen, wo viele Frauen, auch Künstlerinnen und Frauen von Künstlern, gefangengehalten wurden. Aus dieser Zeit gibt es von ihr erschütternde Zeichnungen über das Leben, das den Menschen hier aufgezwungen wurde.

Und Clara Westhoff (1878–1954) hatte als Bildhauerin längst einen Namen. Dennoch ging auch sie, die bei Rodin in Paris studiert hatte, in Segals Malschule. In einer Biographie Clara Westhoffs werden die Jahre 1927 bis 1929 als Studienzeit genannt. So lange wird sie jedoch kaum gewährt haben; zu vermuten ist eher das Jahr 1928, das in etwa auch mit der Teilnahme Otto Niemeyers an den Kursen zusammenfällt, die sich der relativ hohen Studiengebühr wegen nur auf Korrekturstunden beschränken mußte. Nach dem zweiten Weltkrieg besuchte er die Künstlerin noch einmal in Fischerhude. Zu dieser Zeit sichtete sie ihre Korrespondenz mit Rilke, aus der sie die für eine Veröffentlichung geeigneten Briefe auswählte. »Das sind die Briefe, die René über Cézanne geschrieben hat; kein Zweifel, die wollte er veröffentlicht wissen. Er interpretiert zwar Cézanne, aber er schreibt eigentlich vor allem über sich selbst. [...] Aber was er über die Bilder schreibt, ist tief empfunden.«

Auch die Dritte aus Segals Zirkel war mit Rilke freund-

ONH: »Ottilie Reylaender-Böhme beim Malen«, Öl, um 1959

schaftlich verbunden gewesen, vor allem aber mit dem polnischen Glasmaler Bogdan von Suchocki, einem zeitweiligen Lebensgefährten der Schriftstellerin Franziska von Reventlow. Mit ihm ging Ottilie Reylaender (1882–1965) für mehr als zwei Jahrzehnte nach Mexiko, wo er als Verwalter einer Hacienda arbeitete, bevor sie mit Traugott Böhme, dem kunstsinnigen Leiter der Deutschen Schule in Mexico-City, wieder nach Deutschland zurückkehren konnte. Zu malen begonnen hatte sie schon unter Anleitung von Fritz Mackensen, hatte auch den Zuspruch von Paula Becker in der Worpsweder Künstlerkolonie erfahren, dann in Paris an der Académie Julian studiert. Nun überraschte sie in Ausstellungen vor allem durch ihre mexikanisch intendierten Bilder, bevor sie – auch durch den Besuch der Kurse bei Arthur Segal – wieder Anschluß an die europäische Kunst zu finden suchte. 1943 fiel im Hannoverschen Kunstverein ein großer Teil ihres malerischen Werkes einem Bombenangriff zum Opfer.

Niemeyer-Holstein äußerte, daß Ottilie Reylaender nicht nur zu den allgemein unterschätzten Malerinnen der Gegenwart gehörte, sondern zu den erstaunlichsten Frauen überhaupt, denen er je begegnet sei. Er besuchte die Künstlerin nach dem Krieg häufig in Westberlin, gelegentlich malten sie gemeinsam, porträtierten sich auch wechselseitig. »Ich wohnte bei einer 75jährigen Malerin im Atelier«, schreibt Niemeyer-Holstein am 15. Januar 1958 an Werner von der Schulenburg. »Tila Reylaender, eine Freundin Paula Becker-Modersohns, Klara Rilkes, auch – wie der ganze Worpsweder Kreis – Schülerin von Mackensen. Ihr Werk beeindruckte mich. Die alte *gute* Worpsweder Tradition, dann war sie über 20 Jahre in Mexiko. Ich arrangierte für sie eine Ausstellung im Mai in Westberlin. [...] Da ich kaum ausgehen konnte, hatte ich mir vorgenommen, sie wieder ans Malen zu bringen. Nach dem Tode ihres Mannes vor vier Jahren hatte sie keinen Pinsel mehr angerührt. Das gelang mir dann auch, und sie war nicht mehr aufzuhalten.« Susanna Böhme-Netzel, die Enkeltochter der Künstlerin, erinnert sich: »ONH fühlte sich bei uns ›wie zu Hause‹, kam unangemeldet, zum Teil mit Freunden, zumeist auch mit Frau ›Stürmann‹, und blieb, solange er sich wohl fühlte. [...] Das einzige ›Problem‹ gab es im Atelier: Ottilie war sehr sparsam mit ihren Farben und konnte es kaum ertragen, daß Niemeyer so dick aufspachtelte.«

Auch manche für ihn wichtige Berührungen mit älteren namhaften Malern der Jahre zwischen 1920 und 1930 verdankte Niemeyer letztlich Arthur Segal, »den alle kannten und der mit allen bekannt war«. Neben den schon genannten aus dem Asconeser Umkreis gehörten dazu noch Christian Rohlfs, Karl Schmidt-Rottluff, Erich Heckel und Willy Jaeckel, außerdem Max Pechstein, mit dem sich Ende der vierziger Jahre während dessen Sommeraufenthalten in Ückeritz auf Usedom – »Pechstein hatte sein Domizil an der Kreuzung der Inselstraße mit der Dorfstraße« – gelegentlich Begegnungen ergaben.

Hinzu kamen als Anreger zu dieser Zeit noch andere, zum Teil Altersgenossen. So hatte er 1925 bei einer Ausstellung in Bern den aus dem Baseler Land stammenden Martin A. (= Alfred) Christ (1900–1979) kennengelernt: »Wir gingen auf-

Curt Stoermer in seinem Lübecker Atelier

einander zu und verstanden uns, aber das Verstehen betraf nicht nur Persönliches, unsere Meinung in Kunstfragen, es betraf auch Handwerkliches, was bekanntlich so gern hintangestellt wird. Und Martin Christ war ein unerbittlich harter Arbeiter, ein ›Steineklopfer‹ wie ich, er selbst hat sein Tun einmal so bezeichnet.« Aus diesem Verstehen entstand eine Freundschaft, die sich zwischen 1926 und 1930, während eines Studienaufenthalts Christs in Berlin, vertiefte. Ähnliche Motive aus der Berliner Zeit – Hofsichten aus dem Atelierfenster, Interieurs mit starkem Helldunkelkontrast – lassen sich bei beiden Malern nachweisen, von gemeinsamen Malausflügen in die Berliner Umgebung, gar über den Plan einer Reise ins Memelland wußte Annelise Niemeyer zu berichten, während ONH von einem bedrohlichen Vorfall erzählte, einem verheerenden Waldbrand im Odergebiet, den hervorgerufen zu haben man die beiden Männer bezichtigt hatte.

In Berlin lernte Christ die Brücke-Maler kennen – mit Erich Heckel kam er in freundschaftliche Beziehung –, ihre Bilder faszinierten ihn, ohne daß er sich ihrem expressionistischen Furioso anschloß. Er ging seinen Weg und wurde, wie Christian Jaquet in einer Monographie über den Künstler schreibt, »sein eigener, selbstkritischer Stilmacher«. Darin war er seinem Freund ONH ähnlich.

Auch die Freundschaft mit dem Maler Curt Stoermer (1891–1976) verstand ONH als »ein Geschenk dieser Jahre«. Der fünf Jahre ältere, der in Düsseldorf und Paris studiert und als Künstler bereits einen Namen hatte, lebte vor allem in Worpswede und Lübeck. Er, einst Mitglied der Novembergruppe, zu der auch Segal gehört hatte, war ein sozialpolitisch engagierter Pazifist. Kunst, so seine Meinung, sollte nicht nur Ware, gar Spekulationsobjekt sein, sondern vor allem der Transmission von Gedanken und Gefühlen, Seh- und Empfindungsweisen des Künstlers dienen. ONH äußerte später: »Vom Novembermanifest war nichts mehr zu hören, als ich ihn kennenlernte, er vertrat aber nach wie vor die Auffassung, daß Konjunkturpolitik jeder Kunst abträglich sei und notwendigerweise zur Verleugnung ihrer Wirkungsmöglichkeit beitrage. Darin – nicht nur darin – waren wir uns einig. In Segal und Stoermer wie vorher in Frick habe ich nicht nur die Künstler geschätzt und verehrt, sie alle drei haben mich sicherlich auch durch ihr Sozialbewußtsein beeinflußt, ohne daß ich sagen könnte, ihnen vorbehaltlos gefolgt zu sein.«

Stoermer schrieb für ONH zu dessen siebzigstem Geburtstag eine Würdigung, in der es mit vollem Verständnis heißt: »Schon früh neigte Niemeyer zur ›Peinture‹, zu einer zeitlosen Interpretation seines Erlebens im Aquarell, worin er sich der Werte dieser Welt neu versicherte. Das geschah zurückhaltend, fern den dynamischen Strömungen der Zeit. Landschaft, Mensch und Pflanze wurden von ihm immer von neuem prüfend entdeckt. Ohne rauschhafte Allüren strahlen jene Bilder etwas aus von der unbesiegbaren Kraft der Natur. Sicher geworden, wird dann seine farbige Definition immer eigenwilliger, wird mit der Farbe Magie erzeugt, Farbstimmungen fließen und schreiben sich ein zwischen Steinen, Blumen und Meer von Wasser und Himmel wie durch Sternengärten. Das verführende Spiel vollzieht sich mit dem Charme eines zarten Gedichts.«

Endlich auf Kurs

HUGO WILKENS, der in Ascona wirkende Kunstdrucker, war in Berlin und hatte Otto Niemeyer in seine Wohnung in der Güntzelstraße eingeladen. Eine Freundin seiner Frau Gertrud hatte ihre Promotion mit »Gut« bestanden. Da gab's etwas zu feiern. Die junge Frau wohnte ganz in der Nähe, noch bei ihren Eltern, und ging täglich auf dem Weg zur Arbeit an dem Haus vorbei, in dem der Mann wohnte, den alle »Käptn« nannten und der auch einer zu sein schien. Er, »der Windgegerbte und Sonnengebräunte, lehnte am Türrahmen und zog die Anwesenden in Bann mit Geschichten von riskanten Manövern auf einem Schiff namens ›Lütter‹, das er gerade von Kiel nach Berlin geholt hatte. Und die aufstrahlend blauen Augen, aus denen Funken zu sprühen schienen!« (Annelise Niemeyer) Freilich konnte der »Käpten« nicht ahnen, daß ein Funke auf das Fräulein Doktor übergesprungen war. Gehofft haben wird er es, denn in Paris, wohin es ihn dann wieder zog, dachte er mehr an die junge Frau in Berlin, als ihm recht war; und so packte er seine Sachen und kehrte früher als geplant zurück, um sich nach ihr auf eine umständliche Suche zu begeben. Dabei wäre große Mühe gar nicht notwendig gewesen, er hätte nur nahe seinem Wohnhaus auf der schmalen Fußgängerbrücke warten müssen, die auch die junge Frau täglich benutzte, weil sie die Straßenzüge beidseits des Landwehrkanals miteinander verband – eine Stahlbogenkonstruktion, die bereits Ernst Ludwig Kirchner und Hans Purrmann gemalt hatten und die auch für Niemeyer bald ein Motiv war. Doch zunächst wurde sie zu einer Verbindung zwischen dem »Käpten« und ihr, die noch nicht ahnte, daß sie als »Steuermann« alsbald seinen Nachen betreten würde.

Annelise Schmidt hatte nach glänzend bestandener Reifeprüfung im Sommersemester 1919 an der Berliner Friedrich-Wilhelms-Universität mit dem Studium der Physik, Chemie

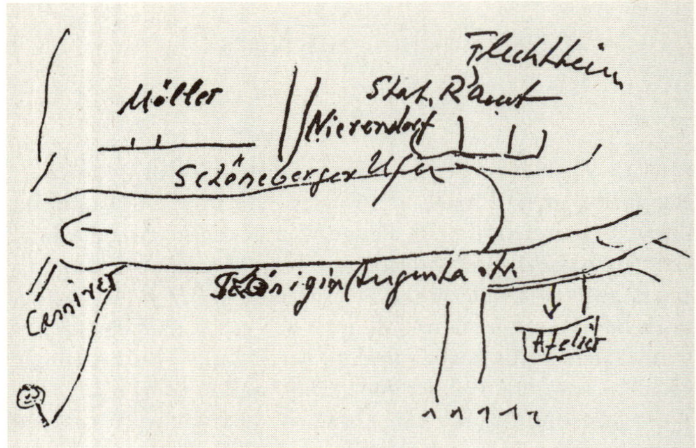

Annelise Niemeyer: Skizze der Umgebung des ersten Berliner Ateliers Niemeyer-Holsteins; die Nord-Süd-Richtung ist vertauscht, 1967

und Mathematik begonnen, war aber bald zur Rechts- und Staatswissenschaft übergewechselt. Im Frühjahr 1921 ging sie nach Hamburg, bezog »ein schönes Zimmer« in der Klopstockstraße 5, »in einem vornehmen Haus in der Gegend der Elbchaussee«, und schrieb ihre Dissertation, deren Thema sie einer Anregung Professor Heinrich Sievekings verdankte, der – gemeinsam mit Professor Eichenseer – auch die Betreuung der Arbeit mit dem Titel »Die finanzielle Organisation der rumänischen Petroleumgesellschaften in der Vorkriegszeit« übernommen hatte. Das Kolloquium fand bereits am 7. Juli 1923 statt, doch die Urkunde konnte erst zwei Jahre später, am 6. Oktober 1925, überreicht werden, da zunächst noch Prüfungen zum Staatsexamen abzulegen waren, ohne deren Nachweis die vollzogene Promotion nicht wirksam wurde. Die Arbeit im Statistischen Reichsamt, die sie dann aufnahm, war, wie sie berichtete, »nicht nur trocken, sondern auch mit der Aura des Nichtoffiziellen versehen. Das war nicht meine Sache, was mich dann letztlich auch zur Aufgabe

ONH: »Brücke über den Landwehrkanal«, Tusche/Pinsel, 1928

Die gleiche Brücke, heute Hiroshima-Steig, Foto 1998

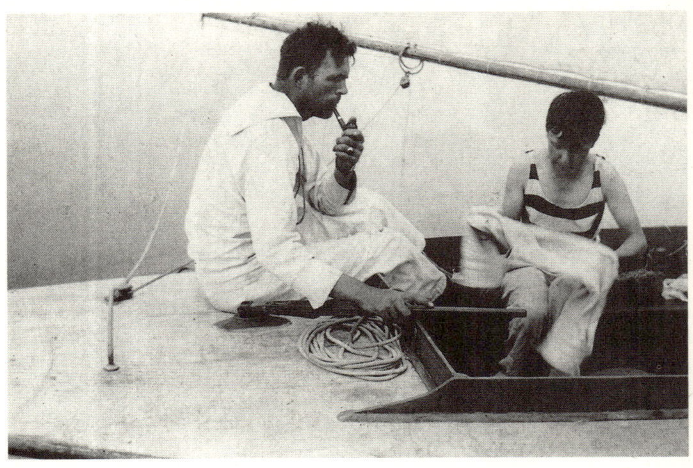

Auf dem Segelboot »Lütter«, um 1928

der Stelle bewog, die ich hätte doch länger halten sollen, da sie unsere Existenz sichern half.«

Zunächst aber zog Annelise Schmidt gegen den Widerstand ihrer Eltern zu Otto Niemeyer in die Königin-Augusta-Straße 51, bald suchten sie sich eine größere Wohnung, die sie in der Hohenstaufenstraße fanden, kehrten aber wieder ins Haus in der Königin-Augusta-Straße zurück, weil im Gartentrakt eine Atelierwohnung mit schrägem Oberlichtfenster frei geworden war. Dort feierten sie im Dezember 1927 ihre Hochzeit. Dabei kam es zu der ersten und vermutlich einzigen Begegnung der Schwiegereltern. »Für Käptns Eltern«, erzählte Annelise Niemeyer später, »waren meine Eltern kaum mehr als Höflichkeitspartner, sie waren ihnen zu kleinbürgerlich. Natürlich zeigten sie das nicht, aber ich spürte es. Daß mein Vater sein Leben zwischen Büchern verbrachte, imponierte dem alten Geheimrat allerdings, und es interessierte ihn auch, was er machte. Ganz Ohr wurde er – ich sehe ihn noch gespannt zuhörend vor mir –, als meine Mutter vom Geschäftsaufschwung ihres Vaters erzählte, der als Buchverleger mit einem glücklichen Griff begonnen hatte: der fortlaufenden Publizierung des ersten Bürgerlichen Gesetzbuches für das ganze Deutsche Reich. Immer wieder wurden Nach- und Neudrucke, Ergänzungen und Kommentare notwendig. Der Laden lief.«

ANNELISE SCHMIDTS GROSSVATER der mütterlichen Seite, Daniel Collin (1824–1910), geboren in Grätz, in der Provinz Posen, war als junger Mann nach Berlin gekommen, um bei Firmen wie Veit & Comp., Duncker & Humblot und Asher & Co. seinen Beruf umfassend zu erlernen, bevor er mit seinem Compagnon Oscar Haering die Leitung der Verlagsbuchhandlung J. Guttentag in der Wilhelmstraße 100 (später Unter den Linden 11) übernahm und durch buchhändlerisches Engagement und gewinnorientierte Handelsbilanz das Unternehmen zu schnellem Aufschwung brachte. Die Herstellung und der Vertrieb des ersten Bürgerlichen Gesetzbuches für das gesamte Deutsche Reich samt laufenden Ergänzungen und Nachträgen und die Angliederung eines Verlags für das Berliner Adreßbuch sowie die Direktion der »Berliner Bürger-Zeitung« (in Berlin W, Ahornstraße) führten zu einer wirtschaftlichen Lage, die es dem kunstsinnigen Verleger ermöglichte, auch weniger einträgliche, aber renommierte Publikationen wie die aufwendig reproduzierten Aquarelle Adolf von Hildebrandts in einer mehrbändigen Ausgabe zu realisieren.

Verheiratet war er seit 1864 mit der in Berlin gebürtigen neun Jahre jüngeren Therese Cohn, von der bekannt ist, daß sie 1888 vom jüdischen Glauben zur evangelischen Konfession übertrat. Als Daniel Collin 1910 in Berlin starb, widmete ihm das »Börsenblatt für den Deutschen Buchhandel« einen Nachruf, in dem es heißt, daß er es verstand, »ohne aufdringlich zu erscheinen, einem Kunden die Notwendigkeit der Anschaffung eines Buches glaubhaft zu machen. Noch nach Jahren erzählte er mit Genugtuung, wie er nach dem Erscheinen von Hildebrandts Aquarellen fast jedem, der in den Laden kam, ein Exemplar verkauft habe. […] Da diese erste Samm-

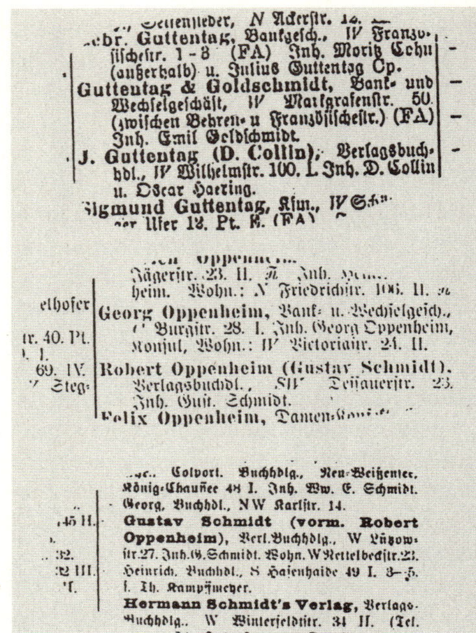

Gebr. Guttentag, Bankgesch., W Französischestr. 1–8 (FA) Inh. Moritz Schu (außerhalb) u. Julius Guttentag Cp.
Guttentag & Goldschmidt, Bank- und Wechselgeschäft, W Markgrafenstr. 50. (zwischen Behren- u Französischestr.) (FA) Inh. Emil Goldschmidt.
J. Guttentag (D. Collin), Verlagsbuchhdl., W Wilhelmstr. 100. I. Inh. D. Collin u. Oscar Haering.
Sigmund Guttentag, Kfm., W Sch... Ufer 18. Pt. K. (FA)

Jägerstr. 23. II. ... Inh. ...
heim. Wohn.: N Friedrichstr. 106. II.
Georg Oppenheim, Bank- u. Wechselgesch., C Burgstr. 28. I. Inh. Georg Oppenheim, Konsul, Wohn.: W Victoriastr. 24. II.
Robert Oppenheim (Gustav Schmidt), Verlagsbuchhdl., SW Dessauerstr. 23. Inh. Gust. Schmidt.
Felix Oppenheim, Damen-...

... Colport. Buchhdlg., Neu-Weißensee, König-Chaussee 48 I. Inh. Ww. E. Schmidt.
Georg, Buchhdl., NW Karlstr. 14.
Gustav Schmidt (vorm. Robert Oppenheim), Verl.Buchhdlg., W Lützowstr.27. Inh.G.Schmidt. Wohn. W Nettelbeckstr.23.
Heinrich, Buchhdl., S Hasenhaide 49 I. 3–5. f. Th. Kampffmeyer.
Hermann Schmidt's Verlag, Verlags-Buchhdlg., W Winterfeldtstr. 34 II. (Tel.

Eintragungen in Berliner Adreßbüchern 1868, 1893, 1908

lung der Aquarelle mehr als 300 Mark kostete, alle drei Sammlungen zusammen etwa 500 Mark, war dieser Erfolg auch vom geschäftlichen Standpunkte aus ein durchaus erfreulicher.«

Als Herkunft der väterlichen Vorvorderen wird Quedlinburg im Harz genannt. Zumeist waren sie von Beruf Müller oder Landwirte. Daß nicht ausschließlich Ackerbau und Viehzucht den Tag der Familien Schmidt gefüllt haben mögen, läßt sich vermuten: »Brandtweinbr.« taucht 1821 als »Stand oder Gewerbe« in den städtischen Seelenlisten auf; und der Platz ihres Wohnens wird in den Stadtannalen bis zum Jahre 1878 mit der fortlaufenden Nummer 436 verzeichnet, was auf das Haus Marktstraße 4 im Zentrum der Altstadt verweist. Kein schlechter Ort. Auch trieb alsbald ein Sproß der Familie, der Großvater Annelise Schmidts, Wurzeln in Bremen. Von ihm ist bekannt, daß er als Kaufmann ein an Literatur interessierter Mann gewesen sei, überdies verwandt mit dem damals beliebten Reiseschriftsteller Friedrich Wilhelm Gerstäcker, dessen Frau ihrer Cousine Marie Louise Schmidt einen »morgenländischen Dankspruch« (von Karl Gerok) zur Konfirmation in ein mit Prägeschnitt versehenes Leder-«Album« schrieb, das als Kleinod in der Familie aufbewahrt wurde.

Gustav Schmidt, Annelises Vater, geboren 1862 in Bremen als zehntes und jüngstes Kind Heinrich Gustav Schmidts und seiner Frau Marie Adolphine, geborene Ruete, hatte das Kaufmännische von Grund auf gelernt, bevor er in die Berliner Verlagsbuchhandlung Robert Oppenheim als Mitarbeiter eintrat und 1888 deren Teilhaber, bald darauf Inhaber wurde. Das Geschäft firmierte – entsprechend den Eigentumsanteilen – zunächst unter dem Namen »Rob. Oppenheim (Gustav Schmidt)«, dann »Gustav Schmidt (vorm. Rob. Oppenheim)« und zog mehrmals um – so von der Matthäikirchstraße in die Dessauer Straße, danach in die Lützowstraße. Zuletzt diente Gustav Schmidt der häusliche Schreibtisch in der Nettelbeckstraße 23 zur Erledigung seiner Arbeit, zumal das Unternehmen, das sich auf Kunstreproduktionen und kunstfotografische Werke spezialisiert hatte, mit der Inflation in Bedrängnis gekommen war, so daß alles mehr »zu einer höheren Form von Privatvergnügen« (Annelise Niemeyer) wurde. Die Enkeltochter Christine Ackermann erinnert sich ihres Großvaters in einem Brief (vom 21. 7. 1997) als eines »etwas steifen und streng erscheinenden Menschen, zu dem es nicht zu leicht Nähe gab, obgleich er ein rundum kunstsinniger Mann war«.

Zur endgültigen Aufgabe seines Geschäfts zwangen ihn die Nationalsozialisten. Der nun Fünfundsiebzigjährige zog sich zurück – jedoch nicht in die verdiente Ruhe des Alters, sondern in die Unruhe dieser Jahre mit den Unwägbarkeiten des sich unerschütterlich zu seiner jüdischen Ehefrau bekennenden Partners. 1946 starb er.

Seine Ehefrau Anna Helene Gertrude, geborene Collin (1874–1954), hatte zwar keinen erlernten Beruf, war aber geistig rege und belesen, so daß sie ihrem Mann in geschäftlichen Fragen eine willkommene Mitarbeiterin wurde. Beschrieben wird sie von Christine Ackermann als »eine lebendige und großzügige Frau mit praktischen Fähigkeiten und mit der Gabe, sich Notwendigkeiten anzupassen«. Diese wurde für sie lebenserhaltend.

DIE TRAUUNG von Elfriede Susanne *Annelise* Schmidt und Theodor *Otto* Niemeyer fand am 2. Dezember 1927 auf dem Standesamt in Berlin-Charlottenburg statt. Bald danach zog das Paar mehrmals um. Eine größere Wohnung war notwendig geworden, denn Sohn Peter, für den der Maler das Sorge- und Erziehungsrecht erstritten hatte, kam zur Schule. »Ich war mit einem Schlag Mutter geworden und wünschte, daß das Präfix ›Stief‹ gar nicht erst in Betracht kam. Der kleine Pet sollte unser Sohn sein, und er mußte ein Zuhause bekommen. Sosehr unsere Verheiratung aber von diesem sehr triftigen und dringlichen Grund bestimmt wurde, war unsere Ehe dennoch keine Zweckgemeinschaft. Ich liebte Käpten, er liebte mich, wir fühlten, daß wir füreinander bestimmt waren. Freilich war mir von vornherein klar, daß es nicht möglich sein würde, Käptn zu einer bürgerlichen Ehe herkömmlicher Art zu bringen. Er brauchte die persönliche Freiheit, ohne die künstlerische Freiheit nicht möglich ist. Und auch ich konnte mich nicht als Herd-Heimchen verstehen. Jede Fessel hätte unweigerlich zum Bruch unserer Beziehung geführt – oder, viel schlimmer noch, zum Verkümmern seines Talents, an das ich doch glaubte.«

So wohnte die Familie weiter inmitten der Großstadt in einer Wohnung, deren Hauptraum wiederum das Atelier war: Augsburger Straße 62, IV. Geschoß, Ruf: B 5 Barbarossa 3050 – so steht es auf der Visitenkarte, die der Künstler mit dem ausdrücklichen Hinweis auf seinen Beruf drucken ließ: »Gemälde/Aquarelle von Otto Niemeyer-Holstein«. Ein Bild ist auch eingerückt, keine Stadtlandschaft allerdings, sondern »Segelschiffe im Hafen«, ein Zeichen der stets wachen Liebe zur Ostsee. Er selbst bekundete, daß er diese Jahre als be-

GEMÄLDE / AQUARELLE VON

Otto Niemeyer-Holstein

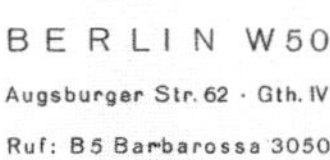

BERLIN W50

Augsburger Str. 62 · Gth. IV

Ruf: B5 Barbarossa 3050

Visitenkarte, 1928

drängend empfunden habe, da die Umstände seinem eigentlichen Thema, der Natur in ihrem Wandlungsreichtum auch des Lichts und der Farben, eher entgegenstanden. So unternahm er oft Reisen in die Landschaft seiner Herkunft, aus der ihm künstlerische Kraft zuwuchs. Von da, aus dem Ostseebad Stein an der Kieler Bucht, schrieb er im Februar 1929 an Annelise eine Karte mit Einzeichnungen auf der Ansichtsseite – Wellenkonturen, Sonnenkreisen – und der scheinbar lapidaren Mitteilung: »Liebes, Sonne – Eis – *Stein* – Cognac – Zigarre – Sonne – Eis – Enten – Gänse – Bläue, Nino.« Doch die Tatsache, daß es ihm an der unentbehrlichen Zigarre und einem zünftigen Aufwärmschluck nicht mangelte, täuscht nicht darüber hinweg, was ihn zum Stift greifen und den Ort seines Aufenthalts so spielerisch umschreiben ließ: Sehnsucht.

Schon 1928, gleich nach ihrer Heirat, hatten Annelise und Otto Niemeyer eine Reise an die östliche Ostsee unternommen. Ursprünglich war das hinterpommersche Leba ins Auge gefaßt worden, gelandet war man in Nidden (heute Nida/ Litauen), einem Fischerort auf der Kurischen Nehrung, einer Empfehlung für Maler – Max Pechstein, der sich bereits einige Sommer dort aufgehalten hatte, ließ grüßen. Auch Schriftsteller begannen die urwüchsig-karge Landschaft des schmalen Streifens mit den hohen Dünen zu entdecken, so

Thomas Mann, der in diesem Ort ein Sommerhaus bauen ließ. Aber eine andere Erfahrung machten Annelise und Otto Niemeyer: »Die östliche Rauheit dieser doch anders vermuteten Gegend und die so gar nicht hanseatisch wirkende, einst nördlichste preußische Stadt Memel behagte uns nicht. Wir mußten uns anderswo umsehen. Da kam Usedom bald ins Blickfeld.«

ZUNÄCHST ABER GING DER MALER WIEDER AUF REISEN, Malerreisen. Die so hastig abgebrochenen Studien wurden nachgeholt, das Befragen der Impressionisten und deren Nachwirkungen im Hinblick auf seine Bildfindungen. Ihretwegen zog es den Künstler immer wieder in die Seine-Stadt. »Kaum waren wir verheiratet, überkam mich Katzenjammer, hatte ich das Gefühl, auf der Stelle zu stehen. Hals über Kopf fuhr ich nach Paris, 1929. Es war regelrecht Flucht, der Versuch, einen neuen Anfang zu finden. Ein Trugschluß. Ich malte wenig. Taglang saß ich am Seine-Quai in der Nähe des Louvre an einem Bild: Bouquinisten im Vordergrund und im Hintergrund Boote. Als ich zurückkam, hatte ich kaum einen künstlerischen Ertrag, auf den es mir doch eigentlich angekommen war, dafür aber einen Lebensertrag, der mich regelrecht rettete: Wir fielen uns in die Arme, und Annelis sagte: ›Wie schön, daß du wieder da bist.‹ Sie verstand mich.«

Doch lange hielt es den Maler auch diesmal nicht. Es gab eine Einladung nach Florenz. Vermittelt hatte sie Richard Seewald, der mit dem Fürsten Leone Massimo seit dessen Musikstudium in München befreundet war. In Aussicht stand »ein prachtvolles Quartier in feudaler Herberge und der Blick auf den Arno und die Stadt« (ONH). Auch die kunstsinnige Freundin Maiti, nun Schwägerin des so verdienten Schweizer Förderers Diethelm, war in der Nähe, mit der er die Uffizien besuchte, um die Tizians, Michelangelos, Leonardos, Raffaels und vor allem – wie konnte es anders sein – Rembrandts zu studieren, von denen ihn die beiden Bildnisse des Künstlers

Historische Korrespondenzkarte, Sammlung ONH

als junger und als alter Mann nicht losließen. Und er malte Maiti, deren Faszination er erlag. »Leider konnte ich das Bild nicht ganz zu Ende bringen, es lag deswegen lange unbeachtet auf dem Speicher. Als wir es wiederfanden, sah ich, daß es mir wichtig ist, weswegen ich es auch restaurierte. – In den Uffizien übrigens zog mich ein Bild bei jedem Besuch magisch an: ein Botticelli. Ein junger Mann, vermutlich der Maler selbst, zeigt dem Betrachter ein Medaillon. Deutlich steht es vor meinen Augen, der matte Glanz des Metalls …«

Und noch einen anderen Gewinn brachte die Reise. Auf dem Weg nach Florenz lernte er bei dem Maler Martin A. Christ in Basel Otto Manigk (1902–1972) kennen. Manigk hatte an der Berliner Kunstakademie studiert und anschließend Kurse an der privaten Kunstschule Johannes Walter-Kuraus in Berlin-Charlottenburg belegt, wo er zu dieser Zeit noch arbeitete; später, nach dem Tod des Lehrers im Jahre 1932, führte er sie noch einige Zeit erfolgreich weiter. Ihn selbst hatte der Lehrer mit seinen Auffassungen, »unter strengstem Studium der Natur zu einer gesetzlichen stilistisch-gebundenen Farbe zu gelangen«, so nachhaltig bestimmt, daß er auch Maler seines Lebens- und Arbeitsumfeldes in diesem Sinne, wenn auch stilistisch gewandelt, prägte.

Zwischen Manigk und Niemeyer entwickelte sich schnell eine Lebensfreundschaft. Die Nachbarschaft ihrer Berliner Ateliers – sie lagen in der Umgebung des Wittenbergplatzes – wie auch die Nähe ihrer späteren Wohnsitze auf Usedom (Koserow, Ückeritz) ließen beide Maler zu gegenseitigen Anregern und Kritikern werden und zu Vertrauten auch in mancherlei Lebensfragen der Zeit vor und nach 1945. Vierzig Jahre später, nach dem Tod des Freundes, formulierte ONH die Quintessenz ihrer Beziehung in einem »Brief an einen Lebenden«: »Wie Du malst, das sah ich ja – mit Überlegung, eben mit Vernunft und großer Freude. Deine Spekulation, vom sinnlichen Eindruck Deines Gegenüber ausgehend, sei es Bildnis, Stilleben oder Landschaft, Deine Musikalität und menschliche Wärme, aber auch Deinen Humor finde ich in Deinen Bildern, und es ist wunderbar, den Freund neben sich wachsen zu sehen …«

Und noch eine Lebensfreundschaft eröffnete sich ihm damals. Durch Otto Manigk lernte Niemeyer-Holstein bald auch dessen Schwager Herbert Wegehaupt (1905–1959) kennen. Der aus Westpreußen gebürtige Zeichner und Maler hatte nach Kursen an der Breslauer Kunstgewerbeschule und in der Zeichenklasse der Preußischen Akademie der Künste vor allem am Dessauer Bauhaus bei Josef Albers, Paul Klee, Wassily Kandinsky, Oskar Schlemmer und László Moholy-Nagy studiert und sich auf Wandmalerei spezialisiert. Erst nach seiner Übersiedelung auf die Insel Usedom Mitte der dreißiger Jahre und besonders nach dem Krieg wandte er sich mit Motiven der Küstenregion und Situationen ihrer Menschen verstärkt der Tafelmalerei zu. Als Pädagoge lehrte er am Institut für Kunsterziehung an der Universität Greifswald und gab die einst im Bauhaus gewonnenen und nun offiziell eher beargwöhnten Erkenntnisse auf geschickte Weise an seine Schüler weiter. Wegehaupt habe, berichtet einer seiner Schüler, der Kunsthistoriker Günter Regel, vom Bauhaus und von Klee nicht viel geredet, »schließlich galten in der damaligen DDR Klee als einer der Protagonisten des spätbürgerlichen Kunstverfalls und das Bauhaus als Hort der Verbreitung und Anwendung einer kosmopolitisch-imperialistischen Ideologie«. Aber er habe die im Bauhaus erworbene Einstellung und Haltung sowie seine Einsichten in das, was die Kunst ausmacht an der Kunst, »derart verinnerlicht, daß er nicht darauf angewiesen war, irgendwelche Verfahren und Methoden aus der Bauhauslehre zu übernehmen«.

Die Nachbarschaft Herbert Wegehaupts – er wohnte neben Otto Manigk in Ückeritz – erleichterte Otto Niemeyer-Holstein das gern gesuchte anregend-kritische Gespräch mit dem Freund, dessen einzigen Fehler er darin sah, »sich selbst so stark zum Vermittelnden zu machen, daß er dabei sein Eigenes zu kurz kommen ließ«. Und einer seiner Schüler, der Maler und Kunstpädagoge Wulff Sailer, äußerte 1983 zur Eröffnung einer Ausstellung der Usedomer Maler Manigk, Niemeyer-Holstein und Wegehaupt in der Galerie Mitte in Berlin: »Es gab Augenblicke, wo ihm das Hintansetzen der eigenen Arbeit schmerzlich bewußt wurde. Dann hörte ich ihn sagen: ›Der Niemeyer macht's richtig!‹«

DIE ERSTE AUSSTELLUNG nach dem Machtantritt der Nationalsozialisten, an der ONH teilnahm, fand in den Räumen der Galerie Deneke (Dr. Günther Deneke, Ausstellungen – Versteigerungen, Berlin W. 9, Bellevuestraße 13) statt. In der Zeit vom 19. Mai bis 18. Juni 1933 präsentierten sich unter dem in Fraktur gesetzten Titel »Die Gemeinschaft« siebzehn Künstler, die sich, so im Katalogvorwort, als »Teil einer größeren Gemeinschaft« zu verstehen hofften, denn: »Der Krieg, die Nähe des Todes, lehrte uns die Nähe des lebendigen Seins, die Nähe der Schöpfung sehen. Darum glauben wir an die Berufung unserer Generation zu neuer Kunst und an die Berufung der deutschen Gegenwart zu neuer Kultur.«

Die Ausstellungsteilnehmer waren in drei »Gruppen« gefaßt; Otto Niemeyer-Holstein, vertreten mit siebzehn Ar-

Die Gemeinschaft

Gemälde
Skulptyren
Graphik
Architektur
Metallarbeiten

Ausstellung: 19. Mai bis 18. Juni 1933, 10–6 Uhr. In den Räumen von Dr. Günther Deneke, Berlin W. 9. Bellevuestraße 13

Katalog der Berliner Ausstellung »Die Gemeinschaft«, 1933

beiten, Ölbildern, Aquarellen und Zeichnungen, stellte in der »Gruppe Tucholski« aus, in der Herbert Tucholski selbst eine größere Auswahl zeigte. Sowohl dort als auch in der »Gruppe Radziwill« bildeten Landschaften den thematischen Schwerpunkt. Nur durch die Arbeiten der »Gruppe Martin« (u. a. Bronzeplastiken von Günther Martin wie »Mann mit Schwert«, »Besinnung – Aufbruch – Bekenntnis«, »Verkünder« und Porträtbüsten seiner Frau Magdalena Müller-Martin wie »Ministerpräsident Göring«, »Benito Mussolini«) erhielt die Ausstellung eine NS-Tendenz, der die anderen Teilnehmer keineswegs folgten. So findet Curt Glaser im »Berliner Börsen-Courier« vom 2. 6. 1933 den Tadel (oder das versteckte Lob?): »Die Maler der Tucholski-Gruppe stellen sich nicht […] aktiv dem Naturerlebnis entgegen, sondern sind bereit, passiv sich ihm zu unterwerfen.«

ONH reflektierte die Ausstellung später so: »Eigentlich war die ganze Sache nur eine Finte, um Franz Radziwill zu einer Professur zu verhelfen, die meisten Bilder waren von ihm. Es war übrigens die letzte Ausstellung, die ohne Nazi-Bevormundung zustande gekommen war, obgleich man vom Augenschein her das Gegenteil hätte vermuten können. Wie gesagt, Tucholski war der Spiritus rector, aber es eröffnete die Ausstellung ein Bildhauer namens Günther Martin in SA-Uniform und mit dem Hitlergruß. Wir waren entsetzt. Seine Frau, Magdalena Müller-Martin, war auch Bildhauerin, begabter als er, aber mit Goebbels befreundet, sie bekam später durch ihn lukrative Staatsaufträge. Ihr Mann war, wie sich herausstellte, kein so strammer Nazi, er hat sogar einige Maler gewarnt, daß sie rechtzeitig verschwinden konnten; von seiner Frau erfuhr er, was die Nazis vorhatten. [...] Trotzdem haben wir ihm nie getraut, er hätte ja auch ein Spitzel sein können.«

BEI GELEGENHEIT DIESER AUSSTELLUNG machte Niemeyer-Holstein eine andere Bekanntschaft. Eher beiläufig lernte er den Bildhauer Kurt Schumacher (1905–1942) kennen, ohne daß es zu einer näheren Beziehung gekommen wäre. Vermutlich standen Schumacher die in diesem Künstlerkreis Versammelten – mit Ausnahme Herbert Tucholskis, der ihn eingeladen hatte – kaum nahe, und Niemeyer-Holstein war dessen symbolträchtige Formensprache ohnehin fremd. Nach dem Krieg allerdings sprach er einmal von diesem Plastiker, aber da war es wohl vor allem die aufrechte Haltung des Mannes und dessen Schicksal, das ihn stark berührte. Gelegentlich eines Besuches in Berlin und bei einem Gang durch die Französische Straße blieb Niemeyer-Holstein plötzlich vor der Schleusenbrücke stehen und zeigte mit dem Stock auf eines der Medaillons im Geländer, eine Reliefdarstellung von diesem Bauwerk zu früherer Zeit: »Der, der das gemacht hat, hat noch Interessanteres gemacht, aber es gibt nichts mehr von ihm, alles wurde vernichtet, er selbst zu

Tode gebracht. Zu Ehren dieser Leute hat Richard Scheibe den großen ›Gefesselten‹ geschaffen, der in der Stauffenbergstraße steht, wo die Männer vom 20. Juli erschossen wurden.«

Kurt Schumacher hatte sich während des Krieges der Widerstandsgruppe Schulze-Boysen/Harnack angeschlossen; nach deren Enttarnung 1942 war er gemeinsam mit seiner Frau, der Graphikerin Elisabeth Schumacher, zum Tode verurteilt und in Berlin-Plötzensee hingerichtet worden. Seine Arbeiten – zumeist in Holz, Bronze oder Alabaster – wurden zum größten Teil von der Gestapo beschlagnahmt und gelten seitdem als verschollen.

In der Todeszelle schrieb Kurt Schumacher mit gefesselten Händen erst später entdeckte Notizen, veröffentlicht in dem Buch »In letzter Stunde. Künstlerschriften 1933–1945«. Eine Anstreichung in ONHs Exemplar markiert darin eine Äußerung: »Nur die Werke der Künstler haben Weltgeltung, sind unsterblich, die im gesellschaftlichen Geschehen und in Konflikten standen und stehen, die eine kleine Welt in einer größeren darstellen.«

DIE PRESSEKRITIK bis 1933 war sich in bezug auf die Malerei Otto Niemeyer-Holsteins einig: sie bescheinigte ihm speziell koloristisches Talent. Die »Züricher Post« vom 19. 6. 1919 schrieb anläßlich der im Züricher Kunstsalon Wolfsberg versammelten »Künstler von Ascona«: »O. Niemeyer huldigt einem starken und radikalen Kolorismus«, und die »Neue Zürcher Zeitung« vom 26. 6. 1919 attestierte ihm eine »starke, stellenweise eigentlich draufgängerische Farbigkeit« – ein Urteil, das später von der Zeitung »Die Südschweiz« vom 18. 4. 1925 anläßlich der Ausstellung der Gruppe »Der Große Bär« in Ascona präzisiert wurde: »Otto Niemeyer-Holstein legt im Gegensatz zu Kohler mehr Wert auf die Farben als auf die Form. Seine farbigen, reifen und sinnlich durchfühlten Bilder zaubern den Glanz Tessiner Herbstlandschaften vor das Auge [...].« Im gleichen Jahr hieß es in der »Hallischen Zeitung« vom 1. 10. 1925 zu einer Ausstellung im Kunstverein: »Otto Niemeyer gehört zu den Malern, die mit immer neuen Mitteln die zahllosen Anregungen farbiger Landschaft suchen, sehen und sichtbar machen.« Anläßlich der Kunstschau in der Bremer Böttcherstraße bestätigten die »Bremer Nachrichten« am 17. 1. 1930 den Aquarellen »Beherrschung der Technik, Temperament der Bewegung, Sinn für den Stimmungswert der Farbe und Kompositionsgefühl im Ausschnitt«, und die »Weser-Zeitung« sieht auf der gleichen Ausstellung »sehr schön in Aufbau und Farbe abgewogene« Bilder. Die »Vossische Zeitung« vom 6. 1. 1931 hebt aus der Ausstellung »Junge Berliner Kunst« im Künstlerhaus »das kleine ›Grasstück‹ mit der Lyrik seines glühenden Gelb-Grün« hervor, das zeige, wo der Maler hin wolle.

Mit Beginn des Jahres 1933 wandelten sich Ton und Timbre schnell. ONH wird nun als »Maler des Nebels und einer von ihm verklärten Welt« bezeichnet – mit dem Hinweis allerdings, daß er »mit seiner Meisterschaft [...] solche traumhafte Verschleierung zur Vergeistigung des Ausdrucks seiner Gegenstände zu nutzen« wisse.

Als sich die Zeitungen in Deutschland mit ihren Maßstäben und Begriffen bereits auf einen »neuen Weg für die Kunstpolitik« einzustellen hatten und dabei selbst ein so erfahrener Kritiker wie Curt Glaser zu der Gruppenausstellung »Die Gemeinschaft« im »Berliner Börsen-Courier« bedauerte, daß sich jedoch »kein [...] zur Führerschaft berufenes Talent« zeige, fand das »Berliner Tageblatt« vom 20. 5. 1933 immerhin noch »die duftigen, lichten Aquarelle« Niemeyers hervorhebenswert, wie auch »das verschleierte und dabei lebendige Ölporträt Werner von der Schulenburg«.

Im übrigen hatte sich die Presse des Frühjahrs 1933 schon auf den »neuen Ton« eingestimmt. Während die »Berliner Morgenpost« nun von den Künstlern »Abkehr vom genießerischen Schaffen, dafür Streben nach erdhafter Nähe, nach Gemeinsamkeitserlebnis« forderte, nutzte der »Völkische Beobachter« gleich jede sich bietende Gelegenheit, um, sei es auch nur mit einem Seitenhieb, in die antisemitische Kerbe zu hauen: »Die Gruppe Tucholski, an der Spitze Herbert Tu-

Kunst der Nation — H. 4 / Dezember 1933

Otto Niemeyer-Holstein, Männliches Bildnis

Zum Tode Stefan Georges

Otto Niemeyer-Holstein

Zur Ausstellung in der Galerie Nierendorf, Berlin

Ein Maler, dessen Schaffen im guten Sinne Zeitnähe erkennen läßt, ist der in Berlin lebende Otto Niemeyer-Holstein. Ob wir Landschaften oder Bildnisse sehen, immer besticht zuerst das Talent zur Einfühlung. Niemeyers Porträts dringen ein in das Wesen der Persönlichkeit, sie suchen betont das Seelische. Dabei wird Niemeyer nicht zum Expressionisten, der mit leidenschaftlicher Gebärde seine Kunst einzig auf Ausdruck stellt. Die reale Wirklichkeit ist diesem Künstler immer Ausgangspunkt, aber der Maler bleibt nicht an der Oberfläche der Erscheinung, er geht nicht allein dem Licht und dem Schatten nach.

Einer rein impressionistischen Gestaltungsweise stellt Niemeyer seine verinnerlichte, romantisch betonte Art entgegen.

Ein Glaube trägt diese Kunst, ein Glaube, der weitab steht vom Intellektuellen, vom Konstruktiven und Absonderlichen. Nicht im Stofflichen, im Sichtbaren erschöpft sich die Welt für die junge Kunst. Sie sucht das Ausdrucksmäßige, aber sie hat diesem Innen nicht das Außen geopfert, dem Gehalt nicht die klare Form.

H. Griebitzsch

Geschichtsfälschung

Dr. Goebbels an Edvard Munch

Rot ohne Kommentar

Otto Niemeyer-Holstein
Zur Ausstellung in der Galerie Nierendorf, Berlin

Preisausschreiben

der Gesellschaft für Goldschmiedekunst

»Kunst der Nation«, Berlin, Heft 4/1933; Passus zu ONH hier hervorgehoben

cholski (der übrigens mit dem berüchtigten jüdischen Literaten nichts als den Namen gemein hat), bewegt sich in den gediegenen Bahnen der Freilichtmalerei.« (27. 5. 1933)

Dennoch gab es trotz der beginnenden »Säuberung« auf den Gebieten der Kultur noch weiterhin differenzierende Bewertungen. Gelegentlich fanden sie sich neben Verdikten auf einer einzigen Zeitungsseite wie zum Beispiel in der von Otto-Andreas Schreiber herausgegebenen Berliner Kulturzeitung »Kunst der Nation«. So veröffentlichte im Dezember 1933 dort Herbert Griebitzsch, der sich auch später um die Förderung junger Talente verdient gemacht hat, eine Kritik, in der es heißt: »Ob wir Landschaften oder Bildnisse sehen, immer besticht zuerst das Talent zur Einfühlung.« Außerdem stellte die Redaktion den Maler mit einem Fotoporträt vor und veröffentlichte Reproduktionen der Gemälde »Männliches Bildnis (Carl Jaeger)« und »Dreschmaschine«, beide aus dem Jahr 1932. Auf der gleichen Seite findet sich aber auch ein Glückwunsch des neuen »Reichsministers für Propaganda«, Joseph Goebbels, an Edvard Munch zu dessen 70. Geburtstag (»... greift zurück auf die ewigen Grundlagen völkischen Schaffens«) sowie unter dem Titel »Geschichtsfälschung« eine harsche Kritik an einem Beitrag des namhaften Kunsthistorikers Karl Scheffler im Insel-Almanach auf das Jahr 1934: »Es ist klar, der Hausprophet des Verlags Cassirer kann aus seiner Haut nicht heraus!«

Der Doppelkurs der Redaktion war freilich nicht von Erfolg gekrönt; 1935 wurde die Zeitung »Kunst der Nation« kurzerhand verboten. Die von ihr gelegentlich genutzten Freiräume waren den neuen Machthabern denn doch zu frei.

In der Nacht zum 1. Februar 1930 zeichnete ONH seine sterbende Mutter, während Bruder Johannes sie fotografierte. Das künstlerische Abbilden als geistige Umsetzung schien ihm den Abstand der Pietät besser zu wahren als die Rigorosität der Fotolinse; das Quietschen der Kohle auf dem

Papier war eben etwas anderes als das mechanische Klicken des Kameraverschlusses.

Masken, Bilder, auch Fotos des Antlitzes von Toten übten auf ONH eine mit physiognomischer Neugier gepaarte Faszination aus; für ihn waren sie »der fixierte Augenblick, wo sich Diesseits und Jenseits treffen«. Masken wie die Friedrichs II., Ludwig van Beethovens und Gottfried Kellers, von denen er Abbildungen besaß, waren Anlaß zu lebensphilosophischen Betrachtungen. »Masken können, es klingt paradox, ein lebensnaheres Momentbild von einem längst Verstorbenen als manche zu Lebzeiten entstandene Bildnisse sein; da spricht auch das Wissen mit, daß der ›Gegenstand‹ mit ›dem‹ Körper in Kontakt gestanden hat«, äußerte er angesichts der Totenmaske des Vaters, die er in einer Fensternische seines ehemaligen Ateliers in Lüttenort aufbewahrte. Und gelegentlich des Betrachtens der von Barlach abgenommenen, anschließend jedoch künstlerisch stark bearbeiteten Totenmaske Theodor Däublers hörte man ihn den Bildhauer Fritz Cremer befragen, wie er ein solches Verfahren der Rangerhöhung zu Kunst bewerte, bei der schon die Wahl des Materials ein entscheidendes Kriterium sei. Nicht weniger interessierte er sich bei dieser Gelegenheit über die Gefühle und Gedanken des Bildhauers bei der Abnahme der Maske des scheinbar noch im Tode spöttisch lächelnden Brecht.

Eine einzige Zeichnung entschied für ihn letztlich alles theoretische Fragen zugunsten des »lebendigen« Kunstwerks: »Die erschütternde Vogelgestalt des toten Barlach auf dem Blatt von der Kollwitz! – der zur Seite geneigte Kopf, als würde der Tote sich dem Begaffer entziehen. Nur so 'n paar Striche, doch welch ein Kosmos!«

THEODOR NIEMEYER, »der Geheimrat«, überlebte seine Frau um neun Jahre. Nach Genesung von einer schweren Krankheit entschloß er sich, das »Große Haus« in Kitzeberg aufzugeben. Sohn Johannes hatte bereits ein neues im Landhausstil entworfen und in Berlins Nobelviertel Dahlem, in

Theodor Niemeyer, 1939 (letztes Foto)

der Heydenstraße 32, bauen lassen, wo der Vater nun, betreut von Anneliese Jacobsen, die schon in Kitzeberg den Haushalt geführt hatte, seiner wissenschaftlichen und publizistischen Arbeit nachgehen konnte. Während er zeit seines Berufslebens viele fachspezifische Arbeiten publiziert hatte, konzentrierte er sich jetzt auf die Verwirklichung zweier lang aufgeschobener Publikationen: eine Darstellung der Geschichte der Stadt Rom, die 1931 erschien, und die Niederschrift seiner Lebenserinnerungen, die er nicht mehr abschließen konnte. Veröffentlicht wurden sie erst 1963 als Fragment, zur Enttäuschung ONHs jedoch »nicht zureichend redigiert, dafür unziemlich reduziert« um so wichtige Teile wie die Aufzeichnungen über die Zeit des ersten Weltkrieges und seine Beratertätigkeit bei der Obersten Heeresleitung.

Den Rückzug aus der Öffentlichkeit gebot Theodor Niemeyer die politische Entwicklung in Deutschland. So legte er 1935 – ein Protest gegen die NS-Rechtsbeugung – die Herausgeberschaft von »Niemeyers Zeitschrift für internationales Recht« nieder, obgleich das Periodikum gegen seinen Willen und ohne seine Zustimmung noch weitere zwei Jahre mit seinem Namen erschien.

Das Kitzeberger Haus wurde zunächst vermietet, dann an das preußische Kultusministerium verkauft, das es später dem Institut für Meeresforschung der Universität Kiel übertrug. Bei einem Luftangriff am 24. Juli 1944 wurde es total zerstört; 25 Mitarbeiter kamen dabei ums Leben. Auch Niemeyers Berliner Haus »Drosselhörn II« fiel Bomben zum Opfer. Dies zu erleben blieb dem alten Herrn erspart. Er starb am 23. Oktober 1939.

Das Verhältnis des Sohnes zum Vater war – ähnlich dem zur Mutter – zwiespältig geblieben: voller Hochachtung und Liebe, doch zugleich immer auch bestimmt von kritischer Distanz. »Dennoch las ich die Aufzeichnungen mit Neugier, und ich fand manchen Zug, den ich schon als Junge an meinem Vater geschätzt hatte: Wahrheitsliebe, Gerechtigkeitssinn, Ritterlichkeit, Diplomatie.« Am wenigsten gemocht habe er hingegen, bekannte der Maler, seine »feine Art«, Kritik zu äußern. »Das geschah, wenn ich es recht bedenke, doch öfters und unverhofft, auch später, als ich längst erwachsen und schon verheiratet war. So präsentierte er mir eines Tages den neuesten Degener, der für ihn ein ›Who's who der Leistungen‹ zu sein schien. ›Hier‹, sagte er und schlug die entsprechende Seite auf, ›siehst du, drei Niemeyers sind drinnen. Nur von dir nichts zu sehen.‹«

GANZ UNRECHT HATTE DER VATER NICHT, wenngleich sein Vorwurf nicht fair war. Denn Herrmann A. L. Degeners »Biographien von rund 15 000 lebenden Zeitgenossen« (IX. Ausgabe von 1928) nennen neben ihm nur noch Johannes, den zweitältesten Sohn, und »Niemeyer, Adelbert H. G.,

Die Schwester Annemarie als Studentin der Hochschule für Musik in Berlin, um 1914

Ak.-Prof., Staatl. Kst.-Gew.-Sch. München, Archit., Mal., Kstgew.« – ONHs »randständigen Onkel«. Was aber war mit den anderen »Kindern«? Wolfgang, der Älteste, hatte als Kaufmann seinen Weg nach Übersee gefunden; Günther, der Jüngste, Ingenieur von Beruf, verunglückte bei einem Segelmanöver in der Kieler Förde tödlich; Helmuth, der Drittjüngste, war schon als Kind dem Scharlach erlegen. So kamen nur noch die drei »Künstler« in Betracht, von denen einer im »Degener« schon genannt war. Was den Berufsweg betraf, scheint Sohn Otto für Theodor Niemeyer das »Sorgenkind« geblieben zu sein. Auch war offensichtlich, daß sich zwischen Annemarie, Johannes und Otto eine von Achtung getragene, aber auch von Rivalität bestimmte Beziehung entwickelt hatte, jene von ONH ironisch bezeichnete »herzinnige Haßliebe zwischen Brüderlein und Schwesterlein«.

Annemarie Niemeyer (1893–1977) hatte nach einem Studium der Rechts- und Staatswissenschaften promoviert und an unterschiedlichen Projekten der Deutschen Akademie für soziale und pädagogische Frauenarbeit – unter anderem an einer Forschungsstudie zum Familienleben der Gegenwart, erschienen 1930 bei F. A. Herbig in Berlin – gearbeitet. Daneben betrieb sie ihre musikalische Ausbildung unter musikpädagogischen Aspekten: studierte bei Ernst von Dohnány und James Kwast, einst Kollege Clara Schumanns am Hochschen Konservatorium in Frankfurt am Main, der durch die Vermittlung der Pianistin Verbindung zur musikfördernden Familie Niemeyer gefunden hatte. Als geschätzte Musikpädagogin wirkte sie bis kurz vor ihrem Tod im thüringischen Arnstadt, wo sie sich auch um die Pflege der Bachtradition verdient gemacht hat.

Johannes Niemeyer (1889–1980), der Zweitälteste, hatte nach seinem Studium der Architektur in München noch eine Tischlerlehre bei den Deutschen Werkstätten in Dresden-Hellerau absolviert, bevor er zum Leiter der Fachklasse für Raumgestaltung an die Kunstgewerbeschule Burg Giebichenstein nach Halle berufen wurde. Neben Entwurfsarbeiten für die Gebrauchsbranche (Möbel, Geschirr und Druckstoffe) und fürs Werbedesign (der noch heute gebräuchliche Schriftzug der Schuhfirma Leiser stammt von ihm), trat er vor allem als Architekt mit Entwürfen für individuell gestaltete Siedlungs- und Reihenhausanlagen hervor. Erst nach dem zweiten Weltkrieg arbeitete er ausschließlich als Maler und Zeichner. Mit Pastellen hielt er im Herbst 1945 die Ruinenlandschaft der für immer verlorenen preußischen Residenzstadt Potsdam fest, die historischen Bauwerke in ihren architektonischen Strukturen, sie damit anklagend dem Vergessen entreißend.

Dabei war seine Begabung zur freien Kunst früh zutage getreten. Bereits 1916 fand in Kiel eine Ausstellung von Arbeiten statt, die, wie es in der »Kieler Zeitung« (29. 6. 1916) hieß, einen Künstler »frei von schülermäßiger Verkniffenheit mit unverkennbarer künstlerischer Beweglichkeit und Ausdrucksfähigkeit für das Lebendige und Stimmungsmäßige« zeigen. Spätere Zeichnungen betonen seine Reverenz gegenüber Lyonel Feininger, dem verehrten Kollegen am Bauhaus.

Eine jahrzehntelange Freundschaft verband ihn mit Gerhard Marcks (1889–1981), die auch Bruder Otto einbezog. Marcks, zunächst Lehrer am Bauhaus in Weimar, danach

Architekt Johannes Niemeyer über dem Entwurf der Reihenhaussiedlung in Halle-Kröllwitz, 1926

Professor an der Kunstgewerbeschule Burg Giebichenstein, gehörte zu den kritischen Anregern Johannes Niemeyers, der ihm auch Modell stand wie zu der Plastik »Tantalus«. »Ich will Dir nur schreiben«, heißt es in einem Brief von Marcks vom 22. 6. 1944, »daß Du in doppelter Ausführung in meinem Atelier hier sitzest, 50 cm und 25 cm hoch. Soweit ganz gut, aber nun fehlt zur Durcharbeit das Modell.« Johannes Niemeyer war Soldat.

Das malerische Werk Johannes Niemeyers, entstanden vor allem vor der Realität seines unmittelbaren Lebensumfeldes im Westberliner Exklave-Ortsteil Steinstücken, wurde von Galeristen gern gezeigt, jedoch erst zum 10. Todestag des Künstlers von der Berlinischen Galerie im Martin-Gropius-Bau in einer Retrospektive und mit einem Katalog gewürdigt – Pastelle von beeindruckender Farbkraft. »Die Erprobung wechselnder Lichtwirkungen«, schreibt sein Freund, der Galerist Herwig Roggemann, »übt auf den Maler wie den Betrachter offenbar immer dann besonderen Reiz aus, wenn es um leise Abstufungen von Restlicht vor Sonnenaufgang, nach Sonnenuntergang, nach dem Regen, vor dem Gewitter geht. Garten, Bäume, märkische Landschaften oder mittel-

Johannes Niemeyer, »Winter in Steinstücken«, Pastell, 1949

deutsche sowie südliche Reiseszenerien und selbst so handfeste Gegenstände wie Häuserfronten und Straßenecken oder Baustellen und Baukräne werden verwandelt und mit raffiniert gedämpften Schraffuren der Pastellkreide in einen geheimnisvollen Schleier der Zeitlosigkeit gehüllt.«

Landung auf der »Insel«

NUN LAG DAS SCHIFF des »Käptens«, einst ein Geschenk der Eltern für Segeltörns der Kinder auf der Kieler Förde, in »Mendel's Boots-Hafen« am Wannsee »in einem traurigen Zustand und kostete Standmiete«. Doch war jetzt ein »Stüermann« da, der darauf drängte, wenigstens Wochenendfahrten in Berliner Gewässern zu unternehmen. Aber im Frühjahr 1931 entschlossen sie sich, von der Havel zur Oder, ins Stettiner Haff und in die Peene-Gewässer bei der Insel Usedom zu schippern. Am Holzhafen Stagnieß machten sie fest und suchten nach einer preiswerten Unterkunft. Die fanden sie in der Pension »Seerose« am Strand von Kölpinsee, die ihnen die Manigks mit einem Prospekt empfohlen hatten. Und der Künstler ging sogleich an die Arbeit – eine Landschaft war zu entdecken mit Themen für Bilder. Auch porträtierte er – ein Preisnachlaß fürs Logis war zu erhoffen – den Besitzer der Pension, Carl Jaeger (»Männliches Bildnis«), dessen Sohn Wilhelm er Jahrzehnte später ebenfalls malte – »im Auftrag«, ein Zeichen unvergessener Dankbarkeit des Künstlers gegenüber der Familie: »Macht mir Spaß«, schrieb er in einem Brief, »sonst täte ich es auch nicht für die 800 Eier. Seinen Vater malte ich vor 32 Jahren!«

1953, im Zuge der »Aktion Rose«, der Nacht-und-Nebel-Enteignung der meisten Hotel- und Pensionsbesitzer an der Ostseeküste, landete das Bildnis Carl Jaegers auf dem Sperrmüll, wo es der Fotograf Walter Knöfel aus Kölpinsee fand und vor der Vernichtung bewahrte.

SO WAR DIE LIEBE ZUR »INSEL« ENTDECKT.

Bereits im Frühsommer 1932 landeten Annelise und Otto Niemeyer mit ihrem »Lütten« weiter westlich, am Krumminer Wiek auf dem Gnitz, einer von der Hauptinsel durch ein

Annonce: »Die deutschen Bäderinseln«, 1934

Moorfließ getrennten Landzunge, die sich seit dem 14. Jahrhundert im Besitz der Familie von Lepel befand. Der Verwalter des Gutes, Paul Bunge, empfahl dem Maler, fürs erste mit einer Bleibe in einem Reetschuppen vorliebzunehmen, der zwei Jahre zuvor für das Segelboot der Söhne des Barons Emil von Lepel am Krumminer Wiek errichtet worden war. »Wir landeten bei schlimmstem Wetter«, erinnerte sich der Maler. »Mein Freund zeigte uns einen kleinen Schuppen ohne Fenster mit den Worten: ›Hier habt ihr, was ihr braucht, nur Ansprüche dürft ihr nicht stellen.‹ Ansprüche wollten wir ja auch keine stellen, wir waren froh, ein Dach gefunden zu haben.«

Die erste Unterkunft auf der Insel; der Bootsschuppen am Krumminer Wiek während der Errichtung, 1930

Als der Sommer seinem Ende zuging, stellte der Fischer Willi Dinse ein beheizbares Zimmer in seinem Haus zur Verfügung, was dem Künstler längere Arbeitsaufenthalte auch während der kalten Jahreszeit ermöglichte. Annelise Niemeyer, die in Berlin ihrem Beruf nachging, kam an den Wochenenden: »Wir führten eine Besuchsehe.«

Später bezeichnete ONH diese Monate als eine seiner intensivsten Malperioden. Es entstanden viele Ölbilder in der Landschaft auf dem Gnitz, Porträts von Landleuten, aber auch Szenen mit Bauern und Fischern. »Schlittschuhläufer auf dem Weiher« (1932) und »Dreschmaschine – Neuendorf« (1932) sind frühe, im Œuvre des Künstlers relativ seltene Bilder mit Menschengruppen. Ebenfalls zu den Werken dieser Zeit gehört das großformatige »Fischerbegräbnis« aus dem gleichen Jahr, das die Beerdigung der im Dorf so beliebten Fischersfrau Friederike Dinse darstellt. Irmgard Dinse erinnerte sich 1998: »Im Schuppen am Wiek, der doch eigentlich nur dazu diente, um das Segelboot der Lepelsöhne Franz-Carl, Oskar und Henning unterzustellen, konnte man nicht längere Zeit leben, es war nur ein erster Unterschlupf. Mein Schwiegervater holte die Niemeyers darum auch bald ins Haus. Später zogen sie nochmal um, ins Dorf zu den Lepels. Damals, als Niemeyer bei uns wohnte, starb die Großmutter meines Mannes. Den Begräbniszug hat Niemeyer gemalt. Wenn es später darum ging, etwas aus einem unserer vielen Schuppen zu holen, wußte man bei der Bezeichnung ›Niemeyerschuppen‹ gleich, welcher gemeint war. Jetzt sind von ihm nur noch überwachsene Reste vorhanden.«

IM MÄRZ 1933 bezogen Annelise und Otto Niemeyer ein Domizil im Lepelschen Verwalterhaus, einem der älteren Fachwerkhäuser des Ortes, das dem »alten Herrenhaus« gegenüberliegt. Diese Unterkunft hatte ihnen Franz-Carl von Lepel angeboten, ein kunstsinniger Mann, darum bemüht, dem Künstler bessere Arbeitsmöglichkeit zu verschaffen und ihn mehr in seinen Kreis einzubeziehen. Annelise Niemeyer erzählte später von gelegentlichen Musikabenden und Lesungen, für die sich vor allem Madlen von Lepel engagiert habe. Die »erzdeutsche Poesie« Bogislav von Selchows habe Käpten allerdings denn doch die Haare zu Berge steigen lassen. »Madlen, damals, vor ihrer Heirat mit Franz-Carl, hieß sie noch Fräulein von Hülsen, hatte entdeckt, daß es in der Lepelfamilie einen namhaften Literaten gegeben hatte, den mit Theodor Fontane befreundeten Bernhard von Lepel. Daran wollte sie anknüpfen: sie las von Zeit zu Zeit im Kreis geladener Gäste bei flackerndem Kerzenlicht Gedichte. Gut gemeint, und Madlen war ja auch eine reizende Person, aber Käpten verspürte meistens wenig Lust, an ›den Abenden‹ teilzunehmen, tat es nur, um Franz-Carl nicht zu brüskieren. Käp meinte dann, wir sind geladen ›zu Hof bei Dorf‹.«

Da war es nur allzu verständlich, daß die Niemeyers mit ihrem »Lütten« so oft wie möglich das Achterwasser querten, um in Seenähe ein Stück Land zum Ankern zu finden. Annelise hatte ihre Berufsbindung in Berlin gelöst, sie hatte nun

Bahnhof Zempin auf Usedom, der S-Bahn-Wagen wird abgeladen, 1933

Zeit, um sich »mehr zu kümmern«. Außerdem stand in Berlin ein Vehikel, das einen Platz bekommen sollte. 1932 war es Otto Niemeyer-Holstein als »bevorzugtem Kriegsgeschädigten« gelungen, für 60,65 Reichsmark einen der heißbegehrten ausrangierten S-Bahn-Wagen zu erwerben, den er ursprünglich auf einem Stück Land außerhalb der Stadt aufstellen

»Ein Wagen ohne Räder ist ein Haus«; die »Urzelle« auf dem Grundstück aus der Sicht des »Klostergartens«, 1934

wollte. Das hatte sich zerschlagen. So stand das Gefährt ohne Fahrgestell auf dem Betriebsbahnhof Rummelsburg und kostete »Bewahrungsgebühr«. Da ergab sich die Möglichkeit, von der Koserower »Brunnenbaumeister-Ehefrau Hildegard Patzer« vierhundert Quadratmeter Brachland, »Ablage am Ryck« genannt, zunächst zu pachten, bald zu erwerben, ein aufgeschüttetes Terrain an der schmalsten Stelle der Insel, gelegen zwischen den Orten Koserow und Zempin, nicht eigentlich zum Siedeln geeignet und relativ teuer. Aber »wir hatten Zugang zum Achterwasser, dreieinhalb Meter vom Bollwerk – Hafen«.

So wurde der acht Tonnen schwere Waggonkörper in der Nacht zum 1. April 1933 in Berlin auf einen Flachwagen verladen, und schon am Nachmittag stand er zum Abladen auf dem Bahnhof Zempin, von wo er mit Hilfe Einheimischer in einer abenteuerlichen Aktion auf das Grundstück transportiert wurde. Am 11. Mai, zu Niemeyers 37. Geburtstag, fand die Einweihung statt.

Heute am 2. April 1973 – gestern vor 40 Jahren kam ich mit dem S-Bahn-Wagen nach Zempin –!

Ausriß aus einem Brief Niemeyer-Holsteins vom 2. April 1973

Karl Buttmann, der Freund, erinnert sich, daß im Innern des Wagens noch die ursprünglichen Sitzbänke waren, auf denen man schlief und aß. »Gekocht wurde auf einem Primuskocher – mit Petroleum. Für die Lampe war das Petroleum zu teuer, die Lampe wurde nur manchmal benutzt. Meistens saßen wir bei Kerzenlicht. Ein Tisch stand irgendwo in der Ecke, wenn er gebraucht wurde, rückten wir ihn heran. Es war primitiv, aber zauberhaft.«

Von da an lebten die Niemeyers in den Sommern und ab 1938 nahezu ausschließlich an der Ostsee, auf dem Flecken, den sie »Ort des Lütten«, bald kurz »Lüttenort« nannten. Für die Leute in den umliegenden Orten galten sie als »de Isenbahner im Kaffernkral«, weil sie in einem Bahnwagen lebten, auf einem von einem Rohrzaun begrenzten Grundstück, das so klein war wie der heutige »Klostergarten«, den eine gekalkte Mauer von der rückwärtigen »Ablage« trennt.

KARL BUTTMANN hatte Otto Niemeyer-Holstein gleich nach Eröffnung der Ausstellung »Die Gemeinschaft« im Mai 1933 kennengelernt, »ein hageres und munteres Kerlchen mit einer großen Nase«, außerdem dessen Freund Ralf Troje. Beide hatten bei dem Architekten Heinrich Tessenow an der Technischen Hochschule in Berlin studiert und waren befreundet mit Walter Löffler, einem der Assistenten Tessenows. Buttmann entwarf gemeinsam mit der Freundin Fridel Homann, ebenfalls Tessenow-Schülerin, dann bald die beiden Häuser von Lüttenort, betätigte sich später als »Schiffszim-

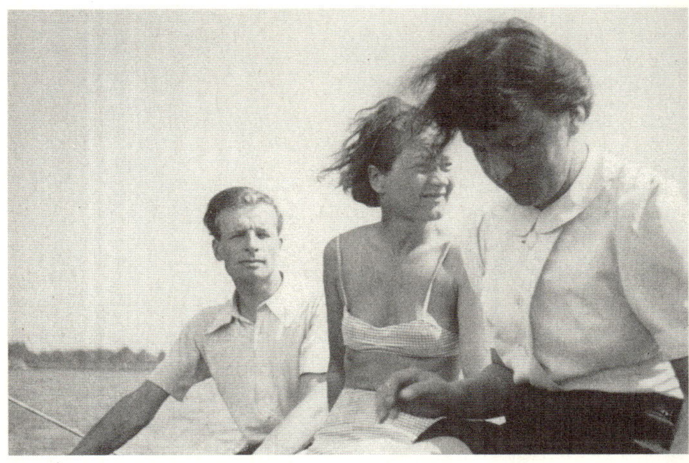

Die »Architekten von Lüttenort« beim Segeln auf dem Achterwasser: Karl Buttmann und Fridel Homann; in der Mitte Beatrice Buttmann, 1940

mermann« auf dem Segler »Orion«, stand dem Maler Modell, war in Lüttenort zur Stelle, wann immer Rat und Tat gefragt waren.

Das Schicksal der Freunde gestaltete sich nach 1933 unterschiedlich: Während Buttmann Assistent bei Heinrich Tessenow wurde, emigrierte Troje nach England und schlug sich kümmerlich durch. Walter Löffler, der einen KPD-Funktionär versteckt hatte, nahm sich nach Gestapoverhören 1938 gemeinsam mit seiner Frau das Leben.

Über die erste Begegnung mit ONH berichtet Buttmann: »Ich ging rein zufällig mit Troje in die Ausstellung in der Bellevuestraße. Da fiel uns ein Bild auf, das den Titel ›Baumwurzel‹ hatte, und es stammte von einem Maler, von dem ich noch nie etwas gehört hatte. Wir gingen beide zu ihm, und er empfing uns in einem langen, relativ schmalen Raum, der von einem Regal unterteilt wurde; er lag in einem Hinterhaus in der Augsburger Straße. Er ließ uns auf einer Bank Platz nehmen, für sich selbst zog er einen Stuhl heran, setzte sich uns gegenüber und fragte nach Persönlichem. Dann, als

Lüttenort um 1935, die erste Umbauung: das Atelierhaus mit dem Innenhof (Atrium)

wir auf die Ausstellung zu sprechen kamen, sagte Troje, daß ihn besonders die Dialektik in der Komposition des Bildes ›Baumwurzel‹ überzeugt habe. Käpten hörte gespannt zu, das interessierte ihn natürlich sehr, aber später gestand er mir, verstanden habe er nur ›Bahnhof‹. Troje hingegen war überzeugt, Käpten sei im Gegensatz zu allen anderen Malern der Ausstellung ›ein Dialektiker‹.«

Die Häuser von Lüttenort wurden von den Architekten als Gesamtwerk konzipiert, aber mit zeitlichem Abstand errichtet, »Hausbau auf Raten« (ONH). Zunächst wurde an den westlichen Teil des S-Bahn-Wagens ein Gebäude angesetzt, das Atelierhaus, dem 1939/40 das übers östliche Ende gebaute sogenannte Dönshaus folgte. Das Material – Ziegel, Balken und Fenster – wurden zum größten Teil aus dem Abriß der Umgebung geborgen. Die durch die vorkragenden Mauern entstandenen Höfe beidseits des Bahnwagens wurden später geschlossen und mit Glas überdacht. Dadurch entstanden weitere Räume, die mit ihren charakterisierenden Namen wie Atrium und Vigna von der immer wachen Erinnerung des Künstlers an den Süden zeugen. Als letzter Anbau entstand in den vierziger Jahren noch ein kleines Gewächshaus, in dem nicht nur stattliche Kakteen wuchsen, Pelargonien überwinterten, Blumenzwiebeln keimten und Gemüsepflanzen vorgezogen wurden, sondern auch eine Maréchalnil-Rose rankte, deren kräftigster Trieb schließlich zusammen mit einer Weinranke durch ein Mauerloch in die Vigna geleitet wurde, was dem Raum seinen Namen gab.

DIE IN MEHREREN DEUTSCHEN STÄDTEN gezeigten Ausstellungen »Entarteter Kunst« vereinigten zum letzten Mal von den Nazis diffamierte Werke der deutschen und europäischen Avantgarde, bevor sie vernichtet oder ins Ausland verkauft wurden. Unter ihnen auch Arbeiten des verehrten Alexej von Jawlensky. »Für die Nazis galt avantgardistische Kunst, die zu verstehen sie zu grobschlächtig waren, als bolschewistisch – basta. Jawlensky war aber doch die russische Staatsbürgerschaft nach der Revolution von 1918 entzogen worden. Nun beschlagnahmten die Nazis an die hundert Bilder von ihm, erklärten sein Werk wie das vieler anderer für ›künstlerisch wertlos‹ und verhängten ein Ausstellungs- und Arbeitsverbot, womit sie erreichten, was sie bezweckten: er geriet ins Vergessen und mußte nach dem Krieg erst wieder ›entdeckt‹ werden.« Da war Jawlensky längst tot, verbittert und verarmt gestorben 1941 in Wiesbaden.

Bilder von ONH fanden sich nicht auf den offiziellen Listen der verfemten Werke, kamen folglich auch nicht in die brandmarkenden Ausstellungen. Nach Aussage des Künstlers

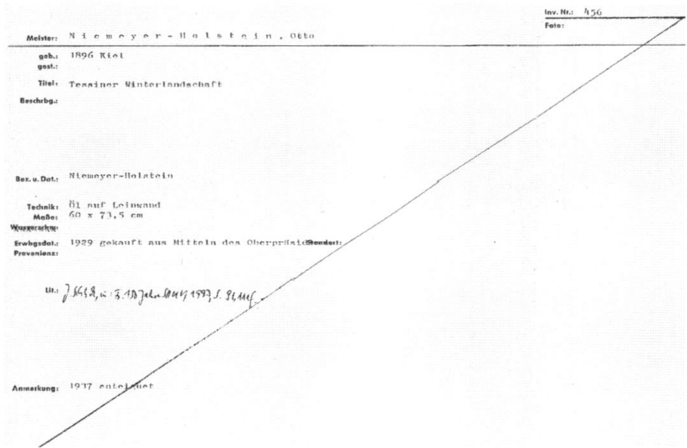

Inv. Nr.: 456
Foto:

Meister: Niemeyer-Holstein, Otto

geb.: 1896 Kiel
gest.:

Titel: Tessiner Winterlandschaft

Beschrbg.:

Bez. u. Dat.: Niemeyer-Holstein

Technik: Öl auf Leinwand
Maße: 60 x 73,5 cm

Erwbgsdat.: 1929 gekauft aus Mitteln des Oberpräsi[...] Standort:
Provenienz:

Lit.:

Anmerkung: 1937 enteignet

Blatt aus dem Inventarverzeichnis der Kunsthalle zu Kiel

hängte man einiges jedoch »vorsorglich« ab, und auch bereits angekündigte fördernde Ankäufe wurden »zurückgestellt«. Dies allerdings scheint im Widerspruch zu einem Otto Niemeyer-Holstein würdigenden Beitrag in der populären Zeitschrift »Westermanns Monatshefte« vom November 1937 zu stehen, wo es heißt: »Die Museen von Stettin und Kiel haben Bilder von ihm erworben. [...] Neben west- und mitteldeutschen Museen – Duisburg, Essen und Chemnitz seien erwähnt – hat der preußische Staat Bilder angekauft« (Franz Linde). Auch auf einem Faltblatt des Stettiner Museumsvereins anläßlich einer ehrenden Ausstellung des 1865 in Stettin geborenen Münchner Landschaftsmalers Eugen Dekkert, die, wie ein Pressetext des Vereins verlautet, »von zwei der besten Vertreter des künstlerischen Nachwuchses« flankiert wurde (Otto Niemeyer-Holstein und Kurt Paesler-Luschkowko), sind 1935 in einer biographischen Notiz neben Kiel ebenfalls die Museen der Städte Chemnitz und Essen als Besitzer von Bildern Niemeyer-Holsteins genannt. Und die vom Künstler 1937 gemachten Angaben über öffentliche Bildbesitze – zum Beispiel im Fragebogen der Reichskammer der bildenden

Künste – entsprechen den Auskünften eines Fragebogens vom Verband Bildender Künstler aus dem Jahre 1951, wo für die Zeit vor 1933 »Museumsankäufe in Kiel, Essen, Chemnitz, Stettin, Krefeld« aufgeführt werden.

Auf Anfrage teilten die Museen in Chemnitz, Duisburg und Krefeld 1998 mit, daß sie vor 1945 nicht im Besitz von Werken Niemeyer-Holsteins gewesen seien. Das Museum Folkwang in Essen erwarb 1933 ein Aquarell mit dem Titel »Reusen«, das sich nach wie vor im Bestand befindet. Und das Ölbild »Äpfel« von 1934, das 1935 von der Städtischen Sammlung in Stettin erworben wurde – einer der in »Westermanns Monatsheften« genannten Ankäufe –, kam kurz vor Kriegsende mit der Auslagerung des gesamten Sammlungsbestandes auf die Veste Coburg, ging von dort nach Kiel und zu Beginn des Jahres 2000 an das neueröffnete Pommersche Landesmuseum nach Greifswald. Einen Verlust verzeichnet die Kunsthalle zu Kiel, die neben drei 1929 und 1934 erworbenen Aquarellen auch das 1929 aus Mitteln des Oberpräsidiums angekaufte Ölbild »Tessiner Winterlandschaft« in ihrem Bestand hatte. Der Kustos des Museums, Peter Thurmann, teilte in einem Brief (vom 21. 1. 1998) mit, daß ebendieses Bild »im Rahmen der ›Entarteten Kunst‹ beschlagnahmt« wurde und seitdem als verschollen gilt.

Recherchen der Forschungsstelle »Entartete Kunst« an der Freien Universität Berlin (Prof. Dr. Klaus Krüger) konnten klären, daß das Museum der Stadt Chemnitz das Mappenwerk »Verkündung« mit sechs druckgraphischen Arbeiten Niemeyer-Holsteins und das Museum der Stadt Duisburg das Gemälde »Friedhof Hiddensee« in Besitz hatte.

AUCH WENN PERSONALAUSSTELLUNGEN in diesen Jahren nicht mehr stattfanden, gab es Kunsthistoriker und Galeristen, die den Künstler zur Teilnahme einluden. »Nehmen Sie folgendes nur als Anregung«, schrieb ONH 1965 dem an einer ONH-Monographie arbeitenden Rudolf Mayer.

»Ich meine, man sollte Dr. Passarge erwähnen, der damals mit großem Mut die Wiener Ausstellung machte. Und noch waren zwei, von denen ich weiß, mutig und wichtig. Das ist Dr. Händler, der während des Krieges in Dessau die umfangreiche Ausstellung ›Manigk – Niemeyer-H.‹ machte. Jetzt ist er Direktor der Kunsthalle Duisburg (Wilh.-Lehmbruck-Museum?). In Duisburg hingen auch ein oder zwei Bilder von mir. – Und dann Dr. Griebitzsch, der jetzt die Galerie Schloß Oberhausen leitet. Er setzte sich damals für unsere Generation ein, wir stellten viel zusammen aus.« Der Direktor des Stettiner Museums, Dr. Otto Holtze, scheint ebenfalls in diesem Sinne bemüht gewesen zu sein – wenn vielleicht auch, um die »aus der Weltanschauung der Gegenwart hervorgegangenen« Silberstiftzeichnungen Kurt Paesler Luschkowkos (u.a. »Verfall der Kultstätte im Krynocasumpfe nach dem Bolschewisteneinfall«, 1933, eine Leihgabe der Berliner Nationalgalerie) durch einen Lyriker wie Niemeyer-Holstein zu konterkarieren, der »mit genialem Farbwurf zaubert«. Grotesk, daß beiden als »besten Vertretern des künstlerischen Nachwuchses« (Pressetext zur Ausstellungseröffnung am 13. Oktober 1935) trotz ihrer extrem differierenden Haltung die Ehre zuteil wurde, eine Gesamtschau des Stettiner Malers Eugen Dekkert zu dessen 70. Geburtstag zu flankieren, eines eher Unpolitischen »klassischer Herkunft« dessen pommersche Landschaften durch Gemälde aus der Bayerischen Staatsgemäldesammlung München und dem Schlesischen Museum für bildende Künste in Breslau ergänzt wurden. ONH stellte in einem separaten Raum 18 Ölbilder und 12 Aquarelle aus. Sein Gemälde »Äpfel« befindet sich heute im Besitz des Pommerschen Landesmuseums Greifswald.

Zu nennen sind von damaligen Gelegenheiten noch: »Sieben Berliner Künstler« in Kiel 1934; »Junge Berliner Künstler« 1935 im Anhaltischen Kunstverein Dessau; »Maler sehen Deutschland«, 1935, in Duisburg; 104. Frühjahrsausstellung des Kunstvereins Hannover, 1936; »Große Aquarellschau der jungen deutschen Kunst« in Duisburg 1937; »Gäste aus

ANHALTISCHER KUNSTVEREIN

Niemeyer-Holstein Häschen

AUSSTELLUNG

OTTO NIEMEYER-HOLSTEIN

OTTO MANIGK

ARNO KÖNIG

GEMÄLDE
AQUARELLE
ZEICHNUNGEN

HANS ORLOWSKI
ANNY SCHRÖDER
HOLZSCHNITTE

Eröffnung: Sonntag, den 8. Februar 1942, 11 1/2 Uhr
in der Anhaltischen Gemäldegalerie

Ausstellungskatalog, Dessau 1942

der Reichshauptstadt« in Kiel 1942 sowie eine Frühjahrsausstellung 1942 in der Kunsthalle Düsseldorf.

In Duisburg hatte man 1935 immerhin auch Landschaften von Josef Hegenbarth, Hans Jüchser, Bernhard Kretzschmar und Theodor Rosenhauer, in Hannover 1936 Werke von Hermann Blumenthal, Erich Heckel, Otto Modersohn, Karl Schmidt-Rottluff und Georg Schrimpf an der Seite, und an der Duisburger Aquarellschau 1937 nahmen neben Hegenbarth und Jüchser auch Hans Theo Richter, Hermann Teuber und Herbert Tucholski teil, Künstler aus dem Gesinnungs- und Freundeskreis Niemeyer-Holsteins.

Aber auch Problematischeres gab es. Seine Teilnahme an der Ausstellung 1941 im Magdeburger Kaiser-Friedrich-Museum mit vier neueren Ölbildern verstand der Künstler als »beschämend«. Nicht die Bildauswahl (»Ponywagen«,

»Mondlandschaft«, »Stilleben mit totem Vogel«, »Waldinneres« – stille, gar schwermütige Bilder) war es, die den Maler auf Distanz gehen ließ, sondern das Umfeld, das durch eindeutige NS-Provenienz bestimmt war. Der Künstler erklärte später, daß er auf Empfehlung des Bildhauers Günther Martin und dessen Frau Magdalena Müller-Martin »als Gast in diesen illustren Kreis geraten« war; für einen Rückzug sei es dann zu spät gewesen. »Wenn wenigstens doch einer dabeigewesen wäre, mit dem man sich hätte einig sein können! Und dieses markige Katalogvorwort!«: »Während in den größten Schlachten geschichtliche Entscheidungen unvorstellbaren Ausmaßes durch das Genie unseres Führers und die Tapferkeit unserer Soldaten getroffen und damit die Fundamente zu einem neuen Europa unter deutscher Führung gelegt werden, sind die Künstler hier [...] in der gleichen Haltung [...].«

Es gab jedoch eine Ausstellung, 1942 im Anhaltischen Kunstverein in Dessau, deren Teilnehmer – Arno König, Otto Manigk, Otto Niemeyer-Holstein, Hans Orlowski und Anny Schröder – »eine andere Eindeutigkeit« herstellten. Und das wurde sogar von den »Dessauer Neuesten Nachrichten« bemerkt, wo es am 9. 2. 1942 heißt, daß man an diese Ausstellung, »als Ganzes gesehen, mit einer tiefen Besinnlichkeit, mit leisen Sohlen und suchenden Augen herantreten sollte. Waffen klirren nicht darin [...].« ONH erklärte später: »Es gab hier und da Möglichkeiten, andere Bilder als den Nazikunstkitsch zu zeigen. So fand 1942 in Dessau eine Ausstellung statt, zu der Otto Manigk – weiß Gott kein Nazi! – der Initiator war; er hatte gute Verbindung zum Anhaltischen Kunstverein aus seiner Zeit an der Walter-Kurau-Schule.« Doch wie eine Zeitung allein durch die Überschrift einer Betrachtung deren Intention ins Gegenteil verkehren, aber vermutlich dadurch überhaupt drucken kann, belegt dieses Beispiel in verblüffender Weise: »Ausdruck echten Kämpfertums deutscher Künstler«.

AUF VERMITTLUNG HEINRICH TESSENOWS wurde der Maler Ende 1935 mit dem Angebot konfrontiert, den gerade fertiggestellten zentralen Mannschafts-Speiseraum der Fliegerkaserne Weimar-Nohra mit Fresken auszugestalten. Den Auftrag erteilte der künstlerisch mit Radierungen und Lithographien (u. a. zu E. T. A. Hoffmann und Hans Christian Andersen) hervorgetretene Maler und Graphiker Walter Wellenstein, der als »Beauftragter für Kunstpflege beim Reichsluftfahrtministerium« einen Posten gefunden hatte, der es ihm ermöglichte, auch künstlerisch achtbare Lösungen durchzusetzen und Aufträge an sonst nicht geförderte, eher nur eben geduldete Künstler zu vergeben. Bezeichnend für Wellensteins Maßstäbe waren die Plastiken Georg Kolbes, die er für Entrees von Zentralgebäuden vorsah. ONH nahm den Auftrag – wie einige andere zum Teil unter projektierender Leitung Tessenows – als Herausforderung an und entwarf, mit Ausnahme historisierender Soldatentypen für die Dessauer Kaserne, »Fresken mit betont ziviler Thematik«, Bilder über das Alltagsleben von Landleuten, Fischern und Kahnschiffern, die eher »Worpsweder Torfschwere als Reichsarbeitsmannstum« (ONH) nahestanden, wie auch ein gemeinsam mit den Freunden Otto Manigk und Herbert Wegehaupt in der Zempiner Flakartillerie-Schule ausgeführtes Fresko beweist, dessen Entwurf heute im Lüttenorter S-Bahn-Wagen über einer Tür hängt. ONH bekundete, daß er nicht gezögert habe, die Aufträge zu übernehmen, um seine Vorstellungen zu realisieren. Natürlich habe es fast jedesmal Kritik der Offiziere gegeben, weil man sich etwas anderes gedacht hatte: Flieger, Flugzeuge – Militärisches eben.

Nach Beendigung der Fresken in Weimar-Nohra sei Tessenow auf die Idee gekommen, einen die Arbeit würdigenden Artikel in die Fachzeitschrift der Architekten der Reichskammer der bildenden Künste zu lancieren und somit aller Kritik im voraus die Spitze zu nehmen. So erschien in der »Baugilde« ein Aufsatz von Richard Reinhard Schulz, der ohne jedes Braunwelsch die künstlerisch-technische Realisierung der Fresken sachlich beschreibt: »Die starke Lebendig-

Der zentrale Speiseraum der Kaserne Weimar-Nohra mit einem Teil der gerade fertiggestellten Fresken, 1936

keit, der durch wenige Linien umrissene Ausdruck ist deshalb so gelungen, weil Niemeyer ganz aus der Innenschau heraus Menschen gestaltete, wie sie zu seiner täglichen Umgebung am Ostseestrand gehören. Und treffen wir das Bild mit den Augen, wo immer wir wollen, so stoßen wir auf Einheit und Sinn. Sei es die ganz einmalige wuchtige Geschlossenheit, mit der zwei Fischerhände ein Netz umklammern, sei es die lichte Akzentuierung eines einzigen, leichtstehenden Kindes, oder sei es verhaltene Kraft, mit der sich ein Bauer bewegungsmäßig gegen die Richtung aller anderen Menschen auf dem Bilde stemmt [...].«

Eine angefügte Notiz ONHs gibt Auskunft über seine Vorgehensweise und darüber, daß er dank richtiger Vorbereitung die Wand in acht Tagen »in einem Fluß« bemalt habe. Der Umschlag des Heftes zeigt einen Ausschnitt aus dem Fresko, den Kopf einer Bäuerin. Signiert hat er mit dem Kürzel O.NH am Bug eines Fischerbootes.

Nach dem Krieg überging der Künstler diese Arbeiten gern, ohne sie direkt zu verschweigen; meistens zeigte er dann einige kleine Studien, die seiner sonstigen Malerei am nächsten standen. Erst später ließ er die Arbeiten gelten als »Versuche, sich mit einer alten Maltechnik auseinanderzusetzen – quasi auf den Spuren von Richard Seewald«. Zudem seien es Aufträge gewesen, die seiner Familie auf anständige Weise das Überleben ermöglicht hätten. Denn, nicht zu vergessen, er habe »schließlich die Soldaten, die diese Bilder sahen, zu ganz anderem als zu kriegerischem Tun motiviert«.

In einer 1998 erschienenen Schrift des Thüringischen Landesamtes für Denkmalpflege (»Militärbauten in Thüringen«) findet sich eine Beschreibung der architekturhistorisch interessanten Kasernenanlage in ihrer Besonderheit, der »Einbettung in Waldflächen«. »Zusammen mit der zwar gruppenförmigen, aber dennoch aufgelockerten Bebauung ergibt sich ein parkähnliches Gesamtbild, das durch Alleen, Baumreihen und Hecken gekennzeichnet wird und zusätzliche Akzente durch markante Einzelbäume erhält. [...] Verstärkt durch den kulissenartig eingestreuten Baumbestand und das Fehlen größerer freier Plätze ergibt sich so der Charakter der erholungsfreundlichen ›Gartenstadt‹.«

Die Kaserne, die nach 1945 vom Stab der 8. Gardearmee der sowjetischen Streitkräfte und von Hubschrauber-Regimentern genutzt wurde, ist als bauliches Gesamtareal erhalten. Ob sich die Fresken ONHs noch unter den späteren Anstrichschichten des Speiseraumes im Zentralgebäude befinden, konnte nicht ermittelt werden.

Die Niemeyers zogen 1936 noch einmal innerhalb Berlins um, diesmal von Schöneberg nach Friedenau, in die Handjerystraße 17. Das Atelier lag im obersten Geschoß des Hoftrakts; hier malte ONH über längere Zeit auch zum ersten Mal Akte nach einem engagierten Berufsmodell. In der angrenzenden kleinen Wohnung wurde am 18. Februar 1937 der Sohn Günter geboren.

Nach ihrem Rückzug auf die Insel Usedom behielten Nie-

Handjerystraße 17, Berlin-Friedenau; Straßenfront und Nebentrakt mit dem Atelier im Obergeschoß, Fotos von 1997

meyers die Wohnung als Bleibe. Für einige Monate war sie Unterschlupf für den politisch gefährdeten Tessenow-Assistenten Walter Löffler, der 1938 nach Gestapo-Verhören gemeinsam mit seiner Frau den Freitod wählte. Bei dem in Niemeyers Lebenserzählungen genannten »Herrn Einzick« handelt es sich um Bernhard Einzig, einen jüdischen Konfektionär, dessen Versteck für das erste Halbjahr 1943 bisher nicht bekannt war. Der Hauptgrund, die »Adresse stehen zu lassen«, lag laut Annelise Niemeyer in der Absicht, Behörden über den Aufenthalt der Familie möglichst im unklaren zu halten, weil ihre Mutter als Jüdin ab 1938 oft zurückgezogen und nach 1942 ständig verborgen in Lüttenort lebte.

Nach Äußerung Niemeyers hatte es am 2. März 1943 in der Handjerystraße auf dem Dachstuhl und im Atelier Feuer durch Brandbomben gegeben, was zum Verlust von Bildern und Arbeitsmaterial geführt habe. In einem als Duplikat erhaltenen Brief an das Wehrbezirkskommando in Berlin-Friedenau schrieb der Künstler aus Lüttenort (26. 6. 1943): »In der Not wurde alles in ein Militärauto geworfen und hierher befördert.« In den Akten der Berliner Hauptluftschutzstelle werden sowohl unter dem 1. März 1943 als auch unter dem 25. März 1944 »Großbrände bzw. Brände durch Brandbomben« auch in der Handjerystraße verzeichnet. Außerdem liegt in den archivierten »Akten der Reichskulturkammer« ein Brief Niemeyers vom März 1944 an den »Landeskulturwalter Berlin«, in dem er um einen Zusatzbezugsausweis bittet: »Bei einem Atelierbrand in Friedenau, Handjerystraße 17, sind mir meine Materialien verbrannt.«

Nach Kriegsende fand ONH zu seiner Überraschung nicht nur die Wohnung in der Nutzung einer Nachmieterin erhalten, sondern auch seine Möbel unversehrt vor. Mit einem Handwagen karrte er die Habe zur Bahn, um sie nach Zempin expedieren zu lassen. Die Bildhauerin Helga Hähnel berichtete 1997: »Nach meinem Studium an der Hochschule für bildende Kunst in der Hardenbergstraße bekam ich die ungenutzte Wohnung zugesprochen und zog am 15. August 1945 ein. Ich war glücklich, ein Atelier zu haben, obgleich sich zeitweilig das Leben der ganzen Familie hier abspielte. Die Wohnungsnot war zu dieser Zeit groß. Leider war das Dach noch kaputt – eine Brandbombe war durchgeschlagen, hatte aber zum Glück nur wenig Schaden verursacht, obgleich es gebrannt hatte. Aber sonst war alles so, wie es Herr Niemeyer, von dem ich damals noch nichts wußte, hinterlassen hatte.

Das Atelier ist sieben Meter hoch. Niemeyer hatte ein Laken gespannt, damit die Decke tiefer kommt und die Wärme zurückgehalten wird. Es standen zwei Eisenöfen hier, die gut und schnell heizten, aber auch viel Kohlen verschlangen. Zum Glück lag im Keller ein Vorrat, der uns half. Den habe ich übrigens zu meiner Schande verschwiegen.

Herr Niemeyer kam bald nach meinem Einzug, um nach seinen Sachen zu sehen. Zu seiner großen Freude war alles noch da – und unversehrt: ein Tisch, ein Bett, eine Couch, ein kleiner antiker Schrank, den man auf einigen seiner Bilder sehen kann; in Lüttenort soll er dann neben seinem Bett gestanden haben.

Für meine Arbeiten interessierte sich Otto Niemeyer nur flüchtig. Doch als er vernahm, daß ich verheiratet bin, fragte er: ›Wie sehr?‹ Dies schien mir charakteristisch für ihn zu sein.

In seinen Lebenserinnerungen nach Tonbandinterviews heißt es, daß Zille früher einmal in diesem Atelier gearbeit habe. Vermutlich handelt es sich hierbei um einen Hör- oder Übertragungsfehler. Nicht Zille, sondern Simmel, der Graphiker und Karikaturist Paul Simmel, hat in dieser Wohnung gewohnt, bevor er sich 1933 das Leben nahm.«

DAS BEMÜHEN UM ADRESSENUNKLARHEIT belegen auch die Berliner Adreßbücher. In den Jahren 1929 und 1930 findet sich ONH unter der damals noch üblichen, später unter Künstlern belächelten und gemiedenen Berufsbezeichnung »Kunstmaler«. Von 1931 bis 1934 wird er mit vollem Namen als »Otto Niemeyer-Holstein, Kunstmal.« geführt und 1937, nach dem Umzug in die Handjerystraße, wieder nur als »Otto Niemeyer, Kunstmal.«. Vermutlich hat er sich 1938 aus dem Adreßbuch streichen lassen. Erst 1941 taucht sein Name als »Otto Niemeyer, Kunstmal.« wieder auf – ebenfalls ohne Namenszusatz –, vor allem wohl, um seine Adresse in Berlin nachweisen zu können, vielleicht aber auch, um im Hinblick auf die besondere Situation in Lüttenort das Behördeninteresse »auf falsche Fährten« (ONH) zu ziehen. Bereits in der Augsburger Straße hatte es eine verdeckte Durchsuchung der Wohnung gegeben, und in der Handjerystraße sei der Mann der Hausmeistersfrau problematisch gewesen, weswegen er sich mit ihm »gutzustellen bemüht« habe. Aber auch auf Usedom habe er manchem nicht recht getraut wie dem Briefträger; ihn habe er »mit dem Geschenk eines Ruderbootes für sich einzunehmen« gewußt. Der Freund des Sohnes Peter, Hermann Wiedemann, berichtet, daß Niemeyer »Fuchs genug gewesen war, sich potentielle Gegner nicht zu wirklichen zu machen«, sondern »geschickt darum bemüht war, sie nach und nach für sich zu gewinnen und ihr Interesse ins Leere laufen« zu lassen.

Im Berliner Adreßbuch gab es übrigens einen Namensvetter: »Otto Niemeyer, Maler, SO 36, Falckensteinstr. 21«. Laut Auskunft des Landesarchivs Berlin handelte es sich um »Otto Wilhelm Niemeyer, geb. 9. 4. 1881 in Reesdorf, Krs. Jerichow«, offenbar um einen Zeitgenossen der Handwerkerzunft. Annelise Niemeyer berichtete: »Über all die Jahre begleitete uns in den Adreß- und Telefonbüchern ein Mann gleichen Namens irgendwo im Berliner Südosten, immer mit der Berufsbezeichnung ›Maler‹, die Käpten sympathischer war als ›Kunstmaler‹. Käpten ärgerte sich manchmal, wollte den Mann sogar aufsuchen, ließ es dann aber sein, weil er fürchtete, sich eine unerfreuliche Bekanntschaft einzuhandeln. Aber dann war uns bald jede Verwirrung und Verschleierung willkommen, vor allem, als wir manchmal noch in der Handjerystraße kampierten und meine Mutter schon hier in Lüttenort war. Und selbst für mich begann's nach und nach problematisch zu werden. Es wurde schon aufgeteilt in Halb- und Vierteljuden.«

DER WUNSCH, das »braune Land« so oft und so lange wie möglich zu verlassen, war groß. Wenn es sich einrichten ließ, ging man auf Reisen ins Ausland, auf »große Fahrt«. Mit von der Partie war dann meistens Freund Buttmann.

1935 erwarb ONH von einem Stralsunder Eigner für 1300 Reichsmark »auf Stottern« den Segelkutter »Orion«. »Im Preis inbegriffen waren Seekarten, Werkzeug und einige Gebrauchsgegenstände, die uns nützlich werden konnten.« Das Schiff »war schon 1860 in Dienst gestellt, aber 1914 gründlich überholt worden. Es hatte den in staatlichem Auftrag tätigen Kontrollbeamten gedient, um in den Gegenden um Rügen die Deich- und Dünenarbeiter beaufsichtigen und ihnen die Löhnung auszahlen zu können; der in den Papieren vermerkte Zweck – ›Zahlkutter‹ (nicht Zollkutter) – verwies noch dar-

Annelise und Otto Niemeyer 1935 nach dem Kauf des Seglers »Orion«

auf. Das Schiff war ein seetüchtiger Kutter-Typ mit siebzig Quadratmetern Segelfläche. Die Maße an Deck: 12 Meter lang und 3,60 Meter breit.« Und der Scherzname Käpten wurde »mit dem Kauf dieses Schiffes legitimiert« (Karl Buttmann), denn Otto Niemeyer war nämlich gar kein Käpten; das für diese Klasse gültige »Schifferpatent für kleine Fahrt« erwarb der »Stüermann«, die Frau des Künstlers, die dann allerdings ihrer Verpflichtungen wegen an den ausgedehnten Segeltörns nur selten teilnehmen konnte.

Große Segelreisen erforderten eine »Besatzung«, die zumeist aus Mitgliedern der Familie, aus Freunden und Freunden des Sohnes Peter bestand. Ab 1936 befuhren Käpten und seine Leute in den Sommermonaten die Ostsee und die skandinavischen Gewässer. Zeugnisse dieser Fahrten sind neben den Logbüchern die Aufzeichnungen Karl Buttmanns, der »den Rang eines Shippstimmanns« (Schiffszimmermanns) hatte, da er sich nicht nur für kleine Einbauten im Inneren des Schiffes, sondern auch für manche Reparaturen zuständig erklärt hatte. »Es ist ein Genuß, so ein Gefäß unter voller Besegelung dahingleiten zu sehen«, schrieb er 1937 an seinen

»Rolling home«; Zeichnung von Karl Buttmann aus dem Bericht der Seefahrt zu den Paternosterschären, 1938

Bruder Ekkehard nach einer Fahrt an die Südostküste Schwedens. »Natürlich ist eine Yacht eleganter, aber diese plumpen Schiffe, denen man etwas anbieten kann, haben ebenfalls eine Schönheit, die ich ihrer männlichen Art wegen viel mehr liebe. Ich habe kaum eine stärkere Windgeschwindigkeit als 8 erlebt, aber trotzdem spürte man, ob man sich auch bei viel schlechterem Wetter auf sein Schiff verlassen kann. Und da muß ich eben sagen: der ›Orion‹ ist ein wundervolles Gefäß!«

Eine der längeren Reisen führte über den dänischen Hafen Hals nach Norden, eine zweite zur Sund-Insel Hven nördlich von Kopenhagen, wo die Mannschaft, Sohn Peter und Freund Wiedemann, der zu Ende gehenden Ferien wegen abmustert und durch eine neue – zu ihr gehörte auch Karl Buttmann – ersetzt wurde, um nach Göteborg und zu den Paternosterschären weiterzusegeln. Buttmann berichtete in seinen Aufzeichnungen auch über eine Havarie bei der Rückfahrt:

»Wir hatten es eilig, gingen noch abends um 19 Uhr wieder raus, waren bald auf offener See und hielten auf Darsser Ort zu. Es war mindestens Windstärke 7, und sie wurde stärker –

W bis SW. [...] Ich hatte gerade das Ruder übernommen. Als ich Druck geben wollte, merkte ich, daß das Rad ganz leicht lief. Ich rief alle an Deck, und die Bescherung war, daß das Drahtseil gebrochen war, mit dem der Druck vom Rad über einige Blöcke auf das Blatt übertragen wurde. Also erst einmal Klüver runter und den Kahn backgelegt. Und es kamen schon einige Seen ganz schön über das Vorschiff. [...] Ich mußte nun als Zimmermann ran. Man konnte nur auf allen vieren liegend arbeiten, die Taschenlaterne im Mund. Wir hatten keine Vorstellung von den tollen Bewegungen, die ein Schiff ohne Ruder macht, wir konnten den Draht nicht durchziehen. Da nahmen wir ein Ende schönes, neues geteertes Tauwerk, verzichteten ganz auf das Rad und schoben es durch ein paar Blöcke, so daß nun der Rudergänger zwei Tampen in den Händen hatte – wie bei den Ruderbooten auf dem Bremer Emmasee. Obwohl wir die Blöcke dazwischen hatten, lag doch ein Saudruck auf dem Ruder, wir merkten es auch an unseren Händen. Aber wir waren selig, hatten wieder Ruder im Schiff. Doch war die Küste nicht auszumachen. Als das Geräusch der Brandung uns gefährlich nahe schien, drehten wir vor dem Wind parallel zur Küste auf das Feuer ›Dornbusch‹ zu, das auch bald in Sicht kam. Es war ein eigenartiges Licht, weil der Mond von den schnell ziehenden Wolken bald verdeckt wurde, bald klar aufschien, soweit es der Dunst über dem Wasser zuließ.«

Doch war das nautische Glück nicht von langer Dauer. Ende 1939 wurden private Fahrten außerhalb der deutschen Binnengewässer und auf hoher See verboten. Der »Orion« diente von da an nur noch für Segeltörns auf dem Achterwasser, im April 1945 auch als »Fluchtgefäß« und in all den Jahrzehnten vor und nach dem Krieg als Gästesegler, mit dem der Käpten gegen kleines Entgelt Urlauber »schipperte«.

ABER AUCH ANDERE MÖGLICHKEITEN des Reisens wurden genutzt. Und wie meistens war mit von der Partie Karl Buttmann, manchmal auch dessen Freundin Fridel Homann, denn sie besaß ein Auto. 1937 fuhren sie nahezu mittellos – Devisen unterlagen in Deutschland bereits strenger Bewirtschaftung – per Bahn nach Hoek van Holland und von da per Schiff nach London, wo Niemeyer den verehrten Arthur Segal wiedertraf. Karl Buttmann erinnerte sich 1999:

»Wir hatten uns mit Ralf Troje verabredet, dem Architekten, der emigriert war. Er lebte in London in den kärglichsten Verhältnissen, obgleich er als Architekt kleine Aufträge hatte. In seinem schmalen Zimmer waren außer einem Tisch, zwei Stühlen und einem Schrank nur eine durchgesessene Couch, die ihm auch als Bett diente. Ich hatte mich deswegen in einem Hotel bei der Liverpool-Street-Station nach einem preiswerten Zimmer umgesehen, aber gleich bemerkt, daß mit einer einzigen Übernachtung unser gesamtes Geld futsch gewesen wäre. Und runterhandeln konnte ich den Preis wegen der Verständigungsbarriere nicht. Also sagte ich nach Rücksprache bei den Freunden, die vor der Hoteltür warteten, mit meinem Phantasieenglisch ab: ›We are sleeping in another situation.‹ Dies wurde gleich eine stehende Wendung, denn nun mußten wir zu fünft bei Troje – bei ihm wohnte auch dessen Freundin – in der Caledonian Road nächtigen, auf der einzigen Couch, auf die wir uns quer legten. Vorn stellten wir Stühle an, und wenn sich jemand drehen wollte, sagte er: ›We are sleeping in another situation.‹ Dann mußten wir anderen uns alle wohl oder übel auch drehen.

Käpten verbesserte die Lage am nächsten Morgen, indem er Arthur Segal aufsuchte, der ebenfalls in London lebte. Dies wurde eine Odyssee, denn es gab mehrere Plätze gleichen oder ähnlich klingenden Namens, und Käpten konnte sich, da er kein Englisch sprach, schwer verständlich machen. Aber schließlich fand er Segal, der ihm zu einem Quartier verhalf, so daß unsere ›Situation‹ bei Troje erträglicher wurde.

Und natürlich gingen wir in die Museen, jeden Tag – ins British Museum und in die National Gallery, wo sich die Rembrandts befinden, die Käpten ganz besonders faszinierten.«

Familienausflug

ZWAR WAR ES im »Dritten Reich« nun zwingend geworden, Ahnennachweise beizubringen, um eine Berufserlaubnis, gar die für freie Künstler unabdingbare Mitgliedschaft in der Reichskulturkammer zu erlangen, so spielte doch bei Otto Niemeyer-Holstein zugleich auch Interesse mit, bei solcher Gelegenheit Näheres über seine Herkunft zu erfahren. Auch später noch, im Zusammenhang seines autobiographischen Erzählens, konnte man den Maler versonnen über den »Stammtafeln des Niemeyerschen Geschlechts« antreffen, die Franz Anton, ein Sohn des Halleschen Kanzlers August Hermann Niemeyer, 1848 zusammengestellt hat: »Weit verzweigt und höchst verzwickt.« Es amüsierte ihn, die Zusammenhänge übersichtlich vor Augen zu haben: Stämme, Äste, Ästchen und Zweige. »Ein Familienausflug ist doch was Drolliges, so ein Exkurs über die Altvordern.«

Der Geschichte der Familie Niemeyer nachzuforschen ist in der Tat aufschlußreich, da Aufzeichnungen vor allem über die männlichen Vorfahren bis ins 16. Jahrhundert zurückzuverfolgen sind. Neben Familienhistorischem erfährt man dabei auch sozial- und zeitgeschichtliche Zusammenhänge, denen in jüngster Vergangenheit vor allem der 1996 gestorbene Hamburger Theologe August Hermann Niemeyer nachgegangen ist.

Im Ungefähren bleiben die Kenntnisse über den ersten namentlich bekannten Vertreter der Familie. Überliefert ist, daß Johann Niemeier (Neumeyer) um 1512 geboren wurde und in Höxter gelebt hat – vermutlich als Brauer. Allerdings verzeichnen die Schoßregister der Jahre von 1492 bis 1517 einen Bürger namens *Johann* Neumeyer nicht. Immerhin war er jedoch in der Lage, einem seiner Söhne den Weg in die »Gelehrsamkeit« zu öffnen. Ob ein *Heinrich* Niemeyer, der 1604 nachweislich in Höxter »an der Brücke« gewohnt hat,

Wappen verschiedener Niemeyer-Familien; rechts das Wappen der Familie des Künstlers

sein direkter Nachkomme war, bleibt fraglich. Auf alle Fälle gehörte er (laut Auskunft von Dr. Holger Rabe in Höxter), nach seiner Steuerleistung zu urteilen, zur Mittelschicht der Stadtbevölkerung.

Irgendwann zu Anfang des 16. Jahrhunderts könnte einer aus der Sippe nach Celle gegangen sein, denn beim Herzog von Braunschweig und Lüneburg steht später ein Carsten Niemeyer mit einer »Besoldung von 32 Thalern und 8 Groschen sowie einem feisten Schwein« in Diensten und begründet eine Niemeyer-Familie mit Amtmännern und Militärs. In einer genealogischen Beschreibung wird betont, daß die Wappen aller aus dem Hannoverschen stammenden Niemeyers im Schilde einen Arm mit einer Sichel oder einem Ährenbündel und auf dem Helm drei Kornähren führen.

Von einem Sohn des Niemeyer aus Höxter, Georg (1545 bis 1626), weiß man, daß er nach Tradition der geistigen Oberschicht seinen Nachnamen zu Neomarius latinisierte. Den konnte man über Jahrhunderte auf einem Denkstein der Kirche von Bündheim (heute zu Bad Harzburg) lesen, da er »im Jahre des Herrn 1600 [...] Leiter des Heiligen Hauses war«, als es einen Kirchturm erhielt. Er starb am 7. Oktober 1626 an der Pest in Goslar, wohin er wegen der Kriegsunruhen mit Frau und Tochter geflüchtet war, die beide im selben Monat gleichfalls der Seuche erlagen.

Von einem seiner Söhne, Johannes Neomarius, sind Ge-

23

PERSÓNALIA.

ZU Erklärunge dieses guten Sprüchleins sind wir nun veranlasset worden / durch den tödlichen sanfften Hintritt / weiland des Wohl-Ehrwürdigen / Grosachtbahrn und Wohlgelahrten Herrn VVichmanni Georgij Neomarij, hiesigen Käiser-Freyen Stiffts und Christlichen Gemeine gewesenen treufleissigen Pastoris/ deme wir itzo den letzten Ehrendienst auff dieser Welt leisten.

Mit dessen Ankunfft in dieser Welt / wie auch geführten Christlichen Wandel / Amptsbedienung und Absterben / verhält sichs kürtzlich also / wie folget:

Es ist der seelige Herr Pastor in diese Welt gezeuget und geboren von Wolfürnehmen / Frommen und Christlichen Eltern / Denn sein Vatter ist gewesen weiland der Wol-Ehrwürdige / Grosachtbar und Hochgelahrte Herr M. Johannes Neomarius, gewesener Fürstl. Braunschw. Lüneb. Wolbestalter Special Superintendens zu Münder im Fürstenthumb Calenberg.

Seine Mutter / so noch im Leben und jetzo mit hochbetrübtem Hertzen ihrem lieben Sohne das Geleit zum Grabe gibt / ist die Ehrbahre und Thugendtreiche Matron Margaretha Schröters.

Seine

Blatt aus der Leichenpredigt auf Wichmann Georg Neomarius, 1656

burts- und Sterbejahr verbürgt: 1579–1646, und bekannt ist auch, daß er zwischen 1626 und 1646 in Münder (Bad Münder) als Superintendent gewirkt hat, nachdem sein Vorgänger, Gebhard Timäus, »in treuem seelsorgerischem Dienst ein Opfer der Pest« geworden war. Aber auch Johannes Neomarius blieb nichts erspart. 1640 und im folgenden Jahr wurde die Stadt »von den Schwedischen als Kaiserlichen dergestalt mitgenommen, geplündert und sonst angefochten, […] daß es unmöglich gewesen, Stand zu halten, sondern wir mit unseren armen Weibern und Kindern in die Festung Hameln, theils auf die Berge zur Salvierung des bloßen Lebens flüchten mußten«, wie der Rat der Stadt zu berichten weiß. Nach Johannes Neomarius' Tod am 26. November 1646 blieb, wie es heißt, seine Witwe Margaretha in den dürftigsten Verhältnissen zurück.

Von deren Sohn, Wichmann Georg Neomarius, sind ebenfalls Geburts- und Todestag überliefert. Sie stehen in den Personalia der Leichenrede (Universitäts-Bibliothek Göttingen): »... in dieses Jammerthal gezeuget« am 4. Januar 1618 »auf der Neustadt vor Hannover«, gestorben am 3. Februar 1656 in Fischbek »seines Alters 38. Jahr und fünff Wochen«: »Etliche wollen / es sey ein Flecken Fieber / andere / es sey sonst eine hitzige Krankheit gewest: diß aber ist gewiß / daß der selige H. Pastor grosse Hitze bey sich habe empfunden / so ihme hefftig zugesetzet.« Und wir erfahren auch, daß »sein Vatter ist gewesen weiland der WohlEhrwürdige / Grosachtbar und Hochgelahrte Herr M. Johannes Neomarius, gewesener Fürstl. Braunschw. Lüneb. Wohlbestalter Special Superintendens zu Münder im Fürstenthumb Calenberg« und »Seine Mutter [...] die Ehrbahre und Tugendreiche Matron Margaretha Schröters«. Verheiratet war er »mit der VielEhr- und Tugensahmen Frawen Magdalenen Dorotheen Siltmans / H. Christophori Siltmanni / weyland Predigern der Stadt Hameln / eheleibliche Tochter [...] / mit welcher er elffen Jahr eine friedliche und fruchtbare Ehe besessen / und mit derselben vier Kinder gezeuget / zween Söhne und zwo Töchter / so noch alle im Leben / und ihren seligen Vatter jetzo mit nassen Augen biß hiehero das elende Geleit gegeben.«

Von einer »Stamm-Mutter Margarethe« berichtete ONH; sie sei vermutlich die erste Frau seiner Sippe, über die nachzuforschen historisch Interessantes zutage fördern könnte. Er hatte damit nicht unrecht.

Sie, Margaretha (geboren um 1579 – gestorben nach dem Februar 1656), Ehefrau des Johannes Neomarius, war eine geborene Schröter. Sie kam aus einer vorwiegend in Weimar und Jena beheimateten Sippe, aus der namhafte Mediziner hervorgegangen sind; ihr Vater, Philipp Jacob Schröter (1553 bis 1624), wirkte als Professor in Jena; ihre Mutter war die Tochter des Stadtrichters Hannsen (= Johannes) Seeling im erzgebirgischen Schneeberg. Ihr Großvater, Johann (von) Schröter (1513–1593), hatte es als zeitweiliger Leibarzt Kaiser Ferdinands I. – des Bruders Karls V. – verstanden, durch

Lucas Cranach d. J.: »Dr. Christian Brück«, Holzschnitt, 1549

diplomatisches Geschick das Privilegium zur Erhöhung des Jenenser »Akademischen Gymnasiums« in den Rang einer Universität zu erwirken, deren erster Rektor er dann nahezu vier Jahrzehnte lang war. 1558 wurde er geadelt. Er, der neben Medizin auch Mathematik und Philosophie studiert hatte, galt als Polyhistor; mit Luther, Melanchthon und anderen Praeceptores Germaniae war er freundschaftlich verbunden.

Einer seiner jüngeren Brüder, Jacob Schröter (um 1529 bis 1612), Tuch- und Wollhändler sowie Bürgermeister in Weimar, heiratete 1568 in zweiter Ehe Barbara Brück (1543–1609), die Tochter des Kanzlers Dr. Christian Brück (Pontanus), der mit Magdalena (Barbara) Cranach, der Tochter Lucas Cranachs d. Ä., verheiratet war. Über diese Eheverbindung ist Barbara Schröter, geborene Brück, auch eine Vorfahrin der Goethes.

Niemeyer-Holstein äußerte bei Gelegenheit, er wisse von einer »ungeheueren Familientragödie in jener Zeit«, der man nachforschen sollte, da ihm Genaueres nicht bekannt sei.

Dieser Sachverhalt liegt zutage. Es war eben jener Christian Brück (Pontanus), der als Kanzler Herzog Johann Friedrichs II. (von Gotha) nach den sogenannten »Grumbachschen Händeln« im Alter von 77 Jahren zum Tode verurteilt worden war. Der fränkische Reichsritter Wilhelm von Grumbach (1503–1567), ein Schwager Florian Geyers, hatte den Würzburger Fürstbischof Melchior Zobel von Giebelstadt, mit dem er in Landstreit lag, getötet, worauf er mit der Reichsacht belegt wurde, die Kurfürst August von Sachsen vollstreckte. Gemeinsam mit ihm wurde der Kanzler im April 1567 auf dem Gothaer Marktplatz gevierteilt.

NACHDEM SICH DER FAMILIENNAME NIEMEYER mit M. Johann Hermann Niemeyer (1645–1719), Pfarrer in Bückeburg und Frille (Schaumburg-Lippe), wieder ins Deutsche zurückverwandelt hatte, wäre über die folgenden Nachfahren zu sagen, daß sie der Berufstradition treu blieben. Frantz (Franciscus) Niemeyer (1682–1733) wirkte als Pfarrer im Schaumburg-Lippischen, während sein Sohn Conrad Philipp (1711–1767) als Archidiakonus an die Marienkirche zu Halle (Saale) ging und als Lateinlehrer bei den Franckeschen Stiftungen in Halle tätig war, in jener »epochalen Pflanzschule«, deren Wirken bis in die Gegenwart reicht. Durch seine Ehe mit Auguste Sophie Freylinghausen trat er mit dem Begründer der Erziehungsanstalten, August Hermann Francke (1663–1727), einem der bedeutendsten Pädagogen seiner Zeit, in Verwandtschaft; er ehelichte dessen Enkelin.

Auch einer ihrer beiden Söhne, August Hermann Niemeyer (1754–1828), wirkte als Pädagoge und Theoretiker an den Franckeschen Stiftungen, später als deren Direktor, zugleich als Kanzler der Universität Halle. Seine grundlegenden Werke über pädagogische Prinzipien, als deren wichtigstes

Der geistige Zeitgenosse Goethes, Gemälde von Anton Graff, 1779

die auf seinen Vorlesungen beruhenden »Grundsätze der Erziehung und des Unterrichts« gilt, übten einen starken Einfluß auf die Pädagogik des 18. Jahrhunderts aus. Zugleich trat Niemeyer als Dichter, Nachdichter und Übersetzer hervor. Mit Klopstock, Lessing, Goethe, Schiller, Herder, Wieland, Schlegel und Schleiermacher, aber auch mit Friedrich Wilhelm II. und Friedrich Wilhelm III. von Preußen stand er in freundschaftlicher Verbindung. Einige seiner Gedichte vertonte Carl Loewe, sein Oratorium »Lazarus« Franz Schubert. Es wurde, obgleich unvollendet, 1978 von der Staatskapelle Berlin unter Dietrich Knothe und der Berliner Singakademie in der Berliner Christuskirche zur Freude Otto Niemeyer-Holsteins zu Gehör gebracht. Daniel Chodowiecki illustrierte die Ausgabe seiner poetischen Werke. Auch als Herausgeber trat Niemeyer hervor. So publizierte er die »Lieder für das

Das Kanzlerhaus am Großen Berlin in Halle (Saale), um 1910

Volk« von Matthias Claudius und die »Ilias« von Homer. Auf Anregung Goethes übertrug er das Schauspiel »Andria« von Terenz (»Die Fremde aus Andros«), das Goethe am 6. Juni 1803 in Weimar auf die Bühne brachte. Bereits Tage später schrieb er August Hermann Niemeyer: »Ew. Wohlgeb. ist es gewiß interessant zu vernehmen, daß Die Fremde aus Andros gut gegeben und gut aufgenommen worden. Ich hoffe, beydes soll auch in Lauchstädt zu Ihrer Zufriedenheit geschehen. In Hoffnung Sie und die Ihrigen, denen ich mich bestens empfehle, diesen Sommer wieder zu sehen, unterzeichne ich mich Ew. Wohlgeb. ergebensten Diener J. W. v. Goethe.«

Das Niemeyersche Haus am Großen Berlin (heute Große Brauhausstraße) war nicht nur ein Zentrum des geistigen Lebens in Halle, zeitweilig war es auch mit europäischer Geschichte verbunden. So machten hier 1803 König Friedrich Wilhelm III. und Königin Luise mehrmals Station, und August Hermann Niemeyer erinnert sich in seinen Memoiren, daß der greise Feldmarschall Blücher im Oktober 1813 vor der Schlacht bei Möckern den Armeestab in seinem Haus zur Beratung versammelt hatte. Nach der preußischen

Niederlage von Jena und Auerstedt quartierte sich in dem repräsentativen Haus der Stab der französischen Armee ein, und es war zeitweilig auch das Quartier Jérôme Bonapartes. Die Einquartierung Kaiser Napoleons nach der Erstürmung von Halle wußte Niemeyers Frau Agnes Wilhelmine, die beherzte »Kanzlerin«, dadurch abzuwenden, daß sie den zweiten Ausgang, der, wie sie wußte, eine Vorbedingung für ein Quartier des Kaisers war, unerkennbar zustellen ließ.

In den Lebenserinnerungen Victor Niemeyers, des Onkels Niemeyer-Holsteins, wird die Situation anschaulich beschrieben: »Das stattliche Doppelhaus – wegen der beiden auf ihren Schultern Säulen tragenden Riesen, die den Toreingang des einen Hausteiles flankieren, in Halle auch das ›Riesenhaus‹ genannt – war damals bewohnt von der einzigen noch lebenden Tochter des Kanzlers. [...] Das Erdgeschoß des einen Teiles des Hauses nahm in vornehmer Raumverschwendung ein Treppenhaus ein, das an das Erdgeschoß des Goethehauses in Frankfurt erinnerte. Eine breite, flache Treppe mit niedrigen Stufen führte in die erste Etage. Gute Bilder, Büsten der Antike an den Wänden und aus der Kanzlerzeit stammende wundervolle Empiremöbel gaben dem Ganzen eine Note, die erkennen ließ, daß der Materialismus hier keine Stätte hatte. Der historische ovale ›Blaue Saal‹, der Ort der Geselligkeit und Empfänge, lag in dem mit dem Haupthaus verbundenen gleichgroßen Nebenhaus.«

Niemeyer-Holstein legte Wert darauf, die Familienbeziehung bei seinem Erzählen für das Buch »Lüttenort« herauszustellen, und er brachte sie in Verbindung zu seinem Vater und damit letztlich auch zu sich. »Mein Vater war auf seine Herkunft stolz, und er erzählte, daß August Hermann Niemeyer, der Kanzler der Universität Halle, sein Urgroßvater, sich ganz als geistiger Zeitgenosse Goethes verstanden hatte. Seine Frau habe auf musische Bildung und Ausbildung ihrer Kinder größten Wert gelegt, und so wundert nicht, daß im Hause meiner Urgroßmutter Julie, einer geschätzten Musikpädagogin, berühmte Dichter, bekannte Wissenschaftler, aber auch geachtete Schauspieler und Musiker verkehrten.«

Als der Kreisphysikus Carl Eduard Niemeyer (1792 bis 1837), einer der Söhne des Halleschen Kanzlers, im Alter von 45 Jahren in Magdeburg dem Diabetes mellitus erlag, war sein jüngstes Kind, Sohn Hans, vier Jahre alt. Die Witwe, Julie, Tochter des Göttinger Rechtsgelehrten Johann Friedrich Ludwig Göschen, zog mit ihm und dem sechsjährigen Bruder von Magdeburg nach Erlangen, wo sie sich mit der »Ausübung musikalischer Lehrtätigkeit« durchschlug. Vor allem widmete sie sich der musikalischen Ausbildung ihrer Kinder, zu der sie auch erfahrene Berufsmusiker verpflichtete, so daß Sohn Hans bereits während seiner Referendarzeit in Greifswald beachtete Klavier- und Liederabende in der Hansestadt, aber auch im nahen Wolgast und im aufstrebenden Kurbad Heringsdorf auf Usedom gab, zum Teil unterstützt von Freunden wie dem Violinisten Joseph Joachim und dem Komponisten Johannes Brahms.

Ein Foto aus dem Besitz ONHs zeigt Hans Niemeyer mit seiner Familie in »glücklichen Tagen«, wohl im Frühjahr 1860. Zu seiner Seite mit dem erstgeborenen Sohn Theodor – später wurde er Otto Niemeyer-Holsteins Vater – die Ehefrau Hildegard, die bereits 1863, neun Tage nach der Geburt ihres vierten Kindes, des Sohnes Victor, starb. Als Siebzigjähriger beschreibt dieser in seinen Lebenserinnerungen die Atmosphäre in seinem Vaterhaus: »Mein sieben Jahre älterer Bruder Theodor war für uns Jüngere eine Respektsperson. Er nahm selten an unseren kindlichen Spielen teil, war schon mehr der Freund des Vaters, mit dem er als guter Klavierspieler vierhändig spielte. Mein Vater legte Wert darauf, die anderen Söhne zum Streichquartett musikalisch heranbilden zu lassen. Von dem aufgelösten fürstlichen Detmolder Orchester war ein Geiger Gerichtsdiener und Gerichtsvollzieher in Warburg geworden. Ein einfacher, vortrefflicher Mann, mit dessen Kindern wir uns bald befreundeten. Er unterwies meinen Bruder Kurt im Cello-, uns andere im Geigen- und Bratschenspiel.«

Auch war die Wahl Greifwalds zur ersten beruflichen Wirkungsstätte für den jungen Richter Hans Niemeyer kein

Hans und Hildegard Niemeyer mit Sohn Theodor, 1860

Zufall, wirkten doch an dem »Brennpunkt für die spärlichen Strahlen pommerscher Kultur und Intelligenz« (»Die Ostsee« von Wilhelm Cornelius) bereits sein Halbbruder Felix (1820 bis 1871), Kliniker und Professor an der Universität, sowie Onkel Franz Anton (1790–1867), Jurist und Ordinarius, der einst als Neunzehnjähriger in Begleitung seiner Eltern Goethe in Jena besucht und von diesem Erlebnis berichtet hatte: »Wir verbrachten mit ihm, Knebel und Riemer auf der ›Rose‹ einen unvergeßlichen Abend.« So lag es für Hans Niemeyer nahe, nach Abschluß des Studiums noch einige Jahre am dortigen Kreisgericht zu arbeiten, zumal Franz Anton gemeinsam mit seiner Frau Gabriele in der Nikolausstraße 2 (heute Caspar-David-Friedrich-Straße) ein musisch-geselliges Haus führte, das ganz nach seinem Sinn war: vor allem wurde Musik gepflegt.

Das Wohnhaus von Felix Niemeyer und seiner Familie lag, bevor er das wesentlich größere und stattlichere in der Langen

Das Haus von Felix Niemeyer in der Greifswalder Langestraße 75, Foto 1999

Straße 87 (heute Langestraße 2) bezog, im oberen Teil der Straße in der Nähe des Marktes: Langestraße 37 (heute 75). Eine Tafel erinnert an den Afrika-Forscher Gustav Nachtigal, dem Felix Niemeyer im Winter 1856/57 ein Quartier im Dachgeschoß eingeräumt hatte. »Nachtigal«, schreibt Victor Niemeyer, »war als dem Examen nicht näher kommender Student in Greifswald in das Haus des Bruders meines Vaters, des Klinikers Professor Felix von Niemeyer, als Famulus gekommen. Als ich als Student in Greifswald mich nach diesem Hause, in dem mein Vater zwei Jahre lang bei seinem Bruder mit Nachtigal verlebt hatte, umsah, fand ich auf einer Gedächtnistafel nicht den Namen des berühmten Klinikers, der hier seine ›Therapie und Pathologie‹ seinem Famulus diktiert hatte, sondern den seines Famulus Nachtigal.«

Der Stadt Greifswald schon durch meine Urväter verbunden freue ich mich, nun mein bisheriges Werk im Museum zeigen zu können

Otto Niemeyer-Holstein

9. September 1961

Eintrag im Goldenen Buch der Hansestadt Greifswald, Blatt 103

Auch an dem inzwischen rekonstruierten Haus nahe am Wall – in ihm befanden sich Praxis und Klinik – sucht man einen Hinweis auf den Gelehrten vergebens, wie auch das Haus Franz Anton Niemeyers lediglich durch das Firmenschild einer Kranzschleifen-Druckerei auffällt.

Otto Niemeyer-Holstein äußerte einmal: »Verwandte, überall Verwandte. Schon meine Mutter sagte zu uns Kindern: ›Wißt euch zu benehmen, überall Familienbande!‹ Und sie betonte so, daß der Doppelsinn des Wortes mitschwang, ein Beigeschmack von Wahrheit, wie Karl Kraus es genannt hat.« Der Maler bekannte sich ausdrücklich zu der Hansestadt, mit der er sich durch seine »Urväter« verbunden fühlte, und es machte ihm sichtlich Freude, dies den Honoratioren im September 1961 ins Stammbuch zu schreiben – mit einem Eintrag ins Goldene Buch der Stadt.

NACHDEM HANS NIEMEYER (1834–1916), ONHs Großvater, 1866 das zweite Mal geheiratet hatte – Marie Natorp, die Enkelin des Parabeldichters Adolf Krummacher –, kam ein neuer Lebensort in die Familiengeschichte: Essen im Ruhrgebiet. Das Haus des Justizrats und seiner zweiten Frau, einst eine »Kurie aus der Zeit der Fürstäbtissin [...], im Schatten der ehrwürdigen Münsterkirche«, wurde bald ein geistiges Zentrum der Industriestadt, deren Erscheinungsbild von der Kruppschen Gußstahlfabrik und vom Blechwalzwerk der Firma Schulz-Knaudt bestimmt wurde. Das Fördern der Künste stand im Hause Niemeyer in der Surmannsgasse an erster Stelle, gehörten doch neben Komponisten wie Johannes Brahms, Eugen d'Albert, Richard Strauss, Hans Pfitzner und Max Bruch auch Interpreten wie Clara Schumann, Joseph Joachim, Hans Bülow und Fritz Busch, aber auch Schriftsteller wie Friedrich Rückert, Felix Dahn und Peter Rosegger zu den »ehrenvoll aufgenommenen Gästen«.

Bald kamen noch Maler hinzu, Studienfreunde des Sohnes Adelbert, »ein Kreis hochbegabter junger Akademiker, der seine eigenen, von der Schule der Alten sich vielfach trennenden Wege ging«, wie die »nachmaligen Worpsweder Modersohn, Mackensen und Vogeler«.

Victor Niemeyer (1863–1949), der vierte seiner fünf Söhne, dessen Lebenserinnerungen wir auch diese Informationen verdanken, hatte sich als Jurist nicht auf See- und Seekriegsrecht spezialisiert wie sein Bruder Theodor, ONHs Vater, sondern auf das Luftrecht, einen gerade erst notwendig gewordenen Zweig der Jurisprudenz: »Der eine zu Wasser, der andere zur Luft – wir waren in allen Aggregatzuständen zu Hause«, kommentierte ONH mit dem ihm eigenen Spott diese Interessensteilung.

»Wenn man in sein Haus kam«, erzählt Victor Niemeyer, »war es, als ob man etwa das Goethe- oder Schillerhaus in Weimar betrat. Aber altertümlich war der alte Herr durchaus nicht, vielmehr ein steter Anreger der Jungen, denen er immer wieder Gelegenheit gab, sich einem Kreise von Gästen als Künstler vorzustellen. Zu solchen Abenden lud er alle ein, ›von der Waschfrau bis zum Kommerzienrat herunter‹, wie er gern lachend zu sagen pflegte. Er war Demokrat im besten Sinne des Wortes, und er hat erreicht, daß die Musik in Essen populär wurde.« Hans Niemeyer war nämlich ein aktiver Förderer des »Essener Musikvereins« und der Gründer des städtischen Orchesters. Kein Geringerer als Hermann Abendroth leitete als junger Dirigent das Festkonzert zu Ehren des Achtzigjährigen.

»Wo hat man denn nun seine Wurzeln?« fragte sich ONH

einmal beim Erzählen seiner Lebenserinnerungen. »Das Musische lag für uns alle üppig bereit, das Pädagogische war schwächer gesät, am meisten haperte es an Missionarischem. Mir ist es ohnehin fremd.«

NUN ALSO ESSEN, die zur preußischen Industriemetropole sich mausernde Herzogstadt. Da lebte nicht nur der angesehene Justizrat Hans Niemeyer, auch der älteste seiner Söhne, Theodor, kehrte für einige Zeit dorthin zurück, um am Landgericht die Fortsetzung seines juristischen Vorbereitungsdienstes anzutreten. Und um sich des »geselligen Daseins in hohem Maße« zu widmen. Bertha Krupp lud ein: »Ich sollte bei einer Theateraufführung mitwirken. Der Text meiner Spielrolle wurde mir zugeschickt, nachdem ich den Auftrag angenommen hatte. Der Tag der Aufführung wurde einer der Entscheidungstage meines Lebens.« So beschreibt Theodor Niemeyer später das Kennenlernen einer Mitspielerin, seiner künftigen Frau Johanna, einer Tochter des Großindustriellen Carl Julius Schulz und Nichte der Krupps. »Am 28. Januar 1882 ging die öffentliche Anzeige hinaus: Johanna Schulz – Theodor Niemeyer, Gerichtsreferendar – Verlobte.« Eine »gute Partie« und der Einstieg nicht nur zu einem Leben in materieller Wohlhabenheit, sondern auch zu einem gesellschaftlichen Aufstieg, dessen ideelle Basis der weithin bekannte Name Niemeyer war. Und es winkte eine Dienstvergütung von monatlich 120 Mark als Gnadenassessor beim preußischen Justizministerium. »Dieser Betrag, in Verbindung mit einem Nadelgeld meiner Frau, gestattete uns zu heiraten.« Das geschah 1884.

Das »Nadelgeld«, das dem jungen Paar einen »Goldschimmer glücklicher Lebenshoffnungen« verhieß, muß beträchtlich gewesen sein, spiegelt doch das stattliche Wohnhaus der Familie Schulz in der Essener Varnhorststraße einen hohen Standard großbürgerlicher Wohlhabenheit. Theodor Niemeyers Schwiegervater, Carl Julius Schulz (1828–1886), ein auf die Herstellung des damals begehrten Lackleders spezialisierter

Das Blechwalzwerk Schulz-Knaudt & Cie. in Essen, 1890

Unternehmer mit einer von seinem Vater übernommenen Fabrik auf dem Essener Sessenberg, hatte sich durch seine Ehe mit der Tochter eines Stahl- und Werkzeugfabrikanten aus Velbert den Zugang zur rheinisch-westfälischen Eisen- und Hüttenindustrie eröffnet, die sich gerade aus der Idylle des wasserreichen Bergischen Landes in die kohleträchtige Niederung der Rheinebene verlagert hatte, um dem industriellen Aufschwung durch forcierte Dampftechnik den notwendigen Schub zu verleihen. Überdies: Dem aufstrebenden Unternehmen erwuchs in der anderen ortsansässigen Firma gleicher Branche, den Krupps, kaum bedrohliche Konkurrenz; es herrschte eher einvernehmliche Interessensteilung, bestanden doch zwischen den Familien verwandtschaftliche Bindungen: Auf Villa Hügel residierte Carl Julius Schulz' Cousin Alfred Krupp.

Vor allem jedoch war es der Eintritt Adolf Knaudts, eines jungen Ingenieurs, der zu schnellem Aufschwung der Firma führte, die mit der »Herstellung von Kesselblechen bis zu den schwersten Dimensionen« in der Zeit der rasch fortschreitenden Industrialisierung guten Gewinn versprach. Die Produktion stieg von knapp 2000 Tonnen im Jahre 1858 auf 5000 innerhalb von zehn Jahren; und schon 1885 konnte der Betrieb ein Kapital von 3790000 Mark vorweisen. Bereits 1870

Die Eltern Theodor und Johanna Niemeyer in Kiel, 1909

schufteten 250 Arbeiter an 5 Puddelöfen, 2 Schweißöfen, 3 Dampfkesseln, 2 Dampfhämmern und einer Walzenstraße für Grobbleche. Victor Niemeyer ist auch hier ein verläßlicher Chronist: »Der Rauch der Kruppschen Fabrik lag damals, als es noch keine rauchschützenden Einrichtungen, noch viel weniger elektrische Betriebe gab, drückend und schwelend auf der Stadt. Auch die gewaltige Höhe des zum weltberühmten ›Hammer Fritz‹ gehörenden Schornsteins, der ein Wahrzeichen der Fabrik – und damit des Stadtbildes – war, konnte die Stadt vor seinen Rauchmassen nicht schützen. Tag und Nacht erschütterte dazu der Aufschlag des Riesenhammers die Luft. Von dem unmittelbar an der Fabrik liegenden Schießplatz ließ der Kanonendonner die Fenster scheppern.«

Frankreich war »siegreich geschlagen«, nun herrschte Aufbruch, Gründerzeit nannte man es, Restauration war es, bis man gewappnet schien, dem nun einmal inthronisierten Erbfeind abermals »einzuheizen« – mit der »Dicken Berta« zum Beispiel, dem nach der Krupp-Erbin benannten 42-cm-Mörser, dessen zernierende »Feuerkraft« 1914 die französisch-belgischen Festungen aufbrach und ein Blutbad verursachte, dem zwei von Johanna und Theodor Niemeyers Söhnen nur knapp entkamen.

Im Netz

INZWISCHEN hatten sich die Bedingungen für die in Berlin wohnenden Schwiegereltern dramatisch verschlechtert. Besonders nach dem Inkrafttreten der sogenannten Blutschutzgesetze am 17. 9. 1935 mit der Formulierung »Ein Jude kann nicht Reichsbürger sein« wurden jüdische Bürger aus der »deutschen Volksgemeinschaft« ausgeschlossen, und ihre Lebensverbindung galt, obgleich Gertrude Schmidt bereits im Juli 1888 in Berlin getauft und somit – wie schon ihre Eltern – zum evangelischen Glauben übergetreten war, als »Mischehe«, eine Bewertung, die zunächst ohne direkte Konsequenzen blieb. Dennoch geriet Gustav Schmidt insofern selbst in den inkriminierten Personenkreis, als er »bei Erlaß des Gesetzes mit einem Juden verheiratet« war, mit einem Menschen, der bereits Anfang 1935 einen neuen Personalausweis, »Kennkarte« genannt, erhalten hatte, seinen Inhaber durch ein aufgedrucktes »J« brandmarkend. Später kam hinzu, daß ein »Judenstern [...] sichtbar auf der linken Brustseite des Kleidungsstückes fest aufgenäht zu tragen« war. Ende August 1939 kam es für Juden mit der Einführung der Lebensmittelrationierung zu einer eingeschränkten Versorgung und bald zum Ausschluß von Sonderzuteilungen, überdies war ihnen der Aufenthalt in der Öffentlichkeit nach 20 Uhr ebenso untersagt wie das Verlassen des Wohnortes ohne Polizeigenehmigung.

So nahm die Gefährdung sukzessive zu; vor allem war durchgesickert, daß nach dem Vollzug der gesellschaftlichen Ächtung und sozialen Ausgrenzung eine neue Stufe der Terrorisierung eingeleitet worden war, die »Endlösung«. Deportationen der deutschen Juden in die Vernichtungslager im militärisch besetzten Osten wurden alltäglich, und der anfängliche Schutz, den die »Ehe mit einem Arier« geboten hatte, unterlag bald willkürlicher Auslegung und wurde 1942 bedingt, 1944 absolut aufgehoben.

Reichsbürgergesetz
vom 15 September 1935

Gesetz zum Schutze des deutschen Blutes und der deutschen Ehre
vom 15. September 1935

Gesetz zum Schutze der Erbgesundheit des deutschen Volkes (Ehegesundheitsgesetz)
vom 18. Oktober 1935

nebst allen Ausführungsvorschriften
und den einschlägigen Gesetzen und Verordnungen

erläutert von

Dr. Wilhelm Stuckart und **Dr. Hans Globke**
Staatssekretär | Oberregierungsrat
im Reichs- und Preußischen Ministerium des Innern

C. H. Beck'sche Verlagsbuchhandlung
München und Berlin 1936

»Reichsbürgergesetz«; einer der Kommentatoren, Dr. Hans Globke, war ab 1953 zehn Jahre lang Staatssekretär und persönlicher Berater des Bundeskanzlers Konrad Adenauer

So war das Schicksal Gertrude Schmidts vorgezeichnet. Der Künstler und seine Frau hatten es früh erkannt und sich zu einem Vabanquespiel entschlossen, das, wäre es ruchbar geworden, schwerste Strafen bis zur physischen Vernichtung der gesamten Familie zur Folge gehabt hätte: Sie brachten Gertrude Schmidt ab 1938 zunächst besuchsweise über längere Zeit, ab Winter 1938/39 nahezu ständig und ab 1942 sogar versteckt in Lüttenort unter. Bestärkt in ihrem Entschluß wurden sie, da sich mit den Bombenangriffen auf die »Reichshauptstadt« die als Notlüge bereitgehaltene Begründung, die Eltern seien »zu Schaden gekommen«, mehr und mehr dem Sachverhalt näherte. Schon ab März 1941 und vermehrt ab August 1943 verzeichnen die Berliner Luftschutz-Unterlagen »erhebliche Schäden« durch Sprengbomben in der Nettel-

Schmidt, Gertrud 1.5.74

Erläuterungen auf der Vorderseite beachten! *Vor Ausfüllung die ganze Ergänzungskarte durchlesen!*

Lfde. Nr.	Vorname	Familienname bei Frauen auch Mädchenname	Geburtstag, Geburtsmonat, Geburtsjahr	Geburtsort und -kreis (siehe Erläuterung III)	War oder ist einer der vier Großelternteile der Rasse nach Volljude? (Ja oder nein) (siehe Erläuterung IV) Großvater väterlicherseits	Großmutter väterlicherseits	Großvater mütterlicherseits	Großmutter mütterlicherseits	Haben Sie ein Hochschul- oder Fachschulstudium abgeschlossen? (Ja oder nein)	Wenn ja, an welcher Hoch- oder Fachschule oder vor welchem Prüfungsamt haben Sie Staats- oder Abschlußprüfungen abgelegt? (siehe Erläuterung V)
	1	2	3	4	5	6	7	8	9	10
A. Sämtliche Anwesende										
I. Musterbeispiel 1.	Paul	Schmitz	[illegible]	Marklissa, Kr. Lauban	nein	nein	nein	nein	nein	—
2.	Maria	Schmitz, geb. Zawadka	[illegible]	Honigfelde, Kr. Stuhm	nein	nein	nein	nein	nein	—
3.	Hermann	Schmitz	[illegible]	Magdeburg	nein	nein	nein	nein	nein	—
4.	Anna	[illegible]	[illegible]	Waplitz, Kr. Stuhm	nein	nein	nein	nein	nein	—
5.	Alfred	Jung	[illegible]	Schönebeck, Kr. Calbe a./S.	nein	nein	nein	nein	ja	Höhere techn. Lehranstalt, Breslau
6.	Franz	Müller	[illegible]	Danzig	nein	nein	nein	nein	ja	Technische Hochschule Danzig
II. Musterbeispiel 1.	Sally	Cohn	[illegible]	Lodz, Polen	ja	ja	ja	ja	nein	—
2.	Henriette	Cohn, geb. Oppenheimer	[illegible]	Breslau	ja	nein	nein	nein	nein	—
3.	Georg	Cohn	[illegible]	Berlin	ja	ja	nein	nein	ja	Universität Berlin
4.	Ruth	Schmidt, geb. Cohn	[illegible]	Berlin	ja	ja	nein	nein	nein	—
5.	Elisabeth	Schmidt	[illegible]	Berlin	nein	nein	ja	nein	nein	—
6.	Martha	Schultze	[illegible]	Kaufung, Kr. Goldberg	nein	nein	nein	nein	nein	—
1.	Gustav	Schmidt	10.2.1862	Bremen	nein	nein	nein	nein	nein	
2.	Gertrude	Schmidt geb. Collin	1.5.1874	Berlin	ja	ja	ja	ja	nein	✓
3.	Johannes	[illegible]	[illegible]	[illegible]	nein	nein	nein	nein	nein	
4.	Charlotte	[illegible]	6.10.[illegible]	Hamburg-Altona	nein	nein	nein	nein	nein	
5.	[illegible]	Colditz	14.2.1893	Dresden	nein	nein	nein	nein	nein	
6.	[illegible]	Young	4.12.1900	Bisley/England	nein	nein	nein	nein	nein	
7.										
8.										
9.										
10.										
B. Vorübergehend abwesende Mitglieder der Haushaltung										
Beispiel	Richard	Schmidt	[illegible]	[illegible]	nein	nein	nein	nein	nein	—
1.										
2.										
3.										
4.										

Bescheinigung: Daß die Angaben vollständig und nach bestem Wissen gemacht worden sind, bescheinigt:

Hier bitte Ihre Unterschrift: Gustav Schmidt

(Unterschrift des Haushaltungsvorstandes, seines Vertreters oder sonstiger zur Ausfüllung verpflichteten Personen.)

Wohnung: Nettelbeck Straße Nr. 23

Fragebogen der Volkszählung vom 17. Mai 1939; die nichtarische Gertrude Schmidt wurde am rechten Rand des Zählbogens abgehakt

beckstraße. Und schließlich wurde das Haus Nummer 23 tatsächlich getroffen und zu großen Teilen zerstört.

Dennoch war in Lüttenort eine gefährliche Situation entstanden, die diszipliniert durchgehalten werden mußte. »Das Damoklesschwert schwebte immer über uns allen«, berichtete Annelise Niemeyer. »So grotesk es klingen mag, für uns wurde die Bombardierung der Gegend um die Nettelbeckstraße zum Segen, denn nun hätten wir die Anwesenheit meiner Mutter hier auf der Insel, wo sich doch keiner ohne Sondergenehmigung aufhalten durfte, einigermaßen begründen können, wenn es denn zwingend notwendig geworden wäre.«

Zu den in die Situation teilweise Eingeweihten gehörte außer Freund Karl Buttmann auch das Ehepaar Wieck, das als Betreiber eines Lebensmittelladens in Zempin in der Lage war, der nun vergrößerten Lüttenorter Familie ab und zu durch »Abgezweigtes« zu helfen. Ohnedies gehörten »die Wiecks« zu den Verläßlichen, denen man bei längerer Ab-

Gertrude und Gustav Schmidt in ihrer Berliner Wohnung, 1938

wesenheit die Schlüssel zum abseits gelegenen und gefährdeten Anwesen Lüttenort anvertraute. Im Zusammenhang der Arbeitsgespräche zum Buch »Lüttenort« legte Annelise Niemeyer beredt Zeugnis über die damalige Situation ab. Dabei bezeichnete sie die riskante Rettung als »die selbstverständlichste Sache«, nicht als hervorhebenswerte Tat.

»Die Lage wurde mit der Zeit brenzelig, wir befürchteten, daß etwas durchgesickert sein könnte. Es hatte im Dorf eine ›Befragung‹ gegeben, und einmal war auch der Postbote zur Unzeit aufs Grundstück gekommen; Käpten hatte ihn zwar für sich eingenommen, er durfte ab und zu unser Tüffel, das Beiboot, zum Angeln benutzen, aber man wußte ja nie … Und vor allem: Wie macht man einem Kind klar, daß es über manches nicht reden darf?! Den Großen hatten wir eingeweiht und entsprechend instruiert; das Problem war der Kleine, der doch schon einiges begriff, man durfte ihn nicht überfordern, man konnte ihn aber auch nicht dummstellen. Günter hat da erstaunlich mitgemacht. Dennoch, wir mußten hellhörig sein, waren immer auf Unvorhersehbares gefaßt und für Ausreden gewappnet.

Nachdem die Mutter dann endgültig aus Berlin raus war – Juden mußten bis zu einem bestimmten Zeitpunkt die Stadt verlassen –, brachte mein Vater eines Tages diese gelben Stoffsterne mit, die ihm für seine Frau gegen Gebühr von zehn Pfennig pro Stück zugestellt worden waren. Da geriet Käpten in eine solche Wut, daß er sie mit Petroleum übergoß und anzündete. Dann, kaum zu glauben, nagelte er an jede Stange Hakenkreuzfahnen, sogar ans Bohnengerüst; die größte Fahne flatterte oben am ›Orion‹ weit sichtbar. ›Jetzt gelten hier andere Gesetze‹, sagte er, ›jetzt zeigen wir Flagge, aber auf unsere Weise, wir müssen die Mutter durchbringen.‹ Doch keiner wußte, wie lange das ›Durch‹ dauern würde.«

Ein Foto aus dem Jahre 1938 zeigt, daß sich Gertrude und Gustav Schmidt der Gefahr bewußt waren; noch einmal wollten sie gemeinsam im Bild sein. Im Licht einer Tischlampe und mit linkisch über die Beine gezogener Stromleitung erwarten sie das Klicken des Selbstauslösers.

NUN WAR ES im ohnehin schon beengten Lüttenort noch enger geworden. Auch mußten für die Mutter Vorsichtsmaßnahmen bedacht werden. So wurde der Plan, ein zweites Haus ans östliche Ende des Eisenbahnwagens zu bauen, dringlich. Im Dezember 1938 ergab sich, daß aus einem Abrißhaus in Wolgast eine schöne alte Türe preiswert zu erwerben war. Damit begann es. Auch diesmal übernahm Freund Buttmann die technische Vorbereitung. Da es an Kapital wie an Material mangelte, war äußerste Sparsamkeit geboten. Entsprechend lange zog sich die Realisierung hin.

Hermann Wiedemann, der Freund des Sohnes Peter, be-

Lüttenort mit dem noch unverputzten Dönshaus und dem über die Toppen geflaggten »Orion«, 1940

richtet, daß Baustoffe zu dieser Zeit bereits streng bewirtschaftet und große Transporte schwierig waren. »Die Türe, mit der's anfing, hatte Käpten dem Stüermann zum Geburtstag an der Stelle in den Schnee gestellt, wo sie später auch sein sollte. Dann folgten Schippertouren in die nähere Umgebung, um Steine und Balken zu finden, meistens im Abbruch. Manchmal war der ›Orion‹ bis an den Rand vollgeladen – beängstigend. Aber gerade da lag er besonders gut im Wasser und segelte hervorragend. Übrigens kam der Aktion zugute, daß wir Schüler der Baltenschule zu Beginn des Krieges Anfang September 39 einige Tage freibekommen hatten.«

In den Neubau wurde die zweihundertfünfzig Jahre alte nordfriesische »Döns«, Erbe des 1939 gestorbenen Vaters, eingebaut, das »Herz von Lüttenort«; auch bekam Stüermann ein »separates Oberstübchen nebst Kammer in der Dachschräge« (Annelise Niemeyer), dem Refugium für den kleinen Günter. Auf der Gegenseite wurde die »tote Ecke« als

Zuflucht für Gertrude Schmidt vorgesehen; durch ein Binnenversteck, einen »doppelten Tapetenschrank«, sollte sie zu tarnen sein.

In Lüttenort gab es zu dieser Zeit weder Wasser noch Strom. Erst mit der Verlegung einer Freileitung im Mai 1943 – sie diente der Militär-Kontrollstelle an Straße und Bahntrasse direkt vor dem Grundstück – erhielt auch Lüttenort »gegen ein kleines Ölbild einen geduldeten Abzweig«. Trinkwasser hingegen wurde auf dem gesamten Grundstück trotz wiederholter Bohrung auch später nicht gefunden, es mußte mit einem Tankwagen aus dem Dorf herangeholt werden. Erst Mitte der neunziger Jahre, ein Jahrzehnt nach dem Tod des Malers, wurde Lüttenort, das Museum, an die Fernwasserleitung der Insel angeschlossen.

NACH DER MILITÄRISCHEN KAPITULATION Frankreichs 1940 begann die deutsche Wehrmacht mit dem Bau umfangreicher Verteidigungssysteme an der Kanal- und Atlantikküste. Zusätzlich wurden mit der Verstärkung des U-Boot-Krieges französische Häfen zu Stützpunkten der Kriegsmarine ausgebaut. In Bordeaux und in anderen Atlantikhäfen entstanden

Fresko für den Speisesaal der Flakartillerie-Schule in Zempin (Usedom), 1945 zerstört; Entwurf ONH, Ausführung 1939 gemeinsam mit Otto Manigk und Herbert Wegehaupt

Bauten mit Versorgungsanlagen und Bunkern. Da lag es nahe, auch diesmal wieder Künstler zur Ausgestaltung von Entrees, Treppenhäusern und Gemeinschaftsräumen vorzusehen. An ONH erging »ein Auftrag, der schon mehr ein Befehl war – und eine heikle Mission«.

Obgleich der Entwurf für einen Treppenhaus-Fries im Nachlaß erhalten und auch eine Ortsbesichtigung verbürgt ist, kamen dem Maler erhebliche Zweifel, ob eine Beteiligung auf bisherige Weise möglich sein würde, handelte es sich doch um ein Projekt im militärisch besetzten Frankreich. Überdies, die Chancen für gegenläufige Sujets – er hatte norddeutsche Bauernhöfe und süddeutsche Bergmassive vorgesehen – standen nun deutlich schlecht.

Hermann Wiedemann berichtet von einer Begebenheit aus dieser Zeit: »Ich war damals auf einem Flakleiterlehrgang in Hossegor, etwa fünfzig Kilometer von Bordeaux entfernt, schon nahe der spanischen Grenze. Käpten hatte es erfahren. Eines Tages, während des Essens, wurde die Tür des Speisesaals aufgerissen: ›Ist hier Obermaat Wiedemann?‹ Ich sprang auf: ›Ja, hier!‹ – und staunte nicht schlecht, Käpten gegenüberzustehen, der übers ganze Gesicht griente, wie immer, wenn ihm so was gelungen war. Ich bekam Urlaub, aber nur einen halben Tag. Wir gingen am Strand spazieren, und dabei erzählte er, daß er in Bordeaux sei, weil er einen Auftrag habe, den er aber nicht ausführen werde, so dringend sie das Geld auch brauchen könnten.«

Bei seiner Rückkehr aus Frankreich trug der Künstler, wie Annelise Niemeyer erzählte, ein Buch bei sich, das er unterwegs gekauft und in dem er den Anstreichungen zufolge heftig gelesen hatte: das gerade erschienene Kompendium »Vom Wesen der Kunst« mit Aufsätzen von Konrad Fiedler in einer Ausgabe des Münchner Verlags R. Piper & Co. Das Exemplar in der Lüttenorter Handbibliothek trägt auf dem Vorsatzblatt die Notiz von ONHs Hand: »Nach der Rückkehr aus Bordeaux. Lüttenort 8. II. 43«. Mit Bleistift angestrichen ist darin unter anderem die Sentenz: »Jede Kunstform ist (aber auch nur dann) berechtigt, wenn sie zur Darstellung von etwas notwendig ist, was sich in keiner anderen Form darstellen läßt. Jede Kunstform ist unberechtigt, wenn sie sich zur Darstellung von etwas hergibt, was sich auch anders ausdrücken läßt.« Eine Argumentationshilfe, um sich dem Auftrag begründet entziehen zu können?

ZU EBENDIESER ZEIT befand sich noch ein anderes Mitglied der Familie in Frankreich, und es war in höchster Bedrängnis: Hellmut Niemeyer (1918–1942), der Sohn des Bruders Johannes. Doch davon wußte ONH nichts.

Hellmut, nach Meinung ONHs »der begabteste aller Niemeyer-Maler«, war der einzige, den man im herkömmlichen Sinne als seinen Schüler bezeichnen könnte. Es sei erstaunlich gewesen, äußerte ONH, wie er schon als Gymnasiast Belehrung provoziert, sie aber nie direkt umgesetzt, sondern für sich schöpferisch gewandelt habe, so daß von Anfang an selbständige Bildformulierungen mit unverwechselbarer

Der »Schüler« Hellmut Niemeyer 1940 beim Malen eines Selbstporträts

Handschrift zustande gekommen seien. »Als Gymnasiast schwänzte er oft den Unterricht, um vor der Natur zu zeichnen«, erzählt ONH in seinen Erinnerungen. »Ich schrieb ihm gelegentlich Entschuldigungszettel; ich konnte mit meinem Namen unterzeichnen, ohne daß es Betrug war.« Allerdings blieb dies nicht ohne unangenehme Folgen. Abgesehen davon, daß, wie Hellmuts Schwester Heinke Starbati 1998 berichtet, ihr Vater doch bald von den Manipulationen erfahren habe, geriet ihr Bruder vor allem wegen seiner häufigen Fehlstunden in Versetzungsnot.

Nach dem vorzeitigen Schulabgang machte Hellmut Niemeyer eine Lehre als Anstreicher und ging kurz vor Kriegsbeginn nach Paris, um Malerei zu studieren. Mit Kriegsbeginn und durch die Besetzung Frankreichs kam er in eine schwierige Lage. Vor den deutschen Truppen war er bis nach Marseille geflohen, dort jedoch mittellos hängengeblieben, weil er das ihm zugesagte Visum nach Amerika nicht rechtzeitig erhalten hatte. Tagelang, so die Mitteilung der Schwester, habe er auf den Stufen einer Herberge ausgeharrt – neben einer jungen Frau mit einem Säugling im Arm, der schon tot war. Auf inständiges Bitten seiner Mutter sei er schließlich nach Deutschland zurückgekehrt. Er wurde sofort zur Armee eingezogen und an die Ostfront geschickt, wo er, schlecht ausgebildet, kaum eine Chance zum Durchkommen hatte. Er wurde nur vierundzwanzig Jahre alt.

Dem schmalen malerischen Werk – Bildern, die noch in Deutschland entstanden waren oder die er aus Paris nach Hause geschickt hatte – ist das künstlerisch Originäre abzumerken. Vor allem ein Bild der Paris-Zeit schätzte ONH ganz besonders, da er in ihm sein Vermächtnis sah: »eine Straßenszene in Paris am 14. Juli, frohe Menschen, Fahnen«.

ABER AUCH IN DEUTSCHLAND zogen sich Netze zu, und es bedurfte großen Geschicks, immer wieder durch die Maschen zu schlüpfen.

Die Akten der Reichskulturkammer spiegeln den Umgang des Malers der Mitgliedsnummer 337 mit der Macht des NS-Staates, was sich zum Beispiel in der Handhabung von Fragebogen erweist, die für ihn und seine Familie hätten lebensbedrohend werden können. Durch ausgestellte Nonchalance und gespielte Desinformiertheit löste er manche Verwirrung aus und überließ es dabei stets geschickt anderen, die »restliche Klarheit restlos zu beseitigen«.

So wundert es kaum, daß die Berliner Landesleitung der Reichskammer der bildenden Künste bereits im Oktober 1936 die Gauleitung der NSDAP um »eine Stellungnahme zu der politisch und allgemein menschlichen Einstellung des Obengenannten« ersuchte, obgleich dieser keineswegs Mitglied der Partei war. Die Antwort, daß in politischer Hinsicht »keine Bedenken« bestünden, mag zunächst nützlich

Selbstbildnis mit Pelzmütze, 1948

Steinbruch an der Bergstraße, 1956/1963

Buhne (Meer), 1964

Im Suezkanal (Chinafahrt), 1960

Bildnis Helga (Pony), 1961

Glyzinien, 1969/72

Sitzender Akt, 1977

Achterwasser, 1982/84

gewesen sein, denn zugrunde lag diesem Auskunftsersuchen wohl der Verdacht, daß es sich – nach damaligem Sprachgebrauch – hier um eine »Mischehe« handle. Nicht ohne Grund hatte der Maler nicht nur den für sich, sondern auch den für seine Frau geforderten Abstammungsnachweis lange zurückgehalten, verdächtig lange, wie nach einer Mahnung der Kulturkammer-Landesleitung Pommern vom Oktober 1937 zu vermuten ist. Um Zusendung innerhalb von vier Tagen wird daher letztmalig ersucht, »andernfalls ich Sie zur Festsetzung einer Ordnungsstrafe dem Herrn Präsidenten der Kammer melden müßte«. Zu den vorzulegenden Zeugnissen zählten neben den allgemein üblichen Dokumenten wie Geburts-, Tauf- und Heiratsurkunde auch ein »beglaubigter Ahnenpaß« sowie ein »Gutachten über die Abstammung durch den Sachverständigen für Rasseforschung bzw. die Reichsstelle für Sippenforschung beim Reichsministerium des Innern«.

Schon am 10. Mai desselben Jahres war an ihn eine andere dringliche Erinnerung in einer Fragebogen-Sache, der Personenerhebung der Kunst-Fachgruppe, ergangen. Auf die hatte der Künstler mit plausibler Verwunderung reagiert, er sei der Auffassung gewesen, als Mitglied unter der Landesleitung Berlin nicht einer weiteren Landesleitung angehören zu können, hatte sich offenbar nun aber gezwungen gesehen, den geforderten Fragebogen doch auszufüllen, damit möglicherweise auslösend, was zu vermeiden er so sehr bemüht gewesen war: Auffällig-Werden. Da blieb es nicht aus, daß nunmehr der Präsident der Reichskammer der bildenden Künste seine Berliner Landesleitung ersuchte, »den Abstammungsnachweis des Vorgenannten und den seiner nichtarischen Ehefrau« anzufordern. So gibt der nun selbst unter Druck geratene pommersche Landesleiter im Oktober 1938 den Druck an den Künstler weiter: »Es ist mir eine Frist von drei Wochen gesetzt. Ich ersuche Sie daher, die mit meinem Schreiben vom 12. 8. 36 geforderten Unterlagen umgehend, spätestens jedoch bis zum 4. 11. 38 hierher nachzureichen.«

Dies verwundert insofern, als ONH unter dem 30. 10. 38 darauf verweist, daß die Papiere doch schon bei den Akten

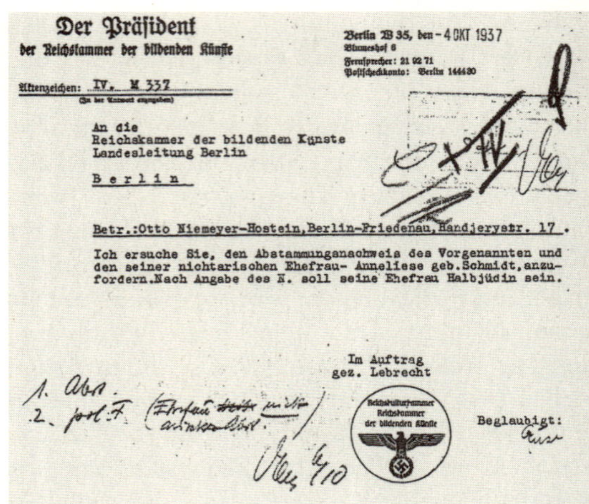

Der Präsident
der Reichskammer der bildenden Künste

Berlin W 35, den – 4 OKT 1937
Blumeshof 6
Fernsprecher: 21 92 71
Postscheckkonto: Berlin 144430

Aktenzeichen: IV. M 337
(Im der Antwort angeben)

An die
Reichskammer der bildenden Künste
Landesleitung Berlin

Berlin

Betr.: Otto Niemeyer-Hostein, Berlin-Friedenau, Handjerystr. 17.

Ich ersuche Sie, den Abstammunganachweis des Vorgenannten und den seiner nichtarischen Ehefrau- Anneliese geb. Schmidt, anzufordern. Nach Angabe des N. soll seine Ehefrau Halbjüdin sein.

Im Auftrag
gez. Lebrecht

Reichskulturkammer Reichskammer der bildenden Künste

Beglaubigt:

1. Abs.
2. pol. F.

in Berlin liegen müßten, da er sie dort persönlich übergeben habe. Und verwunderlich ist ebenso, daß derselbe Landesleiter am 3. 11. 38 ein Schreiben an ONH nach Berlin-Friedenau richtet, was zu bestätigen scheint, daß das Stiften zeitgewinnender sachlicher Verwirrung dem Künstler wieder einmal gelungen war, heißt es doch darin: »Auf mein Schreiben vom 13. Oktober 1938 betr.: Abstammungsnachweis für Sie und Ihre Ehefrau ist eine Antwort bisher noch immer nicht eingegangen. Ich erinnere daher dringendst an die Erledigung.« Diesmal schaffte es der Künstler nun sogar, den Schwarzen Peter auf die andere Seite zu spielen: Am 9. Januar 1939 drohte der Landesleiter Berlin mit der Anwendung der Strafbestimmungen des Paragraphen 28 der ersten Verordnung zur Durchführung des Reichskulturkammergesetzes vom 1. November 1933 (RGBl I, S. 797), was auf Kammerausschluß und folglich Berufsverbot hätte hinauslaufen können, da nach der zweiten Verordnung zur Durchführung des Reichskulturkammergesetzes (vom 9. November 1933) die Eingliederung in die Kammern die unabdingbare Voraussetzung zur Berufsausübung war. Die schriftliche Reaktion des Künstlers, das Geforderte doch bereits abgegeben zu haben,

Der Präsident
der Reichskammer der bildenden Künste

Berlin W 35, den 17. Mai 1941
Blumeshof 4-6
Fernsprecher: 21 92 71
Postscheck-Konto: Berlin 144430

Aktenzeichen: IIB/ M 337
(In der Antwort anzugeben)

Durchschrift
für Landesleiter-Berlin

Eing.: 20. MAI 1941

An die
Geheime Staatspolizei
Staatspolizeileitstelle
Berlin C 2

Grunerstr. 12

Über den Herrn Reichsminister für Volksaufklärung und Propaganda

Betrifft: Maler Otto Niemeyer-Holstein, Berlin- Friedenau, Handjerystr. 17
geb. 11.5.96 in Kiel

~~beantragt Aufnahme in meine Kammer.~~
Niemeyer-H. ist Mitglied meiner Kammer.
Ich erbitte Auskunft, wie er in staatspolitischer und persönlicher Beziehung zu bewerten ist. – **Die Ehefrau ist Halbjüdin.**

\- - - - - -

Vorstehende Durchschrift überreiche ich zur gefl. Kenntnisnahme.

Im Auftrag
gez. Hoffmann
(Siegel)

beglaubigt: gezeichnet
Ratajczak

Form 181 11.39

Dokumente aus dem Archiv der Reichskammer für bildende Künste

wurde auch geprüft und mit Rotstift bestätigt: »Stimmt, siehe Akten-Vermerk. Knofe. 2. 2. 39«, was freilich nur besagt, daß das Dokument entgegengenommen wurde, nicht, daß es vorhanden ist. Wo war es dann? An einem »verstellten« Platz, an dem es Aktenschnüfflern nicht gleich in die Hände fallen würden? Gab es im Amt vielleicht einen eingeweihten Hilfreichen? Denkbar wäre es, der Maler war sich nicht nur heraufziehender Gefahr bewußt, er hatte auch manche »nutzbaren Beziehungen« geknüpft, um ihr zu begegnen. Genaueres wird nicht mehr zu ermitteln sein, alle Deutung mündet im Spekulativen.

Auch das vom Künstler und seiner Frau betriebene Verwirrspiel um seine Wohnadressen schlägt sich in den Akten nieder. Während ONH dem Landesleiter Pommern im November 1935 als seine »genaue Adresse Zempin (Usedom) Lüttenort« mitteilte, ließ er später wieder Briefe aus der Friedenauer Handjerystraße abgehen, zwischendurch auch aus »Koserow a. U.« und hielt sich ansonsten überhaupt zurück. Kein Wunder, daß der Berliner »Landeskulturwalter« noch im März 1939 vom Berliner Polizeipräsidium um die Anschrift von Otto Niemeyer-Holstein ersuchte, obgleich er sie selbst nannte, allerdings – wen wundert es? – falsch: »wohnhaft in Berlin, Augsburger Str. 62«. Die Auskunft lautete: »Jetzt Bln-Friedenau, Handjerystr. 17 als Mieter gemeldet«, weswegen der Maler »im Auftrag des Herrn Präsidenten« sogleich darauf hingewiesen wird, »zur Vermeidung von Ordnungsstrafen Wohnungsänderungen innerhalb von 8 Tagen der zuständigen Landesleitung zu melden. Ich ersuche Sie daher um umgehende genaue Angabe der Straße und Hausnummer. Gleichzeitig bitte ich mir mitzuteilen, ob Sie in Berlin noch eine Wohnung haben.« Die Betonung lag auf »noch«, und da war Gefahr in Verzug. Doch auch diesmal reagierte der Maler auf seine Weise, mit ausgestellter Verwunderung und durchaus der Wahrheit entsprechend: Er habe seit 6 Jahren seine Wohnung nicht verändert, weswegen anzunehmen sei, daß die Strafandrohung auf falschen Voraussetzungen beruhe.

Dennoch, kein Zweifel, die politische Wachsamkeit der Kulturbeamten war aufgerufen. In vorauseilendem Gehorsam erbat der Präsident der Reichskammer nunmehr von der Gestapo-Leitstelle Berlin Auskunft, wie Otto Niemeyer »in staatspolitischer und persönlicher Beziehung zu bewerten ist. – Die Ehefrau ist Halbjüdin.« Eine Antwort findet sich in den vorliegenden Akten nicht. Daß Ermittlungen geführt wurden, kann man der gewandelten Sprachfärbung der folgenden Schreiben zwischen den Amtsstellen entnehmen, die verstärkt bemüht waren, Genaueres über »den N.« zu erfahren. »Was ist sonst über die künstlerischen Leistungen des N. bekannt?«

Das Netz begann sich zuzuziehen – zum Glück sehr langsam. Vielleicht wirkte ONHs Methode der Verzögerung auch weiterhin, vielleicht stellte der fortschreitende Krieg den Reichskulturverwesern zunehmend andere Aufgaben, als sich um einen verdrehten Maler zu kümmern. Vielleicht war auch einfach Glück im Spiel, oder es zeitigten die von ONH absichtsvoll in die Amtsbriefe eingeflochtenen auftrumpfenden Hinweise auf die Wichtigkeit seines Tuns ihre Wirkung: »Ich arbeite für die Marine und benötige dringend Materialien.« Dem Antrag auf einen zweiten Reichsbezugsausweis für

Peter Niemeyer auf Weihnachtsurlaub 1940 in Lüttenort; Halbbruder Günter, »der Kleine«, Foto von Annelise Niemeyer

Arbeitsmaterial im Juni 1943 wurde ebenso stattgegeben wie zuvor dem grotesk wirkenden auf Haarpinsel, um »minutiöse Arbeiten« ausführen zu können. An Kriegswichtiges wird da vermutlich keiner gedacht haben.

LANGE WAR ALLES EINIGERMASSEN GUT GEGANGEN, man war über die Runden gekommen. Da schlug das Schicksal unvermittelt zu.

Peter, der große Sohn, hatte die Baltenschule in Misdroy (heute Polen), eine private Oberschule mit Internat für Jungen, besucht und im November 1939 kriegsbedingt das »Abgangszeugnis mit dem Wert eines Reifezeugnisses« erhalten. Bereits am 1. Dezember trat er als See-Offiziersanwärter in die Kriegmarine ein. Als Leutnant zur See wechselte er nach entsprechender Ausbildung zur Flieger-Seeaufklärung und wurde als Fernaufklärer im Nordatlantik eingesetzt.

Zum ersten Urlaub, Weihnachten 1940, brachte er sonderbare Geschenke mit: Auf einem französischen Kriegsschiff Abgewracktes noch Nützliches – so einen Kompaß, für den der Vater, wie er am 10. Januar 1941 an Karl Buttmann schrieb, bereits künftige Verwendung sah: »... wir müßten wohl doch mal über den großen Teich nach Amerika!«, und auch Signalflaggen hatten sich angefunden, mit denen Vater und Sohn sogleich »bei Kälte und Wind [...] vom und zum Orion signalisiert« hatten.

Überhaupt waren es noch gute Tage in der Familie, »da vergaß man die jetzt so grausige Welt«, schrieb ONH in dem Brief, in der trügerischen Hoffnung, daß man unbeschadet durchkommen würde. Aber auch über die schwierige politische Situation erfährt man einiges und über die Auffassung des Künstlers: »Wir können nur still für uns arbeiten – wenn man es finanziell aushält. Nach außen dürfen wir uns nicht rühren.«

Am 6. Mai 1944 wurde Peter Niemeyer, inzwischen Oberleutnant, laut Bestätigung des Truppenkommandeurs vom 10. Mai 1944 mit seinem Flugzeug 130 km südwestlich von Kristiansand (Norwegen) von englischen Mosquitos abgeschossen. »Ein tiefer Schmerz zog nun in Lüttenort ein – es sieht alles anders auf einmal aus«, schreibt der Maler am 28. Mai 1944 an Freund Buttmann und schließt den Brief mit einem Gedenken an Neffen und Freunde, die Moloch Krieg bereits verschlungen hat. »Du findest uns in großer Stille im Atelier in Lüttenort, wo das große Bild von Peter steht – eingerahmt von Helmut, Volker und Yelto von Schuckmann.« Daß Annelise und Otto Niemeyer das Unglück nicht nur hart, sondern auch unvorbereitet traf, äußerte ONH 1978: »... wähnten wir Pet doch als Angehörigen der nicht-kämpfenden Truppe und wenigstens dadurch etwas geschützt. Unsere Hoffnung war naiv.«

Der Bahnhof Karlshagen-Trassenheide (heute Trassenheide), 1944

IM SOMMER 1944 erhielt der Maler eine »Dienstverpflichtung zum Ostwall«. Sie wurde noch einmal »zurückgestellt«. Doch einige Wochen später mußte ONH gleich anderen Männern der Insel zum »Schaufeleinsatz« nach Deutsch Krone (heute polnisch Wałcz) unweit von Schneidemühl (Piła). Dabei ging es nicht, wie behauptet, um die Errichtung des sogenannten »Ostwalls«, sondern um die Reaktivierung der Grenz- und Grabenanlagen entlang der deutsch-polnischen Grenze aus der Zeit vor Kriegsbeginn. Ein fleißiger Schaufler wird der Maler nicht gewesen sein, denn er hatte, wie er selbst erzählte, nach einer Möglichkeit Ausschau gehalten, sich »abzusetzen« und bei einem Tischler unterzutauchen. Diese Entfernung von der Truppe war ohne Folgen geblieben, was sich wohl dadurch erklärt, daß die Arbeitskommandos ohnehin bald wieder aufgelöst und dann für andere Aufgaben an der »Heimatfront« zusammengestellt wurden. Annelise Niemeyer erzählte von ihrer großen Sorge damals, da »Käpten erst viel später als die anderen nach Hause gekommen« sei. Vermutlich hatte der Künstler in seinem Unterschlupf schlicht das Blasen zum Sammeln für den Rücktransport überhört.

Aus einem an die Reichskammer der bildenden Künste gerichteten, schon leicht barsch gehaltenen Schreiben Niemeyers vom 22. Februar 1945, es findet sich – kleine Ironie? – auf einem Blatt mit Trauerrand, geht hervor, daß damals alle nicht zum Militär eingezogenen freiberuflichen Mitglieder über die Kunstkammer bei den Arbeitsämtern gemeldet wurden. Er sei »vom hiesigen Arbeitsamt eingesetzt worden«, und zwar »seit dem 18. August [...] am Ostwall. Seit dem 4. Oktober 1945 [sic!] hat mich das Arbeitsamt Swinemünde bei der Reichsbahn eingesetzt.« Ist die teils ungenaue, teils falsche Datierung ein Versehen? Man könnte es bezweifeln.

Bekannt ist, daß der Künstler nach einer Schulung in Wolgast den Fahrdienstleiter auf der Inselstation »Karlshagen-Trassenheide« (heute: Bahnhof »Trassenheide«) ersetzen mußte, da dieser »eingezogen« worden war. Die Station gehörte zum »sensiblen Bereich«, da sie am Streckenabzweig zum Heeres-Versuchsgebiet Peenemünde liegt. Daß gerade dort ein von Niemeyer-Holstein verursachtes Vorkommnis – Behinderung einer geheimen Zugdurchfahrt – keine gravierenden Folgen hatte, gehört zu den grotesken Unwägbarkeiten, die das Leben des Künstlers so entscheidend mitbestimmten. Der Vorgang ereignete sich, wie heute bekannt ist, wenige Wochen nach Niemeyers Dienstantritt. Es handelte sich um einen Besuch Hermann Görings Ende Oktober 1944. Als Oberbefehlshaber der Luftwaffe inspizierte er die A4/V2-Rakete, die er nach einem Versuchsstart zur Verblüffung der realistischer denkenden Ingenieure »als eine Zierde für den ersten NSDAP-Parteitag nach dem Krieg« erklärte. Vorher jedoch saß er auf freier Strecke fest – in einem Zug, dem ein Maler gedankenverloren die Durchfahrt verwehrte.

Die Nähe Peenemündes hatte auch ungerufene Gäste zur Folge. Neben Segelfreunden, die ihr Boot im Rieck liegen hatten und den Künstler zu einer Regatta mit dem »Orion« herausforderten, sowie Kunstinteressierten, die den Maler und

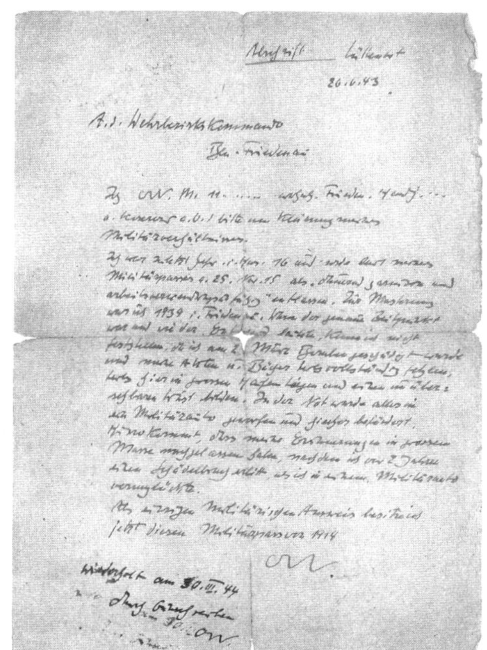

Abschrift

26.6.43

A. d. Wehrbezirkskommando Bln.-Friedenau

Wiederholt am 30.III.44

Brief an das Wehrbezirkskommando Berlin-Friedenau, Duplikat

seine Familie kennenlernen wollten, kamen auch einfach Neugierige, denen man vielleicht etwas von einem »komischen Vogel« erzählt hatte. »Einige von ihnen waren, obgleich die meisten in Zivil erschienen, SS-Angehörige, wir wußten, da galt es besonders wachsam zu sein. Aber nicht alle traten so stramm auf, wie man vermuten möchte. […] Es gab auch Offiziere, die kein Hehl aus ihrer Ansicht machten, daß ihnen die Hitlerei nicht paßte. Einige waren im Zivilberuf Ingenieure bei Siemens, Heinkel, Messerschmitt und Dornier gewesen, und nun saßen sie in Peenemünde als Armeeangehörige oder Dienstverpflichtete.« Dennoch stellte jeder Besuch die Bewohner Lüttenorts vor große Probleme: Versteckt im Dachgeschoß lebte die Schwiegermutter des Künstlers.

Aber auch einen gewissen Schutz bildeten die, wie sich schnell herumgesprochen hatte, »hohen Besuche«, und gelegentlich erwiesen sie sich sogar als nützlich. Eines Tages, so erzählte der Maler (»Lüttenort«), habe ihn einer der Besucher gefragt, wer ihn denn, wo doch alle Wehrfähigen längst eingezogen seien, »uk gestellt« habe. Darauf habe er kaltblütig geantwortet, daß er dies selbst gemacht habe, eine Reaktion, die in ihrer Absurdität allgemeine Heiterkeit, bei einem der Anwesenden jedoch Besorgnis ausgelöst habe, denn dieser habe ihn beiseite genommen und ihm eindringlich geraten, sich beim zuständigen Wehrkommando um Klärung seines Militärverhältnisses zu kümmern – mit einer Formulierung, die zugleich alles ein wenig im unklaren lasse. Sein Jahrgang sei längst aufgerufen, auf das Sich-Entziehen stehe Todesstrafe.

Der brisante Vorgang, der im Erzählen des Künstlers – wie manch andere Geschichte auch – nach Seemannsgarn zu klingen scheint, wird durch ein Dokument aus dem Nachlaß bestätigt, die handschriftliche Kopie eines Briefes an das Wehrbezirkskommando Berlin-Friedenau, die der Maler zu seiner Sicherheit als Beleg bis Kriegsende in der Brieftasche bei sich führte. Gelegentlich und wenn alle Stricke rissen, stülpte er die Schelmenkappe auf, wohl wissend, daß dies geeignet sein konnte, sich quasi per »Jagdschein« aus hoffnungsloser Lage zu befreien.

Aus dem Dokument sprechen zugleich noch weitere Tatsachen. So wird der Bombenschaden in der Berliner Wohnung mit seinen Folgen zweckdienlich herausgestellt, und auch ein glimpflich ausgegangener Autounfall erhält seine gebührende Betonung. Zu einem nachhaltigen Verlust des Erinnerungsvermögens, wie beschrieben, hatte er nicht geführt.

Die grösste Bedrohung stand allerdings noch bevor. Sie kam aus der Lage Lüttenorts an der strategisch wichtigen »Taille« der Insel Usedom. Nicht nur, daß nach dem Überfliegen englischer Aufklärer im Herbst 1942 und dem schweren Luftangriff auf Peenemünde im August 1943 die

Die Taille der Insel: Das Lüttenorter Rieck, Luftbild von 1995

Mannschaft der Kontrollstelle vor dem Grundstück verstärkt und durch SS-Sicherheitskräfte, sogenannte »Kettenhunde«, verschärft worden war, es hatte auch Bombenschäden und Opfer in den Ortschaften, vor allem im benachbarten Zempin gegeben. Allerdings hatte die »veränderte Gesamtlage zur Folge, daß Lüttenort aus dem Interesse kleiner Schnüffler herausfiel«. Auch galt man dank »hoher Besuche« – Wernher von Braun war mit einer Dame nicht nur im Restaurant »Inselhof« am Achterwasser, sondern auch vorm Lüttenorter Gartentor gesehen worden – offenbar nun als »höheren Orts sanktioniert«, der »Effekt besonderer Namen«, der immerwährende Wirkung zeitigt.

Im Spätherbst 1944 begann die Wehrmacht, das Gebiet rings um Lüttenort zu verminen, wonach als möglicher Fluchtweg nur noch das Achterwasser offenblieb. Es wurden unzählige Sprengladungen am Rieck und am Deich installiert, um den westlichen Inselteil vor der näher rückenden Front absprengen und das niedere Land fluten zu können. Lediglich das Grundstück von Lüttenort wurde von der Verminung ausgenommen. Der Künstler berichtete in seinen Erinnerungen: »Einmal erkundigte ich mich, ob man denn erfahren könne, wo die Minen liegen. Ich wollte es wissen, falls es notwendig sein sollte, über die Wiesen zu entkommen. ›Machen Sie bloß das nicht, hier können Sie 'ne Flasche irgendwohin schleudern, die trifft immer ...‹«

Zu einer solchen Flutung blieb dank des schnellen Geländegewinns der sowjetischen Armee keine Zeit. Zu heftigen Kämpfen kam es, die auch Lüttenort tangierten. Günter Niemeyer erinnert sich vierzig Jahre später: »Sämtliche Scheiben im Haus waren zerstört, alle Dächer abgedeckt – eine Folge der gewaltigen Sprengungen von Straße, Bahndamm und Deich. Die Häuser standen aber noch. Käpten begann, was mich bis heute beeindruckt, aus den Frühbeeten mit Salatpflänzchen Tausende Glassplitter herauszusammeln, die von den Fenstern stammten. Eine symbolische Handlung als Zeichen des Aufbaus, des Anpackens, des Vorwärtsblickens. Das Nächstliegende erfüllen!«

Kultwechsel

EINE NEUE ZEIT BEGANN. Sie begann, wie konnte es anders sein in den Maitagen des Jahres fünfundvierzig, mit großer Hoffnung. Man atmete auf, war froh, alles überstanden zu haben. Vor allem: Die Tage der Bedrohung waren vorbei. Waren sie es wirklich?

Der »Orion«, der die Familie kurz vor Kriegsende jenseits des Achterwassers in eine unsichere Sicherheit gebracht hatte, lag wieder an seinem Platz, bald diente er dazu, dem Koserower Arzt und seiner Familie die ausgelagerte Habe auf die Insel zurückzutransportieren. Dazu war eine Genehmigung des Bürgermeisters und des zuständigen sowjetischen Kommandanten vonnöten, ein »Propusk«. Hatte man aber erst ein »Papier«, ließ sich damit noch mehr anfangen. Denn für »Hamsterfahrten« zu Bauern des Hinterlandes war »das liebe treue Gefäß« (ONH) ebenso unentbehrlich wie für »Lohntouren« in den ersten Jahren des Nachkriegs, denn der Wasserweg war sicherer als die Landstraße, die von streunenden Sowjetsoldaten »kontrolliert« wurde. Später trugen Schiffsfahrten mit Sommergästen, von Niemeyer »Figurensegeln« genannt, wie schon vor dem Krieg dazu bei, den Lebensunterhalt der Familie zu sichern. »Morgens, nachmittags, manchmal nachts im Mondschein habe ich Gäste gesegelt – Günter und ich. Die Höchstzahl bei einer Fahrt waren 52 Passagiere!« schrieb er im Januar 1950 an seinen alten Segelfreund Hans-Ewald von Schuckmann, der nun »im Westen« lebte.

Um den nötigen Bestimmungen zu entsprechen, erweiterte die Frau des Künstlers, der »Stüermann«, ihr bereits in den dreißiger Jahren erworbenes »Schifferpatent für kleine Fahrt« um die »Zulassung zur Personenbeförderung auf Binnengewässern«; Touren auf See waren nicht nur während der Kriegsjahre, sondern auch nach 1945 verboten. Überdies

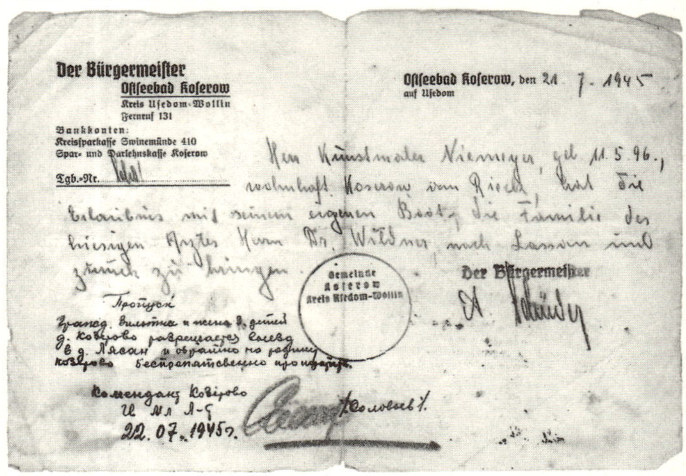

Der Bürgermeister
Ostseebad Koserow
Kreis Usedom-Wollin
Fernruf 131

Bankkonten:
Kreissparkasse Swinemünde 410
Spar- und Darlehnskasse Koserow

Tgb.-Nr.

Ostseebad Koserow, den 21. 7. 1945
auf Usedom

Herr Kunstmaler Niemeyer, geb. 11. 5. 96., wohnhaft Koserow am Rieck, hat die Erlaubnis mit seinem eigenen Boot die Familie des hiesigen Arztes Herrn Dr. Wildner nach Lassan und zurück zu bringen.

Gemeinde Koserow Kreis Usedom-Wollin

Der Bürgermeister

Пропуск

Гражд. Вильтнер и жена, 3 детей д. Козерово разрешается выезд в д. Лассан и обратно на родину Козерово беспрепятственно пропускать.

Комендант Козерово
И. Мл. Л-т
22. 07. 1945 г.
Соловьев

Propusk, 1945

mußten Auflagen erfüllt werden. So war der »Orion« mit einer Reling zu versehen und die »Schipperei« als Gewerbe anzumelden. »Und eine Schiffermütze mußte ich aufsetzen! [...] Ganz ernst nehmen konnte man das natürlich nicht, aber der reine Spaß war's auch nicht; ich hätte mich nicht gewundert, wäre ich aufgefordert worden, blaue Bluse mit Matrosenkragen zu tragen.«

Auch zu Land tat sich vieles, was dem Lebenserhalt dienlich war. So gab der Flecken nach jahrelanger mühsamer Bodenverbesserung schließlich doch mehr her. Außer Kartoffeln wurde Gemüse angebaut, in Frühbeeten wuchsen Gurken und Kürbisse; Obstbäume und Beerensträucher, gleich nach der Besiedelung gesetzt, trugen reiche Früchte, und der Birnbaum vor dem TABU-Atelier war in den sechziger Jahren so hoch, daß für die Ernte eine extra lange Leiter angefertigt werden mußte. In einem Herbst blieb sie angelehnt stehen und kam sogleich in ein Bild: Die Himmelsleiter. Hühner, Enten, Gänse, auch Kaninchen und Ziegen gehörten zeitweilig, vor allem nach dem Krieg, zur »Arche Noah Lüttenort«, wie Otto Manigk spöttelte. Und die Frau des Malers widmete

Von Rosa Kühn angefertigter Aushang, um 1950

sich der Aufzucht von Jungtieren, betrieb alles, was im abgelegenen Lüttenort lebensnotwendig getan werden mußte, mit Sorgfalt und Energie.

Mit der Besetzung Ostdeutschlands durch die sowjetische Armee, der Verheißung einer demokratischen Erneuerung Deutschlands und der »Wiedergeburt der deutschen Kultur im Zeichen der Wahrheit und des freiheitlich-demokratischen Geistes« (»Manifest zur Gründung des Kulturbundes zur demokratischen Erneuerung Deutschlands«, 4. Juli 1945) begann auch für die Künstler eine Zeit der Erwartung. Ihre Arbeit, so schien es vielen, sollte als Teil der Besinnung auf die geistigen Werte der Kunst öffentliche Bedeutsamkeit erhalten, die dann allerdings bald, was zunächst nicht abzusehen war, wieder in Zwänge geriet – wenn auch in Zwänge anderer Art. Die Versuche, sich »aktueller« Thematik wie Frieden und Wiederaufbau mit oft banal-manifesten Themen und Titeln zu nähern, zeitigten gerade bei den ernsthaften Künstlern seltsame Resultate. Daß sie damit nicht nur Hoffnung ausdrücken und Engagement zeigen wollten, sondern auch auf Bedrängnis reagierten und dennoch nach »Qualität« suchten, belegen geradezu beispielhaft manche Zeugnisse der Usedomer Maler.

ONH beteiligte sich an »Tendenzkunst« auch jetzt nicht. Sein Gesamtwerk weist keine Arbeit mit zeittypisch oktroyierter Thematik auf, obgleich zwei Porträts, Lenin und Stalin, aus dem Jahr 1945 – auch von anderen Künstlern wie der in Ückeritz lebenden Malerin Karen Schacht sind solche Versuche bekannt – anderes zu belegen scheinen. Doch Niemeyer-Holsteins Bericht im Buch »Lüttenort« macht ihr Entstehen »außerhalb aller künstlerischen Absichten und Zwecke« plausibel. »Damals malte ich auch ein Stalinporträt. Damit hatte ich begonnen, weil Lebensmittelkarten zuerst nur diejenigen bekamen, die eine ordentliche Arbeit nachweisen konnten. Wer keine hatte, wurde zum Enttrümmern in die Städte vermittelt. Hätte ich gesagt, daß ich Landschaften male, hätte man das wahrscheinlich nicht für 'ne ordentliche Arbeit gehalten. Also fing ich eines Tages ein Stalinporträt an – nach einem Zeitungsbild. Zu dieser Zeit zogen oft Konvois der sowjetischen Armee vorn die Straße lang. Manchmal machten sie halt, und dann kamen Soldaten, um zu gucken, ob's auf dem Grundstück was Brauchbares gibt, meistens dachten sie, es sei

ONH: »Lenin«, Öl, 1945

nicht bewohnt. [...] Die Soldaten, wenn sie auftauchten, holte ich immer gleich ins Haus, um sie abzulenken; Stüermann brachte derweil die Enten in Sicherheit. Eines Tages tauchte ein ganzer Trupp auf. Ich malte gerade an einem Stilleben, an der ›Sterbenden Tulpe‹. Fort damit, Stalin raus! Die Soldaten blieben voller Ehrfurcht vor dem Bild stehen ...«

Malerisch schlecht sollte selbst ein »Schutzbild« solcher Art nicht sein. Der Künstler bemühte sich zumindest um die Umsetzung physiognomischer Aspekte seiner »Modelle«, die ihm allerdings nur auf retuschierten Zeitungsfotos zur Verfügung standen, wodurch schon ein atypisches Moment Niemeyerschen Malverständnisses benannt ist.

Aber zugleich kam auch Gewichtigeres ins Blickfeld. Bereits in den Monaten Mai und Juni 1946 fand unter der Schirmherrschaft der »Deutschen Zentralverwaltung für Volksbildung in der Sowjetischen Besatzungszone« im Berliner Zeughaus Unter den Linden eine »1. Deutsche Kunstausstellung« nach dem Krieg statt, die vorwiegend Werke von Künstlern zeigte, die in diesem Besatzungsbereich und in der Viermächtestadt Berlin wohnten. Der Katalog, eine 53 Seiten umfassende Broschüre, nennt neben schon früher Namhaften wie Karl Schmidt-Rottluff, Max Pechstein, Otto Nagel, Ernst Barlach, Käthe Kollwitz, Gerhard Marcks und Richard Scheibe auch eine große Zahl von Künstlern, die, bedingt durch Unterdrückung, Emigration oder Zurückgezogenheit während der NS-Zeit, zum ersten Mal vor eine größere Öffentlichkeit in Deutschland traten; Hans und Lea Grundig gehörten zu ihnen, aber auch Gustav Seitz, Waldemar Grzimek, Wilhelm Lachnit und viele andere. Johannes Niemeyer, der Bruder, war mit fünf Pastellen, Otto Niemeyer-Holstein mit drei Ölbildern vertreten.

Das Katalogvorwort von Erich Weinert formuliert, dem Verständnis der frühen Nachkriegszeit entsprechend, noch sehr offen quasi eine Verpflichtung der Künstler, die »in der Kunst und der Dichtung ihren Niederschlag finden« müsse, zugleich aber auch eine versteckte, doch unüberhörbare Absage an einen »nur« formalen Avantgardismus: »das Volk will den Künstler, der seinen Gefühlen Ausdruck gibt, als den Seinen lieben«.

Im Sommer 1945 wurde der Maler von sowjetischen Soldaten »abgeholt«. Der Vorgang stürzte ihn, auch wenn er für ihn noch glimpflich ausging, in eine lange nachwirkende Depression, konnte er doch über den Grund dieser Festnahme keine Klarheit erlangen. Er vermutete, daß die Soldaten nur den Befehl gehabt hatten, ein Arbeitskommando zusammenzustellen, und dabei wahllos vorgegangen waren. Eine Denunziation wollte er jedoch nicht ganz ausschließen, immerhin galten die Fresken im Speiseraum der Zempiner Flakartillerie-Schule, gemeinsam entworfen und ausgeführt mit Otto Manigk und Herbert Wegehaupt, auf der Insel so kurz nach Kriegsende als suspekt wie alle Dienstleistungen für die deutsche »Wehrmacht«. Dieser Vermutung stand die Tatsache entgegen, daß es keine Verhöre gegeben und daß man ganz unterschiedliche Leute »gegriffen« hatte.

Hermann Wiedemann bestätigte 1999 das Geschehen; ihm

Beobachtungen
auf einer
Deportationsreise
nach Frankreich
im Jahr 1807.

Nebst
Erinnerungen
an
denkwürdige Lebenserfahrungen und Zeitgenossen
in den letzten funfzig Jahren.

Von
D. August Hermann Niemeyer.

Zweyte Hälfte.

Halle 1826,
in der Buchhandlung des Waisenhauses.

28

Der zweyte Pfingsttag
am 18. May.

Nicht so wachten wir auf! Es mochte drey Uhr seyn, als in unser — zufällig nach dem Flur zu nicht verschloßnes — Schlafzimmer ein französischer Officier trat, und als ich ihm, dadurch geweckt, sagte, „er irre; der Adjutant, den er vermuthlich suche, wohne im zweyten Stock," erwiederte er: „Er irre nicht. Auf Befehl des Kaisers müsse ich ihm ohne Verzug als Geißel folgen *)."

Meine Frau, die ihn früher eintreten sah, und als sie dieß vernommen, in Thränen und Klagen ausbrach, suchte er mit der Gerechtigkeit des Kaisers zu beruhigen.

Ich war mir nichts bewußt, was mich vor irgend einem Gericht hätte strafbar machen können. Meine Anhänglichkeit an den preußischen Staat, meinen Schmerz über seinen Fall hatte ich nie verleugnet, auch dadurch bey allen rechtlichen Franzosen nichts verloren. Von geheimen Planen zur Befreyung, die auf jeden Fall übel berechnet, bey Manchem mit dem geleisteten Eide, nichts gegen die bestehende Gewalt zu unternehmen, im Widerspruch gewesen wären, war

*) Par ordre de S. M. l'Empereur vous me suivrez tout de suite en otage. Dieß waren buchstäblich seine Worte. Ich führe sie an, weil man sie späterhin nicht wollte gelten lassen.

»Beobachtungen auf einer Deportationsreise nach Frankreich im Jahr 1807« von August Hermann Niemeyer; Titel- und Innenseite

habe ONH erzählt, daß man eine ganze Menge Männer »eingesammelt« hatte. Es sei dann regelrecht selektiert worden: »Du schlecht, du Faschist, du Sibirien. – Du gut, du nach Hause, dawai-dawai!«

Ende der siebziger Jahre erzählte ONH, er habe sich, nachdem ihm klargeworden war, daß eine »Außerlandverschickung« bevorstand, zu einer riskanten Flucht entschlossen gehabt. »Mir wurde bewußt, daß die Situation gefährlich und mit dem Schicksal meines Vorfahren August Hermann Niemeyer, das mir sogleich in den Sinn kam, nicht zu vergleichen war. Mit Ritterlichkeit konnte ich kaum rechnen. Hier ging's ums nackte Leben, und das einzige, was ich tun konnte, war, die erstbeste Möglichkeit zum Abhauen zu nutzen. Sie ergab sich im Hafen von Swinemünde vor den Schiffen, mit denen wir weggebracht werden sollten. Da ging's drunter und drüber, da wurden die armen Teufel, zu denen ich soeben noch gehört hatte, von Soldaten mit Maschinenpistolen schurigelt. Brenzlig war's schon.«

Die Berufung ONHs auf seinen berühmtenVorfahren ist insofern interessant, als ihm die Lebensgeschichte des Halleschen Kanzlers offenbar durch die Lektüre von dessen »Beobachtungen auf einer Deportationsreise nach Frankreich im Jahre 1807« wohlbekannt war; das Buch befand sich im Erstdruck von 1826 in der väterlichen Bibliothek und war später in seinen Besitz übergegangen. Bei dem Vorfall, auf den sich der Maler bezog, handelte es sich um eine Festnahme August Hermann Niemeyers. Dieser wurde auf Befehl Napoleons im Mai 1807 gleich anderen Hallenser Honoratioren verhaftet und außer Landes gebracht, um das öffentliche Leben dem Willen der französischen Besatzungsmacht zu unterwerfen, deren Kommandant im großen Halleschen Niemeyer-Haus Quartier bezogen hatte. »Ich eilte sogleich in die vorderen Zimmer zu dem Intendanten. Er war die ganze Nacht aufgeblieben und empfing mich mit der unzweydeutigsten Theilnahme. ›Erst gestern sey der Befehl eingetroffen, und wie ein Blitz vom Himmel gefallen. Er habe mir einige Stunden Ruhe gönnen wollen. Nur darum habe er mich nicht vorbereitet.‹ – Und die Ursach? fragte ich. – ›Er kenne sie durchaus nicht. Aber es sey nichts Ungewöhnliches, Personen, die in einer Stadt oder Provinz in Ansehen stünden, im Rücken der Armee als Unterpfand eines ruhigern Betragens der Bürger in Beschlag zu nehmen. Jede kriegführende Macht finde dieß oft nothwendig. Auch sey ich nicht der Einzige.‹«

August Hermann Niemeyer wurde wie seine Mitgefangenen nach Metz gebracht, wo es ihm dank seines bekannten Namens gelang, bald Verbindung zur französischen Regierung aufzunehmen, die er sogleich nutzte, um im Dezember 1807 von Jérôme Bonaparte die Genehmigung zur Wiedereröffnung der Universität Halle zu erwirken, deren Rector perpetuus er wurde.

KUNSTSINNIGE VERLEGER UND BUCHHÄNDLER waren es zu unterschiedlichen Zeiten, die den Maler mit seinen Werken zu (Verkaufs-)Ausstellungen in ihre Buchhandlungen einluden.

Dem Verleger Andreas Wolff (1902–1972), dessen Großvater, Maurycy Wolff, bereits im Rußland des vorigen Jahrhunderts progressive Literatur und Kunst gefördert hatte, blieb es vorbehalten, in der »Kunststube« seiner Buchhandlung in Berlin-Friedenau 1946 die erste Einzelausstellung mit Ölbildern ONHs nach dem Krieg zu zeigen, eine der ersten Ausstellungen dieses engagierten und auch in Kunstkreisen geachteten Buchhändlers nach 1945. Die Eröffnung fand am 14. September 1946 statt. Das Gästebuch nennt unter den Besuchern den Kunsthistoriker Professor Paul Ortwin Rave, Direktor der Nationalgalerie Berlin von 1937 bis 1950 und Autor des Buches »Kunstdiktatur im Dritten Reich« (1949), den Theaterkritiker Friedrich Luft, den Graphiker Herbert Tucholski und den Kunstkritiker des »Telegraph« Ulrich Westphahl, an den Paul Ortwin Rave schrieb: »Ich hatte mir die Bilder von Otto Niemeyer-Holstein in der Buchhandlung Wolff bereits in der vorigen Woche angesehen und einen starken Eindruck davongetragen. Ich würde mich freuen, wenn Sie Ihrem Freund, dem Maler, es gelegentlich mitteilen würden.«

»Eigenartiger und zunächst weniger rasch den Betrachter einnehmend«, formuliert der »Tagesspiegel« (5. 10. 1946), »sind die Ölbilder und Aquarelle von Otto Niemeyer-Holstein, die man in der Kunststube von Andreas Wolff in der Kaiserallee sieht. Sie setzen eine gewisse Einfühlung voraus, nehmen aber dann allmählich intensiv von dem Betrachter Besitz, der hier schließlich in einer ganz in sich geschlossenen Welt eingefangen ist. Schon die Motivwahl deutet das nach innen Gerichtete dieser subtilen Kunstwerke an: ›welkende Rosen‹ – ›sterbende Blumen‹ – ›sinnende Frau‹. Aber das Wesentliche sind dabei die Zusammenklänge des Kolorits, der silbrige Glanz eines grauen Hintergrundes, der durch das Hellrot einer diagonal im Rahmen schwebenden Rosen-

»Wolff's Bücherei« in Berlin-Friedenau, heute Bundesallee 133, Foto von 1997

blüte erst recht in Erscheinung tritt, das merkwürdig aufdämmernde Silbergrau auf dem Aquarell ›Schiff am Bollwerk‹ oder die intime Wirkung eines kleinen aus Blau, Schwarz und Weiß komponierten ›Atelierfensters‹.«

Weitere Ausstellungen mit Werken Otto Niemeyer-Holsteins folgten am gleichen Ort 1947 (Aquarelle), 1948, 1956 und 1968 (Ölbilder).

Auch in anderen Städten gab es zu dieser Zeit Buchhändler, die Bilder Otto Niemeyer-Holsteins schätzten und in ihren Läden und Schaufenstern ausstellten – so die Buchhändler Singelnstein in Greifswald und Langkitsch in Lüdenscheid (Dalichow Nachf.). Während in der Greifswalder Langestraße Werke Niemeyer-Holsteins jährlich in kleinen Gruppen präsentiert wurden, zeigte man in der Lüdenscheider Freiherr-vom-Stein-Straße 1959 rund 30 Bilder des Malers aus dem Osten.

Ende der fünfziger Jahre empfahl der Maler dem Buchhändler Paul Singelnstein, auch jungen Künstlern, »die's nötig haben«, eine Chance zu geben. »Er warb«, so Singelnstein 1988 in einem Gespräch, »besonders für die jungen

Usedomer – nicht aus Inselpatriotismus, sondern weil er von ihnen überzeugt war. Und er tat es selbstlos.« So sah man dann in den Schaufenstern und im Laden bald auch Arbeiten von Joachim John und Wulff Sailer, die nach ihrem Studium am Institut für Kunsterziehung der Universität Greifswald in Zempin auf Usedom in einer ausgedienten Fischräucherei lebten und arbeiteten und »bei jedem Verkauf bis an die Decke sprangen« (ONH).

In Berlin war es die »Galerie der Deutschen Bücherstube« im Verlag der Nation, Berlin, Friedrichstraße 113, eine Einrichtung der National-Demokratischen Partei Deutschlands, die sich um die Popularisierung von Gegenwartskunst bemühte. Engagierte Leiterin war Ilse von Kamptz; als Inspirator, Förderer und Hauptgast vermutete man zu Recht den Parteivorsitzenden und DDR-Außenminister Dr. Lothar Bolz, der, als Sammler bekannt, auch in den Ateliers der Künstler ein gerngesehener Gast war. Von ONH zeigte die Galerie im Spätsommer 1956 Ölbilder und Aquarelle. Der Künstler bemerkte, wie er später schrieb, ein »erfreulich gesteigertes Interesse«.

DIE IM AUGUST 1946 der Berliner Kunstausstellung folgende »Allgemeine Deutsche Kunstausstellung« in Dresden wurde mit offenkundig anderen Gewichtungen von Kennern auch der Moderne – vor allem Will Grohmann und Wolfgang Balzer – vorbereitet und geprägt. In den Sälen fanden sich außer bedeutenden Werken zur Ehrung der in Deutschland zwölf Jahre lang Verfemten – Barlach, Kirchner, Klee, von Koenig, Kollwitz, Mueller, Rohlfs und Schlemmer – Bilder und Plastiken von 217 Künstlern. Neben jene, die bereits vor 1933 zu den international Anerkannten gehörten wie Beckmann, Dix, Feininger, Hofer, Kokoschka und Schmidt-Rottluff, traten nun auch Vertreter experimenteller Positionen von Willi Baumeister bis Jeanne Mammen und Bernhard Heiliger und viele, zumeist Jüngere, die unter der Doktrin

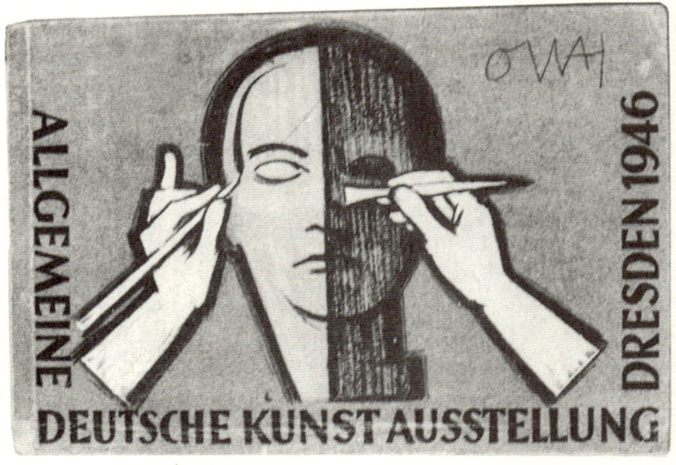

Katalog aus der Bibliothek Niemeyer-Holsteins, Gestaltung Wilhelm Lachnit, 1946

der NS-Zeit keine Chance für Öffentlichkeit gehabt hatten. Auch in dieser programmatischen Versammlung gegenwärtiger Kunst war ONH charakteristisch vertreten: mit einer Landschaft und einem Stilleben.

»Daß zu dieser Ausstellung«, heißt es im Abdruck der Eröffnungsrede des Präsidenten der Landesverwaltung Sachsen, Dr. h.c. Rudolf Friedrichs, »Künstler nicht allein der Länder und Provinzen der sowjetisch besetzten Zone, sondern aller Besatzungszonen Deutschlands erschienen sind und ihre Werke zur Ausstellung bringen, erfüllt uns alle mit großer Freude. Diese Tatsache bildet eine Vertiefung des Austausches der Gedanken und Ideen, und sie ist damit ein wertvoller Schritt für die Bildung der Einheit Deutschlands.« Und der Vertreter der sowjetischen Kulturverwaltung, der Kunstwissenschaftler Alexander Dymschitz, begrüßte die Teilnehmer mit dem Bemerken, daß die Kunst »zur Besinnung und zu einer Verinnerlichung führt, die es überhaupt erst möglich macht, mit den großen Problemen des Lebens fertig zu werden«.

Über das »gelungene Wagnis« der Dresdner Ausstellung

hat Wolfgang Balzer, damals Direktor der Kunstsammlungen, im ersten Heft der nach langer Unterbrechung Anfang 1947 im Leipziger Verlag E. A. Seemann wiedererschienenen traditionsreichen »Zeitschrift für Kunst« kompetent berichtet: »Von der Gleichmacherei, die seit 1933 das Ansehen der deutschen Kunstausstellungen bestimmt hatte, war in den Sälen nichts mehr zu spüren.« Eingeleitet wurde das Heft von Ludwig Justi, dem verdienstvollen Generaldirektor der Berliner Museen, unter dem Motto: »Ältestes bewahrt mit Treue / Freundlich aufgefaßt das Neue!«, gefolgt von einem programmatisch verstandenen Auszug aus Konrad Fiedlers »Über den Ursprung der künstlerischen Tätigkeit«, erschienen 1887 bei Hirzel in Leipzig, der von Otto Niemeyer-Holstein ganz besonders geschätzten kunsttheoretischen Schrift. Dieses offenkundig mit großem Interesse gelesene erste Heft der wiedergegründeten »Zeitschrift für Kunst« stellte der Maler – im Gegensatz zu manch anderem Periodikum – in seine Bibliothek.

IM HERBST 1949 sah man auf der »2. Deutschen Kunstausstellung« – die Schreibung wechselte erst mit der »Sechsten« konsequent zur römischen Zählung – von Otto Niemeyer-Holstein wiederum Charakteristisches: ein Stilleben und drei Aquarell-Landschaften. Die Jury, der auch diesmal Künstler aus Westdeutschland angehörten – so immerhin Otto Dix –, hatte, wie das CDU-Organ »Die Union« Ende September schrieb, »nach unendlichen Schwierigkeiten« aus fast 4000 eingereichten Werken, darunter 718 aus der soeben gegründeten Bundesrepublik, eine Auswahl getroffen. »Dresden grüßt die deutsche Kunst in ihrer ganzen nationalen Vielfalt und Geschlossenheit«, jubelte die »Sächsische Zeitung«.

Obgleich in dieser Ausstellung in der sogenannten Nordhalle, dem ehemaligen Zeughaus, neben schon namhaften auch viele noch unbekannte Künstler mit neuen Werken vertreten waren und auch Abstrakt-Experimentelles (etwa von Wilhelm Imkamp und Hermann Glöckner) gezeigt wurde, hatte die Schau bei ONH eher Mißtrauen geweckt, war sie doch sowohl durch inszenierte »Diskussionen« als auch durch gezielte Aufträge zu Groß-Wandbildern bestimmt, die geeignet schienen, den, wie Helmuth Holtzhauer, damals noch sächsischer Volksbildungsminister, proklamierte, »Realismus einer neuen gesellschaftlichen Situation aufzuzeigen«. So sprach sich unter Künstlern auch schnell herum, daß im vorbereitenden Beirat »die Fetzen geflogen« und die Dissonanzen so weit gegangen seien, daß man sich nicht einmal auf die sonst obligatorischen Katalogvortexte hatte einigen können, weshalb man dann, unter Zeitdruck geraten, überhaupt auf sie verzichtete.

Im Erzählen überging ONH später die beiden ersten großen Nachkriegsausstellungen mit der Begründung, daß sich da »ein unangemessener Anspruch an die Kunst und an die Künstler durch Vorgaben« abgezeichnet habe. »Es waren halt Prüffelder.« Und es gab auch Groteskes: Während die »Einlieferer« in Hinblick auf die Ausstellungsfläche knapp bemessen wurden, hatte der Ausstellungsleiter Gert Caden für seine eigenen Bilder gleich einen ganzen Raum reserviert. Nach Abschluß allerdings bekannte er selbstkritisch, daß die Ausstellung insgesamt den »orientierenden Charakter« nicht habe erbringen können. Da mußte im nachhinein Formuliertes wie ein im »Neuen Deutschland« (vom 1. 12. 1949) gedruckter Beitrag des Kulturabteilungsleiters im ZK der SED (Stefan Heymann) hellhörig machen, der für den »Bereich bildende Kunst« ein »völliges Fehlen einer wirklichen Verbundenheit mit dem Leben unseres Volkes« beklagte. Und das zielte, wenn man zu lesen verstand, auf Konsequenzen.

So sollte denn 1951 eine für Berlin anberaumte »Deutsche Kunstausstellung« nachholen, was mit der noch relativ facettenreichen »Zweiten« nicht erreicht worden war, und das Thema »Frieden« schien weit genug gefaßt für einen gesamtdeutschen Minimalkonsens: »Wir wollten den bildenden Künstlern Deutschlands Gelegenheit geben«, schreibt Otto Nagel als Vorsitzender des Verbandes Bildender Künstler, »mit den Mitteln ihrer Kunst ein Bekenntnis abzulegen zum

ONH: »Landgewinnung auf Usedom«, Öl, 1951

Kampf unseres Volkes um den Frieden und die Einheit unseres Vaterlandes.« Wer hätte sich dem im zweiten Jahr der nun auch staatlich fixierten Teilung Deutschlands verschließen wollen! Dennoch hatte es, wie Alexander Abusch im Katalogvorwort formulierte, »scharfe Diskussionen« in der Jury gegeben, weil »viele Künstler noch mitten in ihrem Ringen um den Realismus und um die Überwindung der Überreste des Formalismus stehen«. Damit war zugleich aber auch die geforderte Richtung markiert, und es begann die Zeit unfreiwillig komischer Bildbetitelung, die manche Einlieferer geeignet fanden, um den ideologischen Vorgaben und Erwartungen auch noch verbal zu entsprechen: »Wir lieben das fröhliche Leben« (Paul Schwerdtner, Dessau), »Nationalpreisträger Erich Wirth lehrt das Schnelldrehen« (Irena Rücher-Rabinowicz, Dresden) und ähnliche.

Der Jury, der außer Künstlern wie Fritz Cremer, Heinrich Ehmsen, Arno Mohr, Max Schwimmer auch Staatsfunktionäre wie der erste Volkskammerpräsident Johannes Dieckmann, Alexander Abusch als Bundessekretär des Kulturbundes und Helmuth Holtzhauer, nun Leiter der Staatlichen Kommission für Kunstangelegenheiten, angehörten, schien jedoch neben solcherart aktuell-bekennender Kunst auch ruhigere Malerei zum Thema gehörig, wie ein sensibles sommerliches Landschaftsstück des Westfalen Eberhard Viegener oder der »dokumentarische« Beitrag eines Künstlers von der Küste, eine Landschaft mit Merkmalen heftiger Bodenbearbeitung und malerisch subtil skizzierter Staffage, Leuten beim Schuften für den Frieden: Otto Niemeyer-Holsteins »Landgewinnung auf Usedom«.

DIE »SOWJETISCHE« PRAXIS, der Kunst eine Rolle als Vermittlerin ideologischer Vorgaben und Durchsetzerin volkswirtschaftlicher Notwendigkeiten zuzusprechen, wie dies in der Ostzone und in der frühen DDR zunehmend imitiert worden war, zeitigte auch noch anderes unfreiwillig Erheiterndes. So vermeldete die »Landeszeitung Usedom« 1951 in einem Eigenbericht unter der Überschrift »Aus versumpften Wiesen werden Kulturweiden« die Trockenlegung von Weideflächen und den Deichbau auf Usedom. Nach einem Kurzinterview mit dem »Wiesenbaumeister Becker« teilte sie mit, daß auch die »schaffenden Künstler an dieser Arbeit großen Anteil nehmen« und daß Otto Niemeyer-Holstein mit seinem »dem Leben der Arbeit abgelauschten« Bild »*Neu*landgewinnung auf Usedom« vom »friedlichen Leben der Menschen auf der Ostseeinsel« erzähle. Nun also und offenbar mit einem von den Ausstellungsmachern zeitgemäß erweiterten Titel galt das Bild, das gerade in Berlin ausgestellt worden war, als vollends sanktioniert.

Der Ostberliner »Nachtexpress« wiederum berichtet mit einem Anflug von Häme über eine vom »Nationalen Aufbauwerk« initiierte Ausstellung »Bild der Zeit« in der Galerie Unter den Linden, wie Künstler – unter ihnen auch Niemeyer-Holstein – »ihre Aufgaben bewältigten, ganz auf sich

Aus versumpften Wiesen werden Kulturweiden

Was der Krieg demolierte, entsteht neu / Deichbau auf Usedom

Insel Usedom. (Eig. Ber.) Die allgemeine Versorgungslage der Bevölkerung in der Deutschen Demokratischen Republik bessert sich von Jahr zu Jahr. Um auch Fett und Fleisch in ausreichender Menge und ohne Kartenbegrenzung beziehen zu können, muß die im Fünfjahrplan vorgesehene Steigerung des Viehhalteplanes erfüllt werden. Zur Erfüllung dieses Viehhalteplanes ist erste Voraussetzung, daß die Futtergrundlage gegeben ist. Gute Grünlandflächen müssen ausreichend vorhanden und in einem solchen Zustand sein, daß sie die Bezeichnung Kulturweide verdienen. Was ist zu tun, um den geforderten Ansprüchen gerecht zu werden?

Wer von Wolgast kommend auf der Hauptverkehrsstraße der Insel Usedom nach Ahlbeck fährt, dem fällt gleich hinter Zempin die aufgewühlte Erde auf. Die Menschen, die hier in Wind und Wetter schwere Erdarbeiten ausführen, Bodenaushebungen machen, Rohre legen und vermessen, tragen genau wie die Arbeiter in der Produktion ihren Teil zur Erfüllung des Fünfjahrplanes bei. Jede Hand wird gebraucht. Jede Arbeit ist notwendig zum Gelingen des großen Ganzen. Die Arbeiter wissen das und erfüllen ihre Pflicht. Es ist aber auch verständlich, wenn diese Menschen sich beklagen, daß sie die Sorge um den Menschen wenig spüren, weil ihre schwere Arbeit lohn- und kartenmäßig nicht so anerkannt wird, wie sie es verdient. Eine 100 m lange Rohrleitung von 70 cm Durchmesser wird als Vorflutverbindung zum Schöpfwerk gelegt. Pumpen nehmen das Grundwasser ab, um die Grünflächen des jetzt minenfreien Notstandsgebietes von Zempin wieder nutzbar zu machen.

Um Näheres über das Projekt zu erfahren, suchten wir den Wiesenbaumeister Becker auf, der uns bereitwillig Auskunft gab. Bedingt durch die Struktur der Insel Usedom ist die Niederung ein Ueberschwemmungsgebiet, das nur durch Schöpfwerke künstlich entwässert werden muß. Zum Schutz gegen das Achterwasser ist die Eindeichung notwendig. Während des unheilvollen Hitlerkrieges wurde auch die Insel Usedom zu wahnsinnigen Verteidigungszwecken „befestigt". Die Schöpfwerke wurden demoliert, Panzergräben ausgehoben, die Deiche zu Stellungen ausgebaut und das Gelände völlig unterminiert. Das sinnlos Zerstörte wieder aufzubauen, war eine mühevolle Arbeit. Die Instandsetzung der Schöpfwerke ist jetzt abgeschlossen, doch die Maschinen sind teilweise veraltet. Aus durch Kriegseinwirkung versumpften Wiesen werden allmählich wieder Kulturweiden. Die Neulandgewinnung soll so beschleunigt werden, daß der für 1952 vorgesehene Viehhalteplan erfüllt werden kann. Das Ziel ist: pro ha Grünlandfläche ein Stück Großvieh.

Die Entwässerung von 270 ha Ueberschwemmungsfläche erfordert viel Arbeit. 12 000 cbm Boden werden allein zur Eindeichung gebraucht. Die Bodenbeschaffung bereitet große Schwierigkeiten. Die flache Böschung wird mit Mutterboden und Rasen abgedeckt, damit das Wasser abläuft. „Wenn die wasserwirtschaftlichen Maßnahmen beendet sind, muß die Landwirtschaft eingreifen", sagt Wiesenbaumeister Becker, „und die Flächen durch Umbruch und Neueinsaat in Kulturland verwandeln. Die Wasserwirtschaftsverbände sichern wohl die Unterhaltung, aber für die Samen- und Düngerbeschaffung müßte die Regierung der Deutschen Demokratischen Republik die Neubauern durch finanzielle Hilfe unterstützen."

Daß auch die schaffenden Künstler an dieser Arbeit großen Anteil nehmen und sich nicht in abseitige Träumereien verlieren, sondern mit ihrem künstlerischen Schaffen mitten im Leben stehen, beweist das Gemälde des dort lebenden Malers Otto Niemeyer-Holstein „Neulandgewinnung auf Usedom". Dieses Bild, das dem Leben der Arbeit abgelauscht ist, hängt jetzt in Berlin auf der Kunstausstellung „Künstler schaffen für den Frieden" und berichtet allen Besuchern der Ausstellung vom friedlichen Leben der Menschen auf der Ostseeinsel.

Aus der Pressemappe des Künstlers; »Landeszeitung Usedom« vom 27. November 1951

gestellt«, und wohl deshalb »flugs in die Nationalgalerie zu Meister Adolph Menzel gingen, dort studierten, wie er ein Walzwerk sah«.

Die Neugierde des Künstlers konnte leicht ausgenützt werden, denn in der Tat hatten sich, wie einer Pressenotiz zu entnehmen ist, die Mecklenburger vereinbart, den Aufbau der weithin zerstörten Großstadt zum Studienobjekt zu machen und durch den Erlös der Ausstellung und der Verkäufe einen »Beitrag zum Wiederaufbau« zu leisten. So entstanden während der mehrwöchigen Malexkursion auch von ONH Zeichnungen und Aquarelle von Baulandschaften, die als redlicher, aber nur teilweise gelungener Versuch bewertet werden können, sich solchen Eindrücken als Künstler zu nähern. »Gute Ansätze – aber der Mensch kam zu kurz«, war der Eindruck eines Besuchers, der sich im Gästebuch zur Ausstellung niederschlug. In der Tat: Der Mensch, so verstanden, ist auf den

Arbeiten ONHs nicht auszumachen, und Aufbauheroismus kommt in seinen Bildern ohnehin nicht vor.

Ganz anders bewerteten ONH und seine Kollegen die vom mecklenburgischen Landesverband bildender Künstler (damals noch im »Kulturbund zur demokratischen Erneuerung Deutschlands«) organisierten Wander- und Verkaufsausstellungen, die, wie man pathetisch formulierte, den Werktätigen die Möglichkeit der Teilnahme an der »großen Diskussion über die Fragen der bildenden Kunst und an der Auseinandersetzung zwischen Gestrigem und Zukünftigem« geben sollten. An diesen Ausstellungen nahm ONH mit Ölbildern und Aquarellen teil – mit »Porträt Jürgen Jüchser«, »Mädchen mit Pelzjacke«, »Auf Stapel liegender Logger«, »Dünen im Schnee« und »Mädchenbildnis«. Von den Usedomer Malern waren auch Otto Manigk, Karen Schacht, Herbert Wegehaupt und Rosa Kühn vertreten, Künstler, die ebensowenig als »gefügig« verstanden werden konnten. ONH begründete später die Beteiligung an solchen Aktionen als »einen Versuch, Menschen, die den Umgang mit Kunst ungewohnt sind, durch das Gespräch über das Geschaute für das Kunst-Sehen und Kunst-Verstehen aufzuschließen«, und er hielt jahrelang Verbindung zu Laienmalern, zum Beispiel zu einem Zirkel der Seeschiffahrt. Wesentlich war ihm dabei neben einer erkennbaren Begabung ein ernsthaftes Interesse. Er verwendete in der Kunst deswegen statt des Begriffs »Laie« lieber den des »Amateurs«. »Amateur bedeutet ja nicht, oberflächlich zu sein, bedeutet nur, daß man sich neben seiner eigentlichen Lebensaufgabe damit beschäftigt«, schrieb er im September 1966 an seinen Sohn in einem »Malbrief«, und es war dies ein gedanklicher Nachhall auf doktrinäre Forderungen der »Bitterfelder Konferenz« (1959), auf der man mit der Inszenierung einer alle Lebensbereiche erfassenden Laienkunstbewegung zur »Erstürmung der Höhen der Kultur« geblasen hatte.

Otto Niemeyer-Holstein lehnte den als »Bitterfelder Weg« benannten und auch von ihm als »bitteren Feldweg« ironisierten Kurs ab, ja er sah in dieser Kampagne eher die Entwertung ernst zu nehmender künstlerischer Amateurarbeit, der er Achtung zollte. So bekundete er nach einem Rundgang durch die Rostocker Ausstellung »Bildnerisches Volksschaffen« 1970 nicht nur große Achtung vor mancher Arbeit, sondern zugleich, wie einer Notiz in der »Norddeutschen Zeitung« (vom 30. 8. 1970) zu entnehmen ist, die Absicht, ein Ölbild zu erwerben – sicherlich auch zur Ermutigung seines Urhebers, eines Schweriner Stadtboten. Mit Spott hingegen überging er die Einladung zu einer »Fach«-Diskussion über die VI. Deutsche Kunstausstellung 1967, auf der neben den Arbeiten der Berufskünstler zum ersten Mal auch Ergebnisse der verordneten Massenlaienkunstbewegung ausgestellt worden waren. »Wie gut unser Fernbleiben in Dresden«, schrieb er an den jungen Bildhauer Wieland Förster. »Es muß grausig gewesen sein. 200 Laienbilder. Ich frage mich, weshalb nicht nur Laienbilder – der Kurs ist doch gut.«

Der »Täglichen Rundschau«, Organ der sowjetischen Militärverwaltung, blieb es vorbehalten, in ihrer Ausgabe vom 20./21. 1. 1951 mit der Schmähschrift eines unter dem Pseudonym N. Orlow operierenden Publizisten den Generalangriff auf Künstler zu eröffnen, die sich der propagierten »Zielsetzung« entzogen. Hinter dem Pseudonym verbarg sich Wladimir Semjonow, einer der ranghöchsten politischen Berater der sowjetischen Kontrollbehörde; seine Sätze hatten Signalwirkung, wobei ihm von »deutschen Fachleuten«, in diesem Fall Kurt Magritz, einem bewährten Scharfmacher jener Zeit, das Vokabular zugeliefert worden war. Und der Angriff geschah unter Berufung aufs »gesunde Volksempfinden«, diesmal jedoch mit einer fatalen Analogie: »Man darf sich nicht darauf verlassen, daß die Arbeiter und Bauern ›alles schlukken‹, daß für sie ›alles gut genug ist‹, zumal doch die entartete ›Kunst‹ von den ›Autoritäten‹ der zerfallenden bürgerlichen Gesellschaft sanktioniert ist.« Dabei hatte es doch an Warnungen, »Kunst als Hure der Politiker« zu mißbrauchen (Karl Hofer bereits 1947), nicht gemangelt, und auch aus anderer Richtung waren Worte kaum zu überhören gewesen wie vom Podium des II. Deutschen Schriftstellerkongresses im Juli 1950. Da hatte Anna Seghers nachdrücklich vor einer Diffamierung des künstlerischen Experiments gewarnt, wisse sie doch, »daß nach Kritiken über Ausstellungen in gewissen Städten gewisse Gruppen von Malern ratlos mit gelähmten Händen vor den Staffeleien standen«.

Vergebens, die Phalanx der kulturpolitischen Kampffront war formiert, und diesmal sollte sie halten, so daß die »Tägliche Rundschau« (am 6. 3. 1953) befriedigt feststellen konnte, mit der »Dritten Deutschen Kunstausstellung« sei »endlich der breite Durchbruch« erzielt worden. So verwundert auch nicht, daß damals nach »konsequenter Juryarbeit« unter der Regie Ernst Hoffmanns, eines von der Kulturabteilung des ZK der SED kommenden »Allgewaltigen« (Victor Klemperer), auch der Name Niemeyer-Holstein aus dem Ausstellerverzeichnis verschwunden war wie der vieler anderer Künstler – unter ihnen sogar Otto Dix, bei dem man »Mangel an Optimismus« festgestellt hatte. Und Otto Nagel, »Elendsmaler« von ehedem, nun Präsident des Ausstellungskomitees, geriet hinter den Kulissen arg ins Gerangel.

Stand ONH bereits der »2. Deutschen Kunstausstellung« skeptisch gegenüber, wurde die generelle Abweisung seiner Bilder nun zur vollen Bestätigung seines Argwohns; vor allem sah er darin eine persönliche Ausgrenzung, die ihn besonders traf, da er seine Arbeit zu keiner Zeit als »isoliertes Tun« verstanden hatte.

Anfang der achtziger Jahre faßte der Künstler seine Meinung zu den Geschehnissen von damals zusammen: »Die Dritte spiegelte einen bestürzenden Vorgang: die absolute Unterwerfung unter politische Vorgaben. Bereits der Katalog – eine Katastrophe! Spannungslose Porträtköpfe: Marx, Pieck und Thälmann; vordergründig thematisierte Bilder: ›Befreiung‹, ›Freundschaft‹, ›Parteizirkel‹ – Friede, Freude, Eierkuchen! Und dann die anekdotischen Gemälde mit Titeln wie ›Ein Freund der Jugend, Parteisekretär XY‹ – ulkig! Und die wenigen guten Arbeiten versanken im aufbrausenden

Abbildungsseiten aus dem Katalog der 4. Deutschen Kunstausstellung, 1958

Schaum. Natürlich war ich bestürzt, bekümmert. Man hatte alle meine Bilder – ein Bildnis, eine Landschaft mit der Inselbahn, ein Atelierinterieur aus der Bauakademie – abgewiesen; nun stand ich vor der Tür. Doch bald war ich froh darüber.«

Die von Trivialitäten bestimmte Ausstellung und ihr Katalog waren Belege dafür, daß wieder ein Kunstverständnis wirksam geworden war, welches zur Beseitigung aller künstlerischen Freiräume führen mußte, zumal man im Katalog ein Kommuniqué wohl zu lesen wußte – als Drohung: Man werde den Kampf weiterführen, »bis die letzten bürgerlichen, der Kunst abträglichen Anschauungen und Gewohnheiten aus den Köpfen der Künstler verschwunden sind«.

Besonders enttäuschte ONH die »Abwesenheit kritischen Standvermögens« bei geschätzten Kollegen der Jury, die zum Teil aus dem »Westen« kamen: »Was konnte denn denen passieren!?« Jedoch zog er sich nicht in den Schmollwinkel zurück; auf den folgenden Kunstausstellungen der DDR, mit denen vorsichtige Korrekturen im Umgang mit Kunst und Künstlern vorgenommen wurden – das Schlagwort »Neuer

Kurs« griff auch in der Kultur –, war er wieder mit jeweils neuesten Werken vertreten und konnte mit seiner subtilen Sicht auf die Realität des Interesses eines verständigen Teils des Publikums sicher sein, obgleich die »öffentliche«, das heißt »gelenkte Kunstdiskussion« dabei blieb, thematisch anders intendierte Bilder nach vorn zu rücken, die oberflächlichem Nützlichkeitsdenken, aber auch der Vorstellungswelt der staatlichen Kulturoberen mehr entsprachen. Noch die Abbildungen im Katalog zur 4. Deutschen Kunstausstellung 1958 sprechen eine deutliche Sprache: das Gemälde »Boddenlandschaft« von ONH in Schwarzweiß, das Bild »In memento Marcinelle« von Karl Erich Müller groß in Farbe.

An die verblüffende Tatsache, daß ONH – vielleicht ebenfalls als eine Art Wiedergutmachung gemeint – ins Komitee zur »Vierten« gewählt worden war, konnte sich der Künstler bereits ein gutes Jahrzehnt später nicht mehr erinnern. Wichtig war ihm vor allem gewesen, drei seiner neuesten Bilder zu zeigen: »Bildnis«, »Boddenlandschaft mit Wolke« – so der eigentliche Titel –, »Blumen und Äpfel«, und die wetternde Einschätzung Walter Ulbrichts zu negieren, daß auf diesem Felde »von einem wirklichen Durchbruch« der auf dem V. Parteitag der SED verkündeten Ziele »noch nicht gesprochen werden« könne.

Der Maler, der die Nachricht von der Ablehnung aller seiner Bilder zur »Dritten Deutschen Kunstausstellung« 1953 als einen Schlag empfand, sah darin weder eine nur gegen ihn gerichtete Attacke noch eine schnell vorüberziehende Verdüsterung am Himmel der Kunstprovinz DDR; hier, das war ihm klar, zeichnete sich eine Tendenz ab. Da kam die Einladung zu einer Personalausstellung gerade recht, ausgesprochen durch den Dresdner Kunsthändler Heinrich Kühl (1886 bis 1965), der in der Zittauer Straße eine der wenigen in der DDR noch privaten Galerien betrieb. Seit längerem schon ließ es sich Kühl zur Ehre gereichen, zumeist im Umfeld der

Kunstausstellung Kühl in Dresden, Foto 1998

offiziellen Kunstausstellungen dort wenig geschätzte, gar abgelehnte Künstler zu zeigen. So auch präsentierte er – »noble Geste« (ONH) – unmittelbar nach der »Dritten Deutschen Kunstausstellung« eine größere Anzahl von Bildern Otto Niemeyer-Holsteins, die volle Resonanz beim Publikum der »Kunstausstellung Kühl« fanden, das gewohnt war, in dieser persönlich geführten Galerie künstlerische Werte und Kontinuität der Maßstäbe vorzufinden – diesmal nun in betontem Kontrast zu der schockierenden Mammutschau von Banalitäten »der Dritten«. Als folgerichtig und die Prinzipien der Galerie kennzeichnend erlebte man dort nach ONHs Tod auch die von Johannes Kühl, dem Sohn des Galeristen, im Frühjahr 1985 gezeigte erste ONH-Nachlaßausstellung, bei deren Eröffnung Rudolf Mayer noch einmal an den bestürzenden Vorgang von einst erinnerte: »Ich glaube nicht, daß es notwendig ist, um Sympathie für das hier Gezeigte zu werben, sie wird dem Werk in hohem Maße entgegengebracht. Nicht immer ist es so gewesen. Ich erinnere mich zum Beispiel an das Jahr 1953, als man in Dresden eine große Kunstausstellung vorbereitete. Alle von Niemeyer-Holstein eingereichten Bilder wurden abgelehnt; für die Jury war auch diese Malerei unverständlich, was heute kaum noch zu begreifen ist. Doch gerade zu dieser Zeit und unter solchen Umständen hat die Kunstausstellung Kühl hier in diesen Räumen ihre erste Niemeyer-Kollektion vorgestellt. Den Besuchern wurde ein Wert vermittelt, dem wir so noch nicht begegnet waren: etwas eigentümlich Freies, Naturbezogenes, dabei schwer Lokalisierbares. Heute sieht es jeder: Dieser Wert hat inzwischen das damals gleichzeitig im Albertinum Ausgebreitete souverän überdauert.«

Die Bewertung der Arbeiten Otto Niemeyer-Holsteins durch Kritik und Öffentlichkeit war zu allen Zeiten widersprüchlich, oft gegensätzlich. Während der Kreis der Freunde seiner Kunst nach dem Krieg in Ost wie West von Jahr zu Jahr rasch wuchs, vermerkte die Kritik in der BRD in den fünfziger Jahren zwar »künstlerische Qualitäten«, aber auch »Mangel an Moderne«; in der DDR hingegen »Abwesenheit von den Problemen der Zeit«. 1955 hieß es in den »Lübeckischen Blättern« zu einer ONH-Ausstellung im Lübecker Behnhaus, »daß es auch drüben Maler gibt, die abseits der offiziösen Lockungen noch Werke reiner Malerei schaffen«. Das »Hamburger Echo« meinte (zu einer Ausstellung der Galerie Commeter) im gleichen Jahr, daß manche seiner Bilder »ohne formale Energie« seien, der »General-Anzeiger« hingegen attestierte 1957 dem Künstler anläßlich einer Ausstellung in Oberhausen eine »in seiner Farbigkeit ansprechende« Malerei, und die »Neue Ruhr-Zeitung« kam bei der gleichen Ausstellung zu dem Schluß: »Daß ein Mann in reifen Jahren derart unbeeinflußt von der Moderne seinen Weg verfolgt, hat bei uns im Westen Parallelen genug, um Niemeyer vor einer Abseitsstellung zu bewahren.«

Die Kritik in der Presse der DDR jener Jahre bedauerte – wie die »Landeszeitung Stralsund« – »insulare Abwesenheit von aktuellen Tagesproblemen« und wünschte »an

Stelle der Ästhetik dem stürmenden Leben unserer Zeit« Raum zu geben. Vermutlich ohne Erfolg, denn 1957 stieß im Umfeld der 700-Jahr-Feier der Stadt Wolgast eine Ausstellung der Usedomer Maler aus dem gleichen Grund erneut auf Obrigkeitskritik. Doch kein anderer – und es zeigte Wirkung – als der durch seine linienfixierte Argumentation bei den DDR-Oberen geschätzte, vom Publikum wegen seiner rigorosen Schwarzweiß-Überzeichnung jedoch weniger beliebte Funk- und Fernseh-Kommentator Karl Eduard von Schnitzler beeilte sich, die Ausstellung als »das große Erlebnis eines Feriengastes« und die Bilder der Usedomer Künstler als »echte Malerei mit starker künstlerischer Aussage und Überzeugungskraft« zu charakterisieren, dabei zugleich auch mit taktischem Kalkül und schon in propagandistischem Tonfall gegen Vorwürfe zu verteidigen: »Man komme mir nicht mit dem erhobenen realistischen Zeigefinger, hier fehlten der neue Mensch und der sozialistische Aufbau«, schrieb er in der »Ostsee-Zeitung« vom 2. Juli 1957.

Als symptomatisch müssen »Leserstimmen« bewertet werden, die den Obrigkeiten geeignet schienen, mit dem »Empfinden der Werktätigen« zu argumentieren – so zum Beispiel im Kulturbund-Organ »Sonntag« (am 25. 8. 1957), in dem zur Ausstellung anläßlich der 700-Jahr-Feier der Stadt Wolgast aus dem Munde des Lesers Werner Thiele verlautete, daß die Bilder auf den Betrachter wie »Verzerrung des wirklichen Lebens« wirkten: »Wer sich [...] einige Bilder der Kunstmaler Otto Manigk und Otto Niemeyer-Holstein angesehen hat, der kommt von dem Eindruck nicht los, daß sich diese Künstler verirrt und in eine Welt verstiegen haben, zu der das Volk keine Bindung hat.« Einige Ausgaben später (15. 9. 57) gab die Redaktion jedoch auch Gegenstimmen Raum: »Die ohnehin leider sehr häufige Auffassung, der Wertmaßstab der Kunst sei identisch mit der Meinung von Frau Müller oder Fräulein Schulze oder Herrn Thiele darüber, sollte vom SONNTAG nicht ermutigt werden.«

Auch für die folgenden Jahre kann von einer Weitung der verengten Kunstsicht nicht gesprochen werden. So heißt es am 14. Oktober 1959 in der »Ostsee-Zeitung« über eine Ausstellung des Bezirksverbandes der bildenden Künstler anläßlich des 10. Jahrestages der DDR: »Ansätze, um durch ihr Schaffen wirklich ein neues, sozialistisches Nationalgefühl bei dem Betrachter zu wecken, sind bei einigen Künstlern durchaus vorhanden. Ein Künstler jedoch wie Niemeyer-Holstein, der nur rein ästhetische Reize einer Landschaft vermittelt, spricht im Zuge der gesamten Veränderung unseres Seins uns heute nicht mehr an.«

Aber nicht nur »unziemlichen Anträgen« sahen sich Künstler in den Zeiten der zunehmenden Ost-West-Konfrontation ausgesetzt, sondern auch »schmerzlichen Zugriffen« im wahrsten Sinne des Wortes. Ein Vorfall aus den fünfziger Jahren gibt darüber beredt Auskunft.

Auf Einladung der Overbeck-Gesellschaft zeigte ONH in den Räumen des Lübecker Behnhauses 1955 eine größere Anzahl von Werken, vorwiegend Ölgemälde und Aquarelle. Spiritus rector war der Maler Curt Stoermer, der geschätzte ältere Freund. Die Ausstellung fand in zeitlicher Nähe zur Jahresschau dieser Gesellschaft statt, in der ONH, ohne Mitglied zu sein, ebenfalls Bilder – u. a. das oft gezeigte Gemälde »Mann mit Pelzmütze« – präsentiert hatte. Nun war eine gewichtigere Kollektion des Malers aus dem Osten zu betrachten, der alle Mühe gehabt hatte, so viele Arbeiten über die deutsch-deutsche Grenze gelangen zu lassen, um sie, wie einem Brief zu entnehmen, dort auch »für weitere Möglichkeiten zur Verfügung« zu haben. Im Gespräch waren Museen in Kassel und Mannheim. Wohl um dem Prinzip der Gesellschaft – vorzugsweiser Förderung ihrer Mitglieder, als auch damals noch selbstverständlichen Aspekten der deutschen Zusammengehörigkeit – zu entsprechen, zeigte man zu gleicher Zeit, jedoch in räumlicher Trennung, neben der, wie es in den »Lübecker Nachrichten« (vom 5. 3. 1955) hieß, »delikaten, beseelten Malerei von Otto Niemeyer-Holstein« auch »eine polare Mischung [...] voll von dauernden Spannungen«

Brief des Malers Curt Stoermer an Otto Niemeyer-Holstein (Seite 2), 24. Januar 1955

des in den zwanziger Jahren von Rosa Schapire geförderten Hamburgers Willem Grimm.

Diese und andere Präsentationen jener Jahre zeugen vom redlichen Anspruch einiger Ausstellungsorganisatoren, Künstler »abseits der offiziösen Lockungen« aus West wie Ost zusammenzuführen und damit zu beweisen, »daß die Wege der Künstler keineswegs auseinandergehen« (»Lübeckische Blätter«). Dennoch war die Ostphobie in der Bundesrepublik zu jener Zeit schon so weit fortgeschritten, daß nicht nur gemeinsame Aktionen, sondern bereits vorbereitende Überlegungen als staatgefährdend verdächtigt wurden. So berichtete Curt Stoermer am 24. Januar 1955 in einem Brief an ONH von einem Vorfall in Boppard am Rhein, wo man »ein kleines Zusammentreffen mit Kollegen aus Ostberlin« arrangiert hatte, um das Vorhaben einer gemeinsamen Ausstellung in der Münchner Stadtgalerie zu besprechen. »Wir wurden um 12 Uhr nachts vom Überfallkommando ausgehoben (ich war schon zu Bett gegangen), im Gefängniswagen zur Wache gebracht, ich und einige Westdeutsche nach 2 Stunden Verhör wieder freigelassen, die Berliner und 2 Kollegen aus Hbg. aber nach Koblenz transportiert (Nagel Wolfgram Baltschun Reese Scholz etc). Die 2 Hamburger sind inzwischen auch wieder frei, von den Berlinern weiß ich es nicht.«

Es genügte auch in der deutschen Bundesrepublik, als Künstler noch Leitungsmitglied einer Künstlervereinigung zu sein wie Curt Stoermer und seine Kollegen aus Deutschland West oder ihres Berufsverbandes wie Otto Nagel und seine Kollegen aus Deutschland Ost und womöglich gar deutsch-deutsches Gemeinsames im Kopfe zu führen, um beflissenen Visiteuren ins Fadenkreuz zu geraten. Zimperlich war man auch da nicht.

Ein helles Gelb und ein helles Blau

IM SOMMER 1948 tauchte bei den Künstlern der Insel ein neuer Name auf. Rosa Kühn (geboren 1928 im schlesischen Grünberg) war nach ihrem Studium an der Berliner Hochschule für bildende Künste nach Usedom gekommen, um in der Nähe der dort ansässigen Maler zu arbeiten, die ihren Vorstellungen zu entsprechen schienen. Vor allem waren es Bilder Niemeyer-Holsteins in einer Berliner Ausstellung gewesen, die sie besonders beeindruckt und ihr den Anstoß gegeben hatten. So lag es nahe, sich als Schülerin zu bewerben. Sie wohnte zunächst auch einige Jahre in Lüttenort, wo sie unter Anleitung ONHs zu einer beachtlichen und allgemein bemerkten Steigerung ihrer Ausdruckskraft fand. Und überdies war sie ein willkommener Zuwachs bei den wöchentlichen Hausmusiken. Von 1948 bis 1972 spielte sie fast jeden Freitag den Klavierpart im Trio mit Otto Manigk, erste, und Otto Niemeyer, zweite Geige. 1954 zog Rosa Kühn in das von ONH nach dem Krieg ausgebaute ehemalige Transformatorenhaus der Zempiner Flak-Schule, genannt »Torrino« (Türmchen); sie blieb dort achtundzwanzig Jahre lang seine Mieterin, bis sie Ende der siebziger Jahre ein neuerrichtetes eigenes Haus im Dorf bezog.

Wie sie Otto Niemeyer-Holstein kennenlernte, erzählt sie selbst und vermittelt zugleich auch Hinweise über das Verhältnis des Malers zu der in zweiter Ehe geborenen Tochter seiner ersten Frau:

»Gegen Ende des Krieges, wir wohnten in Schlesien, kamen Kinder aus Berlin zur sogenannten Landverschickung zu uns in die Klasse, so auch ein dünnes schlaksiges Mädchen, das ein Jahr älter und bereits Waise war. Ulrike tat mir leid, und weil wir genug Platz hatten, bat ich meine Mutter, sie bei uns zu Hause aufzunehmen.

Eines Tages sah ich dann auf ihrem Schreibtisch die Fo-

Malexkursion auf Rügen; auf dem »Orion« von links nach rechts: Otto Manigk, Rosa Kühn und ONH; im Ruderboot vorn Matthias Wegehaupt und Oskar Manigk, 1956

tografie eines jungen Fliegeroffiziers stehen. ›Das ist mein Halbbruder‹, sagte sie, und erzählte von ihm und von seinem Vater, dem ersten Mann ihrer Mutter, der Maler sei. Da hörte ich zum ersten Mal den Namen Käpten.

Als ich dann nach dem Krieg in Berlin studierte, stand Ulrike eines Tages vor unserer Türe. Sie sah sehr gut aus. Nachdem sie meine Bilder gesehen hatte, sagte sie: ›Jetzt mußt du aber unbedingt Käpten kennenlernen.‹ Und da ich ohnehin die Absicht hatte, die Hochschule zu verlassen, vermittelte sie ein Zusammentreffen. Zur selben Zeit konnte ich Aquarelle von Niemeyer in der Buchhandlung Wolff in Berlin-Friedenau studieren, und er besuchte mich und meine Eltern.

Im Sommer 1948 verlebte ich einige Wochen in Lüttenort, und im März des folgenden Jahres zog ich ganz dahin um, zahlte monatlich 250 Mark und war verpflichtet, noch im Haushalt zu helfen, weil ONH dieses Schülergeld – für damalige Zeit eine gute Summe – nicht genügte. So habe ich dort oft richtig geschuftet, aber es machte mir auch Spaß.

Übrigens hat die Beziehung Ulrikes zu Käpten und Stüermann auch nach Peters Tod noch bestanden. Als Herbert Wegehaupt und Käpten Ende der vierziger Jahre zur großen Van-Gogh-Ausstellung in München waren, trafen sie Ulrike dort. Wegehaupt erzählte, daß sie das Wiedersehen gefeiert hätten und daß Käpten von der schönen jungen Frau, die ›beinahe seine Tochter‹ war, begeistert gewesen sei.«

ONH, der Rosa Kühn lange gefördert und mit seinen Methoden ganz offenkundig stark beeinflußt hat, hielt den seit Mitte der sechziger Jahre sich vollziehenden Wandel ihrer Malweise, so eine »Steigerung unverwandelter Blautöne ins Schmerzhafte«, wie er die nun forcierte Koloristik empfand, also den Bruch mit der eigenen Auffassung letztlich, für einen »wagemutigen, aber problematischen Versuch der Befreiung«. Ähnlich beurteilte er Versuche seines Freundes Otto Manigk – strenger gefaßte Linearität und zunehmende Abstraktion der Farbe –, die er als eine »problematische Abwendung vom Gesicherten« und als eine »Reverenz vor Modischem« sah, was Mitte der sechziger Jahre zu einem anhaltenden theoretischen Disput und zu einer kritischen Distanz zwischen beiden führte.

BIS ENDE DER FÜNFZIGER JAHRE verbat sich der Maler, »mit Fotoapparaten bedrängt« zu werden. So gibt es auch nur wenige professionelle Porträtaufnahmen von ihm wie eine sichtlich bemühte und deshalb gezwungen wirkende Einstellung des Fotografen der Nationalgalerie vor Eröffnung der Retrospektive 1961. Auch Amateurschnappschüsse sind rar, hatte sich doch herumgesprochen, daß, wer Lüttenort mit der Kamera betritt, nicht nur argwöhnisch empfangen, sondern sogar abgewiesen zu werden riskiert. Geriet der Maler dennoch einmal vors Objektiv, mußte man verärgertes Abwenden oder zappeliges Gestikulieren gewärtigen, Versuche, wenigstens Unschärfe zu erzeugen. Diese Haltung resultierte, wie der Maler scherzhaft äußerte, aus einer »angestammten Scheu vorm Posieren«, die er durch gesteigerte

Vor Eröffnung der Ausstellung in der Nationalgalerie 1961; ONH vor dem »Bildnis Helene Weigel (III)«, 1959

»Der Käpten«, Fotostudie von Christian Borchert, 1975; im Hintergrund »Torso« von Waldemar Grzimek

»Lust zum Poussieren« wettmache. Vor allem einige ihm zusagende Aufnahmen von Barbara Meffert Anfang der sechziger Jahre für die »Neue Berliner Illustrierte« änderten sein Verhältnis zum Fotografieren, machten ihn auch neugierig, so daß er beschloß, »es doch selbst zu versuchen«: Er kaufte eine »Exa« und ging mit ihr, assistiert von einem Freund, der ihn in die Technik einwies, »landschaftern«. Die Ergebnisse überzeugten ihn nicht. Als Vorausdokumentation von Malthemen mochten sie gerade noch gelten – zum Trocknen in die Bäume gehängte Reusen, ein zerbrochener Karren, das verwitterte Bugstück eines an Land gezogenen Kutters, die an Buhnen schlagende See –, bis er bemerkte, daß sie für seine Arbeit kaum taugten. »Ein Foto mag noch so brillant sein«, äußerte er beim Betrachten der Vergrößerungen, »es bleibt ein technisch bedingtes Ergebnis, ein Werk auch der Optik und der Chemie. Wenn ich als Maler sprechen darf: Mir denn doch zu wenig.«

Die praktische Erfahrung hatte allerdings zur Folge, daß

Ilona Ripke fotografierte den Künstler 1983 vor Eröffnung seiner Ausstellung in der Berliner »Galerie a«

nun, vor allem während der Ferienmonate, Vertraute den Künstler in ganzen Serien »erhaschen« durften. Auch Berufsfotografen wurden nicht mehr nur »zwangsweise toleriert«, gelegentlich machte es dem Künstler nun sichtlich Freude, »für psychologische Studien Modell zu spielen«, wie 1971 nach der Eröffnung seiner Ausstellung in Heringsdorf – »scheißfein mit Borsalino, aber schmutzige Gartenschuhe«, die Aufnahme des Berufsfotografen versah er für Freunde mit der Notiz »Euer Drolliger« – und 1974 für Fotos des Leipziger Fotografen Günter Rössler im Auftrag der Modezeitschrift »Sibylle«, bei der er mit dem »bestrickten Modell« scherzte, »wo denn das Fadenende zu finden sei«, oder für ein Psychogramm Christian Borcherts, der ihn in blauer Schifferjacke mit Ankerknöpfen und in weißen Seglerschuhen im Lüttenorter Garten posieren ließ. Rollenspiel war dem Maler durchaus vertraut.

Noch 1982 stellte er sich Bernd Lasdien für eine Porträtserie zur Verfügung, schnitt 1983 nach der Eröffnung einer Aquarellausstellung in der Berliner »Galerie a« Grimassen für die Fotografin Ilona Ripke und leistete sich das besondere Vergnügen, von Günter Rössler 1982 für die Zeitschrift »Das Magazin« gemeinsam mit einem Aktfoto-Modell abgelichtet zu werden, das zu malen er sich natürlich auch nicht nehmen ließ: Bildnis »Sitzende (Chinyere)«.

EIN ANDERES EXPERIMENTIERFELD, ein dem Künstler gemäßeres, tat sich auf: Herbert Tucholski (1896–1984) hatte ihn 1960 eingeladen, in den von ihm betreuten Druckwerkstätten des von Fritz Dähn gegründeten »Instituts für bildende Kunst« in Berlin zu arbeiten. Und er nahm freudig an, um sich nach frühen Versuchen vor allem in der Technik des Holz- und Linolschnitts, auch des Radierens (1918–1920, 1927 und 1953) wieder drucktechnischen Verfahren zuzuwenden – nun beflügelt von der Möglichkeit der engen Zusammenarbeit mit einem erfahrenen Kunstdrucker. »Unbefangen und wagemutig wie ein Zwanzigjähriger stürzt sich Niemeyer in ungewohnte technische Verfahren. Gerade aus der Spannung von technischer Ungeübtheit und reifster künstlerischer Gestaltungskraft entstehen Arbeiten von entwaffnender Selbstverständlichkeit«, schreibt Wulff Sailer, einer der von ONH schon Anfang der sechziger Jahre geförderten »jungen Künstler« der Insel Usedom, im Vorwort zum ONH-Werkkatalog der Druckgraphik. In schneller Folge entstanden Kaltnadelradierungen und Lithographien, und auch andere Methoden und Verfahren (Aquatinta, Vernis mou, Umdruck u. a.) wurden experimentell erprobt. »Ich wollte immer gern hinter das Drucken kommen«, äußerte der Künstler wenige Wochen vor seinem Tod beim Blättern in Rudolf Mayers Standardwerk über »Gedruckte Kunst« aus dem Dresdner Verlag der Kunst. »Letztlich war es wieder die Technik, die mich zurückschrecken ließ. Aber das Experimentieren und Realisieren mit Hilfe von Druckern macht mir doch großen Spaß.« So wurde sogar die kleine Druckwerkstatt in Lüttenort technisch erweitert, und in Zusammenarbeit mit dem geschätzten Kunstdrucker Ernst Lau

Der Maler 1964 beim Lithographieren in den »Zentralen Druckwerkstätten« in Berlin, fotografiert von Barbara Meffert

entstand ein künstlerisch bedeutsames graphisches Spätwerk als Ergebnis intensiven Bemühens um druckgraphische Äquivalente seiner Malerei und Zeichnung.

Ein »Ausflug in andere Gefilde« blieb es für ONH dennoch: »Wenn ich einige Zeit radiert und gedruckt habe, zieht's mich an die Staffelei, dann ist mir die Schwarzkunst über.« Die Liebe zur Farbe behielt Vorrang wie auch die von ihm oft erwähnte Suche nach dem Farbton des Südens. »Viele Jahre war ich im Süden«, schreibt er in einer ungedruckt gebliebenen autobiographischen Notiz aus den sechziger Jahren, »und ich möchte sagen, da habe ich mich mit Farbe aufgefüllt, und in mageren Jahren im Norden habe ich von dieser Substanz gezehrt.«

Im selben Dokument finden sich weitere aufschlußreiche Hinweise, die in diesem Zusammenhang beachtenswert sind. So schreibt er, daß ihm bereits als kleinem Jungen ein »großes, vielleicht entscheidendes Erlebnis« zuteil geworden sei. Beim Anfertigen einer Weihnachtsgirlande aus Buntpapier, die das ganze Zimmer umfassen sollte, habe er sich

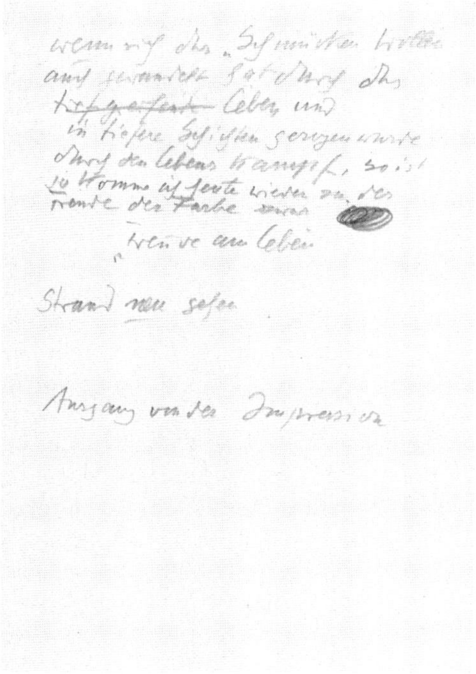

Autobiographische Notiz, um 1962

ausschließlich auf »ein helles Gelb und ein helles Blau« konzentriert, die Farben aus der schwedischen Flagge, die er aus diesem Grunde leidenschaftlich geliebt habe. Ende der siebziger Jahre relativierte der Künstler diese auf seine Kindheit bezogene Aussage insofern, als er bekundete, daß er im Laufe der Zeit gegen Farbvorlieben, deren er sich bei sich selbst bewußt geworden sei, ein kritisches, ja mißtrauisches Verhältnis regelrecht aufgebaut habe. Darin liege vermutlich der Grund für die »Ton-in-Ton-Verhangenheit«, die seine Bilder über lange Zeit mehr oder weniger stark bestimmt habe und die durch das Atmosphärische des Ostseeraumes nur bedingt zu erklären sei. Otto Manigk sei es gewesen, der ihn in dieser Hinsicht immer wieder »kritisch aufgeregt« habe, »den Schritt aus der Tonigkeit in die Farbe zu tun«, den er von Beginn an gesucht habe, sei er doch früh durch die hellen Farben des Tessins geprägt worden.

Eine gewisse Neigung zu Blau und Gelb ist dennoch durch alle Perioden seines künstlerischen Schaffens zu bemerken, auch wenn ganz natürlich weitere »Vorlieben« hinzutraten, wie zum Beispiel zu Kadmiumrothellst, einer Nuancierung, die im Handel nicht so üblich sei, auf die er aber ungern verzichte, weshalb er sie früher bei Farbhändlern – in Berlin meistens bei Spitta & Leutz und bei Otto Ebeling – extra bestellt habe.

Auch sein Verhältnis zu Schwarz habe sich im Laufe der Jahre durch sein gewandeltes Verständnis der hellen Farbtöne geändert; erst sehr spät habe er erkannt, daß man Schwarz als Farbe begreifen müsse, anders als Weiß, das man nur in den seltensten Fällen ungebrochen verwenden könne. Und seine Neigung aus Kindertagen, das Schmücken-Wollen, sei »durch das Leben in tiefere Schichten gezogen« worden, so daß er nun wieder zu der »Freude an der Farbe« komme, die er als »Freude am Leben« begreife. Und als Relativierung zu seiner gedämpften Tonigkeit früherer Perioden bekennt er 1957: »Meine jetzige Farbigkeit ist aus *Erkenntnissen* heraus zu verstehen, nicht, wie alberne Leute hier meinen, weil das Leben so viel schöner geworden ist.« (Brief an Werner von der Schulenburg, 20. 9. 1957) Er »habe das südliche Licht und südliche Farben« in den Adern, so seien es »*farbige* Graus«, die ihn begeistern und die er male (15. 1. 1958).

Es war nur allzu verständlich, daß der Maler, der immer gern Reisen unternommen hatte, nach Jahren erzwungener Seßhaftigkeit darauf sann, wieder die Koffer und das Malzeug zu packen. Nach Reisen zunächst vor allem ins westliche Deutschland zu eigenen Ausstellungen riskierte er zunehmend von da auch nicht genehmigte Abstecher in die Schweiz oder nach Süditalien. Bald aber folgten Reisen – nach Bulgarien, Rumänien, in die Sowjetunion und dort bis nach Usbekistan, vom Kulturbund oder vom Künstlerverband ermöglichte Erholungs- und Studienaufenthalte, die auf Verein-

Der Künstler und seine Frau beim »Malgang« in Buchara, 1965

barungen zwischen Kulturorganisationen der Länder beruhten. Später, nachdem Rentnern der DDR Besuche im »nichtsozialistischen Ausland« – so die offizielle Bezeichnung –, also auch in der BRD, erlaubt waren, ging man auf »Mumienreise«, wie der Maler es ironisierend nannte.

Besonders beeindruckte und bereicherte ihn eine Reise im Jahre 1965. Sie führte ihn und seine Frau gemeinsam mit zwei Kollegen, dem Maler Fritz Duda und dem Plastiker Karl Heinz Schamal, nach Usbekistan. Es war eine Malerreise in die Städte Samarkand und Buchara und ins Landesinnere. Beglückt und bereichert kehrte er zurück, und im Gegensatz zu seiner sonstigen Zurückhaltung, sich schriftlich zu äußern, war er nach der Rückkehr gern bereit, die Bitte der Monatszeitung »Humanitas« um einen Eindruck von seiner »Malerfahrt nach Usbekistan« zu erfüllen und den Lesern eines seiner auf der Reise entstandenen Ölbilder vorzustellen: »Medresse in Buchara«.

»Wieder«, berichtet er, »fuhren wir mit einem Taxi zum Malen hinaus in die Baumwollfelder und zu einem frei in der Landschaft liegenden, schon verfallenden Moscheenbereich, ähnlich einem Kirchengut, mit einem uralten Friedhof. Besonderer Anziehungspunkt war für mich ein schier verzauberter Garten mit Granatapfelbäumen. Die tiefroten und orangefarbenen Früchte im dunklen Geäst gemahnten an alte Bilder, Cranach. Kinder umringten mich zutraulich, und der Besitzer ließ es sich nicht nehmen, mir einen Armvoll Granatäpfel zu pflücken. Während ich malte, wurde ihm ›Pilaw‹ – köstlicher Reis mit Fleisch – gebracht, sehr gern folgte ich seiner Einladung und aß mit ihm von seinem Teller. Wir verstanden uns gut, obwohl wir kein Wort miteinander reden konnten.«

Von einem anderen Erlebnis berichtet der Reisegefährte Karl Heinz Schamal: »Niemeyer hatte sich mit seinem Klappstuhl einen Platz außerhalb des Ortes gesucht, um zu arbeiten. Bald umschlich ihn neugierig die Dorfjugend, und Niemeyer meinte erfreut, daß ihr Interesse seinem Malen gelte. Da schoß plötzlich einer der Jungen hervor, schnappte die lange Zigarre aus Niemeyers Gesicht und rannte fort unter dem Gelächter der anderen, die sich auch davonmachten. Von da an guckte Niemeyer, wenn wir Halbwüchsigen begegneten, immer argwöhnisch, ob derjenige dabei war, der ihm seine Zigarre geklaut hatte.«

Zu einem grotesken Zwischenfall war es während eines Ausflugs im Sommer 1955 an der Schwarzmeerküste gekommen, über den der Romanist Victor Klemperer, ebenfalls Reiseteilnehmer, in sein Tagebuch notierte: »Der Maler Niemeyer ist von feindseliger Bevölkerung gehindert worden, einen Eseltreiber zu malen. [...] H. sagte, es könne aus Aberglauben sein oder ähnliches.«

Das Fazit seiner Reisen war letztlich immer das gleiche, und er schrieb es in einem Artikel für die Zeitschrift »Bildende Kunst« (Heft 3/1959): »Im Ausland ist mir erst so richtig klar geworden, daß ich jetzt noch viel mehr als bisher speziell die Usedomer Landschaft malen werde.« – Denn »immerhin dürfen Sie nicht denken, daß es hier auf der Insel tot ist«, heißt es bereits 1951 in einem Brief an Werner von der Schulenburg. »Wir sind ein paar Malerfreunde und halten uns gegenseitig den Maßstab.«

Im Sommer 1960 endlich kam es zu einer »großen Fahrt«. Der Künstler und seine Frau reisten mit dem Motor-Frachtschiff »Leipzig« von Wismar über Hamburg, Rotterdam, Port Said, Suez, Port Sudan und Singapore nach Shanghai und zu weiteren chinesischen Häfen, von dort über Colombo zurück nach Wismar. Geladen war unter anderem »lebende Fracht«, wie der Kapitän Harald Leistner sich erinnerte: 500 Stück Zuchtschafe.

Es war dies ein Unternehmen, das für ONH nicht nur als große Seefahrt zu den beeindruckenden Erlebnissen dieser Zeit gehörte, es war zugleich eine Erfahrung, die den Maler in seiner künstlerischen Arbeit neu motivierte. Zustande gekommen war die »Mitfahrgelegenheit« auf sein Bitten bei der Deutschen Seereederei Rostock, die am Kauf einiger Ölbilder interessiert war. Bei dieser Gelegenheit hatte er sich sogleich dafür ausgesprochen, eine solche Möglichkeit des Reisens Künstlern der DDR im Interesse ihrer Arbeit überhaupt zu ermöglichen. So war diese Fahrt auch eine der ersten ihrer Art; ähnliche für andere bildende Künstler schlossen sich an.

Notwendig aber war zunächst eine vertragliche Vereinbarung zwischen der Seereederei, dem Rat des Bezirkes Rostock und dem Künstler, in der ONH für die Dauer der Reise den an Bord gültigen Gesetzen unterstellt wurde. Festgelegt war freie Fahrt, während für die Verpflegung an Bord ein Tagessatz von 5,80 DM zu entrichten war. Annelise Niemeyer wurde nicht ausdrücklich geführt; der Künstler selbst bezeichnete sie als »leider in doppelter Hinsicht blinden Passagier«, da zu dieser Zeit ihre Sehkraft bereits stark nachgelassen hatte. Verpflichtungen hatte sie ohnehin nicht, während der Maler beauftragt war, »in kulturpolitischer Hinsicht unter den Seeleuten folgende Aufgaben zu übernehmen: a) Unterstützung bei der Bildung eines Zirkels für bildnerisches Volksschaffen, b) Aussprachen über kunstgeschichtliche Fra-

ONH arbeitet an Deck des Frachtschiffs »Leipzig« an dem Gemälde »Im Atlantik«, 1960

gen sowie über spezielle Fragen der Malerei, Bildhauerei und Architektur der verschiedenen Länder«. Vermutlich werden dies mehr formale Verbindlichkeiten gewesen sein, um entsprechende Begründungen formulieren zu können. Aber es lag durchaus in der Natur des Malers, Interessierte an seiner Arbeit teilnehmen zu lassen und ihnen, so sie es wünschten, Aufschluß über sein Metier zu geben.

Die Seereederei und der Rat des Bezirkes behielten sich das »Vorkaufsrecht für die auf der Fahrt bzw. in Auswertung der Fahrt entstandenen Kunstwerke« vor. Dies konnte dem Maler nur recht sein, denn es befuhren schon einige Schiffe mit seinen Bildern die Meere wie das Motorfrachtschiff »Gera«, aber auch der Urlauber-Liner »Völkerfreundschaft«; und bereits früher schenkte er der Gemeinde Koserow für die Mannschaftsmesse ihres Namensschiffs, einen 500-Tonnen-Küsten-Motorfrachter, das Ölbild »Am Streckelberg« (1956), das nach dem Verkauf der »Koserow« im Jahre 1971 an einen norwegischen Eigner in Privatbesitz ging, aus dem es das Museum Lüttenort 1999 zurückkaufte.

Der Maler interessierte sich auch für die technischen Standards seines Gefährtes, des 1957 in Dienst gestellten Zweischrauben-Frachtmotorschiffes, das zu den großen seines Typs gehörte. Besonders beeindruckte ihn jedoch das unverstellte Verhältnis der Seeleute zueinander, das den Künstler und seine Frau einschloß. Und es ergaben sich Freundschaften. Der Zweite Funker des Schiffes, Wolfgang Siegenbruk, wurde, angeregt durch ONH, später selbst Maler.

Sein Freund, der Rundfunkjournalist Günter Klemm, der mit dem Schiff die Heimfahrt von einer Reportagereise angetreten hatte, erinnerte in einem Brief an ihn an ein Vorkommnis an Bord: »Wir hatten Taifun im Südchinesischen Meer, Taifun ›Olive‹, einen der bis dato schwersten in diesem Jahrhundert. Wir waren auf Höhe der Insel Luzon, als der Sturm plötzlich steuerbords gewaltige Brisen bis hoch in die Schiffsmasten drückte und natürlich auch durch die geöffneten Bulleyes der Passagierkammern. N-H., der kurzzeitig nicht in der Kammer gewesen war, kam erst dazu, als seine Bilder – er hatte sie dort wie zu einer Ausstellung aufgestellt – schon arg wassergeschädigt waren. Ich sah ihn bereits bei den Aufräumungsarbeiten, und er weinte, er hatte große Tränen in den Augen. Ich nahm, wohl nicht ganz zu unrecht, an, es waren auch Tränen der Wut über die eigene Dummheit, ausgerechnet an jenem Tag Bilder aufgestellt und die Bulleyes offengelassen zu haben.«

Das Verhältnis des Malers zum Meer änderte sich während der Reise. War sein Thema bisher doch meistens die nördliche Wasserkante, »die Stelle, an der sich Land und Wasser in Frieden oder Aufruhr begegnen«, so wurde es nun notwendig, sich als Künstler ganz der Farbwelt der südlichen Meere zu öffnen. Der Malduktus wurde kräftiger, die Palette hellte sich auf. Die überraschend große Zahl an Zeichnungen, Skizzen und Bildern unterschiedlicher Art, die auf dieser Reise entstanden, belegen die heftigen Auseinandersetzungen des Malers mit einem »neuen« Gegenstand.

Frische Brise ins Land

Im Spätherbst 1961 gab es in Lüttenort die letzte größere bauliche Erweiterung zu Lebzeiten des Malers. Seit Jahren schon hatte ONH gehofft, das ursprüngliche Gebäude auf dem Grundstück, einen abseits stehenden Geräteschuppen aus der Zeit der Nutzung des Geländes vor 1930, ausbauen zu können, um den bisher als Atelier verwendeten Raum, der zugleich zum Schlafen, für die Büroarbeit und gelegentlich auch für Hauskonzerte diente, zu entlasten. Überdies war er der Meinung, »daß man auch als freier Künstler diszipliniert ›auf Arbeit gehen‹ muß – und seien es nur ein paar Schritte«. Hatte es früher an Geld gefehlt, das Vorhaben zu realisieren, mangelte es nun an Baumaterial und Handwerkern. Doch war es endlich geschafft; am 10. Januar 1962 heißt es in einem Brief an Helga Roscher: »Ich darf's gar nicht schreiben – ich habe wochenlang nicht gemalt. O weh! Dieses ›O weh‹ nicht Dir gegenüber, sondern zu mir gesprochen. Denn das ist kein sonderlich guter Zustand. Es half nichts, ich mußte Lüttenort um und um krempeln, um Platz für meine Bilder [...] zu schaffen. Jetzt ist alles in der Hauptsache fertig, Du wirst staunen. Das neue Atelier – Schreckenskammer – ist köstlich geworden. Und sonst Lüttenort piekfein. Jetzt solltest Du hier sein, ich würde Dich noch und noch malen.« Um auch sichtbar Achtung vor schöpferischer Arbeit einzufordern, schrieb er mit blauer Ölfarbe das Wort TABU auf die Scheibe der Tür und ging, nun schon im sechsundsechzigsten Lebensjahr, mit gesteigerter Energie »auf Arbeit«, da unter den verbesserten Bedingungen der Raummaße auch wieder mehr an größere Formate zu denken war. So wurde das TABU fortan der Platz, an dem ONH »seine Händel mit sich selbst« focht, wo er, wenn er nicht vor der Natur stand, die meiste Zeit arbeitend verbrachte, wo er auch Käufer und Besucher, nicht zuletzt Ratsuchende empfing und also den so betont

Der Künstler beim Zeichnen für das Gemälde »Sitzender Akt (Doris)«, 1971

gewählten Namen für diesen Gebäudeteil ad absurdum führte. »[...] die Tür öffnete sich jedem«, schrieb Matthias Wegehaupt. »Sollte gerade Tabuisiertes besonderes Interesse wecken? ONH brauchte Interesse, er brauchte Publikum.«

Und so erfüllte bald eine Trinität aus Terpentingeruch, Ölfarbenduft und Zigarrenrauch den Raum, die erst nach einem Herzinfarkt 1971 durch ein strenges Verbot des Koserower Arztes und Freundes Hans Burmeister vermindert wurde: »Wer rauchen muß, gehe ins Dorf. Hier wird nicht geraucht. Amen. Käpten« – der Zettel mit dem energischen Schriftzug findet sich noch heute an der Nebentür zum Atelier. Dennoch lagerten auch danach stets »beste Cigarren« im Klappkasten eines Biedermeiertisches: »Den Duft zu riechen, kann mir keiner verwehren.« Und gelegentlich geschah es, daß ein Besucher animiert wurde, »paar blaue Wölkchen« zu setzen, wobei der Käpten es sich nicht nehmen ließ, mit großer Geste das entflammte Streichholz zu überreichen.

So wurde das auch wegen der willkommenen Hintertür-Fluchtmöglichkeit ironisch »Dachsbau« genannte TABU sofort ins »Gesamtprogramm Lüttenort« integriert: »Zirkus täglich in drei Manegen.« Nach dem Tod des Hausmeisterehepaares Hartwig, das im Nebenbau gewohnt hatte, wurde das TABU um eine kleine Druckwerkstatt sowie um eine »Klause« erweitert, die auch einen großen Namen bekam: Cafeteria. Kaffeemaschine und Mokkageschirr standen bereit.

ZUM 65. GEBURTSTAG DES MALERS erschien in der beliebten Reihe »Welt der Kunst« (Henschelverlag) eine monographische Darstellung; neben auf dreizehn Bilder konzentrierten Werkinterpretationen fand der Leser einen biographischen Essay, der das Schaffen zum ersten Mal in einen weiteren Zusammenhang der Kunstbewegung in Deutschland stellte. Autorin war die in Magdeburg tätige Kunsthistorikerin Sigrid Hinz, die sich in interpretierenden Pressepublikationen sehr früh mit der Malerei Niemeyer-Holsteins auseinandergesetzt hat und der das auch vom Künstler gewürdigte Verdienst gebührt, »ohne schmerzende ideologische Phrasen darzustellen«, was als Wesentliches über den Maler und sein Werk zu sagen ist.

In einem erhalten gebliebenen Verlagsgutachten zum Manuskript, das Prämissen des geplanten Buches über diesen nicht ins Konzept der offiziellen Kunstpolitik passenden Malers selbstredend auch mit taktischem Kalkül formuliert, heißt es: »Das gleiche Lebensgefühl, das in seinen Landschaften und Stilleben zu uns spricht, äußert sich auch in seinen Menschendarstellungen, vor allem in den Bildnissen. In diesen Porträts treten uns Menschen gegenüber, ihm selbst wesensverwandt, im Einklang mit sich selbst, frei von Äußerlichkeiten und Extravaganz. Zweifellos ist die elementare Freude an Form und Farbe auch hier konstituierendes Ele-

ONH-Monographie von Sigrid Hinz im Henschelverlag, 1961; Cover-Bild: »Strand im Winter«, 1960

ment des Gestaltens. Darüber hinaus aber haben wir es mit treffenden Charakterstudien zu tun, die Seelisches durchaus widerspiegeln etwa im Sinne Leibls, der über seine Porträts das Wort prägte: Wenn er nur male, was er sehe, läge die Seele ohnehin darin.«

Dennoch fühlte sich der Künstler in einigen Passagen falsch verstanden und wünschte manches überarbeitet sowie einige sachliche Fehler eliminiert, wozu es aus Zeitgründen nicht mehr kam. »Die Sache an sich ist in einem traurigen Stadium«, schrieb Niemeyer im November 1960. »Frl. Hinz gab das Manuskript ab, bevor sie meine Korrekturen Ihrer Fassung in Händen hatte. Trotz Telefonanmeldung und Telegramme.«

Zu der erbetenen verbesserten Neuauflage konnte sich der Verlag jedoch nicht entschließen. Das kontingentierte, zumeist knapp bemessene Kunstdruckpapier der DDR-Planwirtschaft hätte es ohnehin nicht gestattet. Erst 1983 erschien mit einer neuen Bild-Auswahl und einem Text von Rudolf Mayer innerhalb derselben Reihe ein neues Buch, das letzte zu Lebzeiten des Malers, womit, nun mit Betonung des Spätwerks, auch der über Jahre gehegte Wunsch des Künstlers in Erfüllung ging. So erklärt es sich, daß Niemeyer-Holstein in der monographischen Reihe als einziger zweimal vertreten ist.

Es war dem Maler immer ein Bedürfnis, sich für Kollegen einzusetzen, denen die offizielle Anerkennung versagt wurde oder die in Bedrängnis waren. Es betraf dies vor allem jüngere Künstler im Lande, es betraf aber auch Kollegen im Ausland.

Im Februar 1962 wurde im Berliner »Pavillon der Kunst«, Unter den Linden, dem später abgerissenen sogenannten BZ-Pavillon, eine Ausstellung mit 140 Gemälden des rumänischen Malers Alexandru Ciucurencu (1903–1977) gezeigt, den ONH 1959 in Rumänien kennengelernt hatte und dessen subtile und stille Malerei er schätzte. So war es für ihn selbstverständlich, daß er sich für eine Ausstellung verwandte und sich wider alle Gewohnheit bereit erklärte, Worte zur Begrüßung dieses, wie es in einem Pressebeitrag hieß, »Meisters des ›poetischen‹ Realismus« zu sprechen, zumal er sich in solcher Apostrophierung selbst mitverstanden fühlte und Ciucurencu sich von den programmatischen Vertretern des rumänischen »sozialistischen Realismus« augenfällig abhob wie etwa von Corneliu Baba, zu dem ONH bei dessen Besuch in Lüttenort zwei Jahre später auch persönlich keine Beziehung fand. Vorsorglich versicherte er sich gelegentlich einer Begegnung mit dem Volkskammerpräsidenten Johannes Dieckmann des aktiven Zuspruchs dieses kunstsinnigen Politikers, der sich sogleich bereit erklärte, die Schirmherrschaft über die Präsentation zu übernehmen. Auch plädierte ONH dafür, ein Bild aus der Ausstellung, eine Karpatenlandschaft,

Eröffnung der Alexandru-Ciucurencu-Ausstellung. Pressefoto-Legende: v. l. n. r.: Alexandru Ciucurencu, Otto Niemeyer-Holstein, Dolmetscher, Volkskammerpräsident Johannes Dieckmann

als großes Kunstblatt im Lichtdruck zu veröffentlichen, was im Verlag der Kunst Dresden gerne realisiert wurde.

Ciucurencu schrieb in der Bukarester Zeitung »Neuer Weg« (2. 3. 1962): »Mein jüngster Besuch in der DDR – in Berlin selbst weilte ich nur vier Tage – war ein schönes, an künstlerischen und menschlichen Eindrücken reiches Erlebnis. Man ging mit so viel Verständnis, Erlebnisfrische und Kompetenz auf meine Arbeitsweise ein, daß ich als Künstler die schönste Bestätigung fand.«

Ein anderes Beispiel solch fördernden Interesses datiert aus späterer Zeit. Bei einem Besuch in München versuchte ONH 1979 die Redaktion des Propyläen-Kunstlexikons davon zu überzeugen, daß ein so bedeutender, in der Sowjetunion ausgegrenzter Künstler wie Anatoli Lwowitsch Kaplan (1902 bis 1980) in ein lexikalisches Werk von Gewicht gehöre, mußte schließlich jedoch enttäuscht feststellen: »Im Propyläenverlag kannte man nicht einmal den Namen Kaplan!«

Niemeyer-Holstein hatte Arbeiten des »Meisters aus Rogatschow« 1965 bei seinem Besuch der Newa-Stadt kennengelernt, war dem Künstler auch persönlich begegnet. Danach hatte er sich wiederholt mit dessen von Kennern geschätzten graphischen Zyklen zur klassischen jiddischen und russischen Literatur, publiziert in Original-Mappen der Dresdner eikon Grafik-Presse, aber auch in einem opulenten Band des Leipziger Insel-Verlags, sowie mit seinem keramischen Werk in einer Darstellung des Union-Verlags, Berlin, auseinandergesetzt. Den Terrakotta-Köpfen zu Gogols »Toten Seelen« – in 37 Fotos 1981 beigegeben der Neuübersetzung beim Aufbau-Verlag – sprach er Daumierschen Rang zu. »Fasziniert stehe ich immer wieder vor dieser neuen Welt«, schrieb er im März 1979 in einem Brief.

Im selben Jahr bat er Kaplan um Auskunft über einige technische Fragen, vor allem über das Entstehen der für die Lithographien einer bestimmten Periode charakteristischen Grundstruktur. Kaplan antwortete sofort und detailliert und übersandte ein mit einer Widmung versehenes »Beleg«-Blatt aus dem Fischke-Zyklus, das der Maler rahmte und gegenüber seinem Bett aufstellte, später noch erhielt es einen besonderen Platz in der Vigna. So entwickelte sich ein kurzer freundschaftlicher Briefwechsel, der dank hilfreicher Vermittlung der Germanistin Lia Strodt, einer Vertrauten Kaplans, möglich wurde. »Den Brief von N-H«, schrieb sie, »hat Anatoli Lwowitsch im Frühling erhalten und sofort beantwortet. Er hält Ihren Freund für einen sehr guten Maler, d. h. Künstler, in russ. Sprache ist es anders: Chudoshnik bedeutet viel mehr als ›Maler‹.«

Waren die mecklenburgisch-pommerschen Lande seit den Zeiten der Hanse nicht mehr als Zentren aktuellen Kunstgeschehens in Erscheinung getreten, so gab es Anfang der sechziger Jahre einen bemerkenswerten Akzent: eine zunächst im Rahmen der vom Ministerrat der DDR veranstalteten Ostseewoche, dann ab 1965 als Biennale der Ostseeländer selbständige internationale Kunstausstellung,

Karikatur von Harald Kretzschmar in der Zeitschrift »Eulenspiegel«, Heft 29/1965

die von »eigenverantwortlichen Ländervertretern« juriert wurde. So garantierte das Komitee unter dem Vorsitz seines Präsidenten Otto Niemeyer-Holstein eine von den sonst üblichen Bevormundungen durch Obrigkeiten unabhängige Ausstellung gegenwärtiger Kunst, deren Gesamtorganisation in den Händen des von der Dresdner Gemäldegalerie Neue Meister kommenden Kunsthistorikers Horst Zimmermann lag. Gewählt wurde ONH in seine Aufgabe von den Künstlervertretern der Länder wegen seines hohen Ansehens als Maler und Graphiker, akzeptiert von den Kulturfunktionären wohl auch aus diplomatischem Kalkül und wegen der Weltläufigkeit der Person.

Und der Künstler hatte seine Zusage in der Hoffnung auf anregende Begegnungen und künstlerisch beachtenswerte Angebote nach reiflichem Überlegen und Zurede von Freunden erwartungsvoll gegeben, immerhin gehörten zu den Mitwirkenden auch international hochangesehene Persönlichkeiten wie der Kunsthistoriker Nic Stang, später auch seine Frau Ragna, die Direktorin des Osloer Munch-Museums, mit denen, wenn es um Qualität ging, gewichtende Übereinstimmung zu erwarten war. Zwar waren die einzelnen Kollektionen dann naturgemäß von unterschiedlichen Meinungen und mancherlei Kompromissen geprägt, was nicht selten das diplomatische Geschick des Präsidenten verlangte, boten insgesamt aber immer sehenswerte Aspekte aus der Kunst der Ostseeländer. »Über die See wehte eine frische Brise ins Land, die durch administrative ›Windschirme‹ nicht gebremst werden konnte« (ONH). Und auch die Künstler der DDR fanden sich dank beharrlicher Dickschädeligkeit des Präsidenten zumeist in Rostock besser vertreten als anderswo im Lande. So erklärt es sich, daß der Grandseigneur, als welcher Niemeyer-Holstein in seiner Position empfunden wurde, »für sein völkerverbindendes Wirken« 1977 den »Stern der Völkerfreundschaft«, einen für Maler kaum gedachten Orden, verliehen bekam – sicherlich auch zum Befremden manches Streiters für sozialistisch-realistische Prinzipientreue.

Die Schriftstellerin Margarete Hannsmann, die in ihrem Buch »Pfauenschrei« ihr Leben mit dem Holzschneider HAP Grieshaber schildert, gibt ebenfalls einen Einblick in die Problematik, mit der ONH in dieser Funktion konfrontiert war: »Grieshaber wußte zwar, mit welchen Schwierigkeiten er zu kämpfen haben würde, berief sich bei seinem Entschluß, mitzumachen, auf das KSZE [Konferenz für Sicherheit und Zusammenarbeit in Europa], in dessen Zeichen die nächste Biennale-Ausstellung stattfinden sollte, doch rechnete er nicht mit den Fuchseisen, die ihm die eigenen Landsleute legten. So fuhren wir noch einmal diesen Herbst von Deutschland nach Deutschland ins novemberliche Dresden, zur vorbereitenden Sitzung des Biennalekomitees. Präsident war Niemeyer-Holstein. [...] Er kannte Grieshaber und setzte ihn durch, weil er wußte, auch er würde sich seinen Gegnern gegenüber durchsetzen.«

NATÜRLICH KONNTE SICH NIEMEYER-HOLSTEIN in HAP Grieshaber (1909–1981) eines verläßlichen Partners versichern. Ihre Freundschaft währte schon länger. Riccarda Grieshaber, die Frau des Künstlers, hatte einige Jahre auf Usedom gelebt, bevor sie 1949 einen Lehrauftrag für graphisches Gestalten an der Bernsteinschule in Sulz am Neckar annahm und den Holzschneider kennenlernte. ONH besuchte die Grieshabers mehrmals auf der Achalm bei Reutlingen und kehrte stets beglückt aus der Welt dieses Künstlers, die ihn faszinierte, zurück. »Besuch bei Grieshaber – zweimal war ich schon früher da. Für mich das Interessanteste der ganzen Reise«, schrieb er im Dezember 1964 an Rudolf Mayer. Während eines Besuchs entstanden einige verwackelte Amateurfotos, die ONH mit einer Schildkröte, HAP Grieshaber, seine Frau Riccarda und Tochter Ricca zeigen.

Und HAP Grieshaber besuchte auch ONH – zum Beispiel anläßlich seiner Teilnahme an den Biennalen der Ostseeländer in Rostock. Über einen dieser Besuche weiß ebenfalls Margarete Hannsmann anschaulich zu berichten, wenngleich mit einer kleinen Ungenauigkeit. Bei der von der Schriftstellerin bemerkten silbernen Drachme handelt es sich um eine als Nadel gefaßte Golddrachme aus väterlichem Besitz, die ONH auf dem Krawattenknoten zu tragen pflegte. »Der Besitzer empfing uns am Tor, was für ein Handkuß, im Haus seine Frau sorgte für Bewirtung, halbblind, stählern von Duldung, Verzicht, Arbeit durch Jahrzehnte, wer anders als sie hatte das großbürgerlich wirkende Anwesen zusammengehalten mit seinen vielerlei ineinandergeschachtelten, weiten und winzigen Gemächern? Käppn Nino, schlank, hochgewachsen, mit der silbernen Drachme im Knopfloch, führte uns ans Achterwasser, wo sein Boot lag, ein seetüchtiges Schiff, das ihm durch den Greifswalder Bodden die Ostseewelt und ihre Inseln öffnete; während der Greis mich umfaßte, um mich an Bord zu führen, so drastisch, daß ich rot wurde und Andreas mir zuzwinkerte, erzählte er von bestandenen Stürmen in skandinavischen Gewässern und mit Frauen, vom Festland auf seine Planken wechselnd. Er wolle mich malen, sobald ich wiederkäme und Grieshaber mich aus den Augen ließe. Zwei junge Helfer machten das Boot flott und drehten mit der Gesellschaft an Bord in der Bucht eine Runde. Der Käppn, mit Grandezza sich um ein Jahrzehnt verjüngt bewegend, ohne die Anstrengung verbergen zu können, sagte, daß er nur noch ein letztes Mal allein aufbrechen würde, irgendwann, um hinterher Orion zu verbrennen. So hieß das Schiff.«

In den »Ämtern« des Landes allerdings war die Wertschätzung ONHs keineswegs ungeteilt. So kam es »in Auswertung« der 4. Biennale, wie Dokumente im Landesarchiv Mecklenburg-Vorpommern aus dem Jahre 1969 belegen, in den oberen Rängen der Partei- und Staatsführung der DDR zu manch sorgenvollen Überlegungen. So verlautet, daß »die Personalfrage sofort mit dem Ministerium für Kultur geklärt« werden müsse, denn es sei »nicht mehr zu vertreten, daß Herr Niemeyer-Holstein als Präsident verbleibt«. Die Begründung dafür ist nicht nachzulesen, da sich die folgende Seite des handschriftlichen Konzepts nicht in der Ablage befindet. Daß es jedoch wiederholt zu Auseinandersetzungen gekommen sein muß, geht aus einem Schriftwechsel hervor, der bereits zwei Jahre vorher zwischen dem Ministerium für Kultur der DDR, dem Stellvertreter des Vorsitzenden des Ministerrates und Vorsitzenden des Komitees Ostseewoche, Dr. Lothar Bolz, sowie dem Leiter der Abteilung Kultur beim Rat des Bezirks Rostock, Werner Lorenz, stattgefunden hatte. Ihm ist zu entnehmen, daß seitens des Ministeriums personelle Eingriffe vorgesehen waren. In einem Brief der Leiterin der Abteilung Kulturelle Zusammenarbeit des Ministeriums für Kultur, Irene Gysi, an Werner Lorenz heißt es unter dem 23. 6. 1967, daß »in Abstimmung mit der Abt. Kultur des

Biennale in Rostock, 1977; ONH beim Eröffnungsrundgang. Pressefoto-Legende: v. l. n. r.: der Maler Walter Womacka, Helga Kuhnt, Sekretärin der SED-Bezirksleitung Rostock, Otto Niemeyer-Holstein, Ehrenpräsident der Biennale, Dr. Horst Zimmermann, Direktor der Kunsthalle Rostock, Dr. Werner Rackwitz, Stellvertreter des Ministers für Kultur, der Bildhauer Jo Jastram, Präsident des Internationalen Biennale-Komitees

ZK, den Genossen des Verbandes Bildender Künstler, Horst Weiss und Dr. Tschofen, der Abteilung Bildende Kunst des Ministeriums für Kultur, Dr. Eberhard Bartke und Karl-Heinz Kukla, festgelegt wurde, daß Prof. Otto Niemeyer-Holstein als Ehrenpräsident, Willi Neubert als Vorsitzender, Jo Jastram als Mitglied, Horst Zimmermann als Sekretär die DDR-Vertreter im Internationalen Komitee der Biennale der Ostseeländer sind«. Der Maler Willi Neubert aus Halle, ein freundlicher Erfüller staatlicher Erwartungen auch in seinen symbolisch-dekorativen Bildwerken, an der Stelle von ONH!

Dem widersprachen die Rostocker postwendend am 26. Juni 1967 und formulierten einen Kompromiß: »Wir bleiben [...] nach wie vor der Meinung, daß die vorgeschlagenen Persönlicheiten wie folgt tätig sein müßten, wenn wir grundsätzlich auf die weitere Mitarbeit von Herrn Prof. Niemeyer-Holstein Wert legen: Prof. Otto Niemeyer-Holstein als Präsident, Willi Neubert als Komiteemitglied der DDR, Jo Jastram als Komiteemitglied der DDR, Horst Zimmermann als Sekretär. Nur bei einem Ausscheiden von Prof. Niemeyer-Holstein könnte Herr Willi Neubert als Präsident des internationalen Komitees fungieren.«

Solchem Wechsel, einem versuchten Handstreich der sichtlich nervös gewordenen Kulturfunktionäre in Berlin angesichts der zunehmend freier und objektiver informierenden Ausstellungen in Rostock, wurde wegen der befürchteten Wirkung auf die ausländischen Partner letztlich denn doch nicht stattgegeben, weswegen die bemerkenswert diplomatische Weisung des Ministers für Kultur, Klaus Gysi, vom 4. Juli 1967 keineswegs wundert: »Herr Prof. Otto Niemeyer-Holstein bleibt Präsident, ohne weiterhin Komiteemitglied [des DDR-Komitees] zu sein, und Herr Horst Zimmermann Sekretär des Komitees.«

Doch scheint diese Lösung nicht auf allseitige Gegenliebe gestoßen zu sein, denn bereits im Juli 1969 heißt es unter Punkt 3 einer »Konzeption« zur Beratung des Komitees der Ostseewoche, daß »seitens des Ministeriums für Kultur eine Überprüfung der Zusammensetzung des Biennalekomitees vorgeschlagen [wird], um die Positionen der Vertreter des Realismus zu verstärken«. Selbst das so reduzierte Wirken des Präsidenten der Biennale konnte den Argwohn der Obrigkeit auf Dauer nicht aufheben, weswegen sie das Problem einige Jahre später »elegant« löste: sie entpflichtete ihn von seiner Aufgabe, indem sie ihn zum Ehrenpräsidenten erhob. Wer von den internationalen Teilnehmern der Biennale würde gegen eine solche Ehrung des geschätzten Nestors schon Einwände formulieren! Und dem Maler dürfte es nunmehr ebenfalls recht gewesen sein, eine doch zwiespältige Aufgabe endlich abzugeben. Immerhin, er hatte versucht, ein Fenster zu öffnen, und es war ihm gelungen.

ONH äußerte in Vorbereitung seines biographischen Erzählens, damit die Bemerkungen HAP Grieshabers ergänzend: »Es geschah, daß Leute ›von oben‹ auf die Pauke hauten. Da war's schwierig, sich Gehör zu verschaffen. Gewiß, man konnte sich auf die Entscheidungen der Länderjuroren berufen, die zu respektieren waren, komplizierter wurde es schon bei unseren westdeutschen Kollegen, da prallten die Rivalitäten nur so aufeinander. So bat ich Grieshaber, im Komitee mitzumachen, Einseitigkeiten aufzulösen, denn die Auffassungen mancher von der Münchner Tendenzen-Gruppe paßten den DDR-Kulturbanausen nur allzugut in den Kram. Da waren wir in der DDR oft schon viel weiter, offener. Schwierig war's bei der Auswahl für die Kataloge. Unversehens standen auch Arbeiten im Vordergrund, die eigentlich doch nur des lieben Friedens willen mit durchgerutscht waren – Kompromisse. Doch dann tauchten sie an der Spitze als Farbdrucke auf! Da war der Krach da. Natürlich wollte man den Schaden begrenzen, den Skandal vermeiden, also lobte man mich hoch und fort.«

Charakteristisches Werk

KONNTE DER KÜNSTLER bisher in Einzel- und Gemeinschaftsausstellungen jeweils seine neuesten Arbeiten zeigen, kamen Einladungen zu Retrospektiven erst relativ spät und beschränkten sich nach einer von mehr als 7000 Interessenten besuchten umfassenden Ausstellung in Mannheim 1958 – der Katalog nennt die überraschend hohe Anzahl von 104 gezeigten Gemälden – vor allem aus Museen der DDR. So zeigte die Nationalgalerie Berlin einen Überblick über das Gesamtwerk im Frühjahr 1961 als Ehrung des Künstlers zu seinem 65. Geburtstag. Diese Kollektion wurde anschließend von Museen in Greifswald, Rostock und Schwerin modifiziert übernommen.

Welche Schwierigkeiten sich bei der Realisierung solcher Werküberblicke einstellen konnten, zeigt ein aktenkundiger Vorgang: Es war unter bildenden Künstlern der DDR allgemein üblich, in der Bundesrepublik befindliche Bilder, waren sie erst einmal – zumeist unter Schwierigkeiten – dahin gelangt, für weitere Ausstellungen möglichst lange dort zur Verfügung zu halten. So verblieben die 1958 in Mannheim gezeigten Werke auf Wunsch des Künstlers für andere Ausstellungen (im Gespräch war u. a. das Museum Folkwang in Essen) zunächst dort in Verwahrung. »Da es verhältnismäßig schwierig war, die Bilder hierherzubringen, möchte natürlich auch der Maler die Gelegenheit ausnützen und die Bilder nach Mannheim noch in anderen Städten zeigen«, schrieb Dr. H. Fuchs von der Kunsthalle Mannheim an den Direktor des Schleswig-Holsteinischen Landesmuseums. So war es wohl leicht, dem in einem Brief vom 28. 10. 1960 an Dr. Vera Ruthenberg, Kustodin der Nationalgalerie, geäußerten Vorschlag des Malers zuzustimmen, »meine sämtlichen Bilder aus Mannheim kommen lassen«, schwierig jedoch, ihn zu verwirklichen. Denn nun, mehr als zwei Jahre nach der Mannheimer

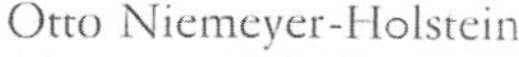

Katalog: Nationalgalerie Berlin, 1961; Cover-Bild: »Die Welle«, 1960

Ausstellung, gestaltete sich die Rückführung zu einem strapazierenden Prozedere, obgleich die sogenannte »Bezugsgenehmigung« des Lindenau-Museums im thüringischen Altenburg, das für diese Exponate die Verantwortung trug, bereits am 31. 12. 1959 abgelaufen war. Noch am 4. 3. 1961, zwei Monate vor Eröffnung der Berliner Ausstellung, schreibt der Maler, daß in Mannheim noch immer 21 Kisten und ein Koffer zum Transport durch DEUTRANS bereitstehen. Die Transaktion muß demnach erst kurz vor Hängung der Ausstellung in der Nationalgalerie realisiert worden sein.

Als weitere umfassendere Niemeyer-Ausstellungen können die in Rostock (Kunsthalle, 1966), in Dresden (Alberti-

Die von der National-Galerie geplante Ausstellung zum 65. Geburtstage von Otto Niemeyer-Holstein giebt mir Anlass meine Freude zum Ausdruck zu bringen über die verdiente Anerkennung, die auf diese Weise seinen künstlerischen Bemühungen und seinem Werk zu Teil wird. Ich übermittele ihm mit meinen Grüssen herzliche Wünsche für seine weitere Arbeit.

Erich Heckel.

Grußwort von Erich Heckel zur Eröffnung der Ausstellung in der Nationalgalerie, 1961 (Katalog)

num, 1973) und eine zweite Retrospektive 1976 in der Berliner Nationalgalerie (danach in der Kunsthalle Rostock und in den Staatlichen Museen Schwerin) gelten; größere Kollektionen sah man zu dieser Zeit auch in Leipzig, Frankfurt an der Oder, Magdeburg, Erfurt und in anderen Städten.

Das Werk Otto Niemeyer-Holsteins war mit solchen Ausstellungen nun beurteilbar veröffentlicht, die Meinungen begannen sich zu differenzieren.

IM UMFELD DER AUSSTELLUNG »Otto Niemeyer-Holstein – 65 Jahre«, kam es auch zum Ankauf des ersten Bildes durch die Nationalgalerie. Als Anstoß darf ein Brief Dr. Vera Ruthenbergs an ihren übergeordneten Generaldirektor der Staatlichen Museen vom 27. Juni 1961 gelten, in dem es heißt: »Bei der letzten Wissenschaftlerbesprechung der National-Galerie wurde vorgeschlagen, das Gemälde ›Eisbarrieren am Usedomer Strand‹, das auch im Katalog der Ausstellung Otto Niemeyer-Holstein farbig abgebildet ist und als charakteristi-

Neuererdiskussion. 1969
Mischtechnik auf Hartfaser. 190 × 230
Bez. r. u.: Neubert 69
1970. A IV 237
Vgl. vorangehende Diskussionsbilder. U. Kuhirt. W. N. (Farbige Gemäldewiedergaben). Leipzig 1969. Textabb. 3, S. 8 f., Farbt. 7, S. 12 ff.
Katalog Architektur und Bildende Kunst. Ministerium für Kultur u. a., Berlin 1969, S. 227, Farbt. S. 31 – Bildende Kunst 1969, H. 10, Farbt. n. S. 512 – Bildheft National-Galerie, 20. Jahrhundert, Berlin 1969, Abb. 57 – Katalog Architektur und bildende Kunst im Bezirk Halle. Rat des Bezirkes und VBKD Halle/S., 1969, Abb. – Autorenkollektiv. Sieger der Geschichte. Berlin 1969, Farbt. 308 – K. Weidner. Bejahung des Lebens und gestalterische Souveränität. Bildende Kunst 1970, H. 1, S. 4 f. – Diskussion vor Kunstwerken. Bildende Kunst 1970, H. 3, S. 122 f. Abb.

Neumann, Max
6. Juni 1885 Königsberg/Ostpreußen, lebt in München – Studium an der Kunstakademie in Königsberg bei L. Dettmann – Studienaufenthalte in Belgien und Italien – Seit 1910 freischaffend in Berlin

Ziegelei
Öl auf Leinwand. 57,5 × 73
Bez. r. u.: M Neumann
1919. A II 301

Landschaft mit Brücke. 1927
Öl auf Leinwand. 83 × 107
Bez. r. u.: M Neumann
1928. A II 674

Neuschul, Ernest
17. Mai 1895 Aussig/Elbe bis 21. September 1968 London – Studium an den Akademien in Wien, Prag und Krakau, Meisterklassen von J. Thiele und J. Mehoffer, anschließend ausgedehnte Reisen nach Spanien, Italien, Amerika – Seit 1925 in Berlin, Mitglied der „Novembergruppe", seit 1928 Mitglied der „ARBKD" – 1937 als „entartet" verfemt, Beschlagnahme seiner Werke – 1933 Emigration in die Tschechoslowakei, 1935/36 Aufenthalt in der UdSSR, Ehrenmitglied der Moskauer Künstlergenossenschaft, 1936 bis 1939 in Prag, 1939 Emigration nach England, seitdem freischaffend in London.

Kaschemme II. 1926
Öl auf Leinwand. 98 × 80
Bez. r. u.: Ernest Neuschul 1926
1967. A IV 132
Katalog E. N., Bezirksamt Tiergarten von Berlin, Westberlin 1966. Abb.

Die Plätterin. Vor 1930
Öl auf Leinwand. 65 × 46
Bez. l. u.: Ernest Neuschul
1967. A IV 133

Selbstbildnis mit Sohn. 1937
Öl auf Leinwand. 90 × 70
Bez. r. u.: Ernest Neuschul 37
1968. A IV 220

Niemeyer-Holstein, Otto
11. Mai 1896 Köln, lebt in Koserow auf Usedom – 1914 bis 1915 Soldat – 1916 bis 1925 in der Schweiz, Studienreisen nach Italien und Südfrankreich, Studium bei K. Witte in Kassel, seit 1925 in Berlin, Malunterricht bei W. Jaeckel und A. Segall – Seit 1933 Wohnsitz in Koserow auf Usedom – Studienreisen 1955 nach Bulgarien, 1958 nach Italien und dem Tessin, 1959 nach Rumänien, 1960 nach China – 1965 Ernennung zum Professor, freischaffend.

Apfelstilleben. 1957
Öl auf Hartfaser. 28 × 60
Bez. r. u.: O.NH. (N und H zum Monogramm verbunden) 57
1967. A IV 105

Eisbarrieren am Usedomer Strand. 1960
Öl auf Hartfaser. 30,5 × 60
Bez. r. u.: O NH (N und H zum Monogramm verbunden) 1960
1961. A III 460
Katalog O. N.-H., 65 Jahre, National-Galerie, Berlin 1961, Farbabb. 2 – Katalog O. N.-H. a. a. O., 1966, Abb. 45 – Bildheft National-Galerie, 20. Jahrhundert, Berlin 1969, Abb. 37

Junger Maler. 1961
Öl auf Hartfaser. 53 × 40
Bez. l. u.: O NH (N und H zum Monogramm verbunden) 61
1965. A IV 69
Bildnis des Berliner Künstlers Joachim John (geb. 1933).
R. Mayer, a. a. O., 1967, Farbt. 79

Buhnen am Usedomer Strand. 1965
Öl auf Hartfaser. 59,5 × 79,5
Bez. r. u.: O NH (N und H zum Monogramm verbunden)
1967. A IV 106

Katalog O. N.-H., Kunsthalle Rostock, 1966, Abb. 46, Nr. 44 – R. Mayer, O. N.-H., Berlin 1967, T. 57.

Nolde, Emil (Emil Hansen)
7. August 1867 Nolde/Nordschleswig bis 13. April 1956 Seebüll/Holstein – 1884 bis 1888 Schüler der Sauermannschen Schnitzschule in Flensburg, 1888/89 Studium an der Karlsruher Akademie – Bis 1891 Entwurfszeichner für Möbel in München, Karlsruhe und Berlin, 1892 bis 1898 Lehrer an der Gewerbeschule in St. Gallen/Schweiz, 1898 an der Kunstschule F. Fehr in München, 1899 in A. Hoelzels Malschule in Dachau, 1899/1900 an der Académie Julian in Paris – Aufenthalte in München, Paris und Kopenhagen – Seit 1901 Künstlername Nolde – 1902 in Berlin, Mitglied der „Berliner Sezession", 1905 bis 1907 in Dresden, vorübergehend Mitglied der „Brücke", 1907 Bekanntschaft mit E. Munch, 1910 in Hamburg, 1911 Ausschluß aus der „Berliner Sezession", Mitbegründer der „Neuen Berliner Sezession" – Reise nach den Niederlanden, 1912/13 auf der Insel Alsen, 1913/14 Reisen nach Rußland, Sibirien, Korea, China, Japan und Neu-Guinea, 1921 nach England, Frankreich und Spanien – Seit 1919 in Berlin und Seebüll – 1931 Mitglied der Preußischen Akademie der Künste zu Berlin – 1937 als „entartet" verfemt, mit 26 Bildern in der Ausstellung „Entartete Kunst" in München, 1052 Werke beschlagnahmt, 1941 Mal- und Ausstellungsverbot – 1942 Zerstörung des Berliner Ateliers – 1946 Ernennung zum Professor

Papua-Jünglinge. 1913/14
Öl auf Leinwand. 70 × 103,5
Bez. r. u.: Emil Nolde
1951. A II 1063
V. Ruthenberg, W. Heese, Nationalgalerie. Leipzig 1963, S. 37, Abb. Nr. 90 – Katalog Painters of the Brücke, Tate Gallery London, 1964 – Bildende Kunst 1967, H. 1, Abb. S. 25. – W. Hütt. Deutsche Malerei und Graphik im 20. Jahrhundert. Berlin 1969, Abb. 67 – Bildheft National-Galerie. 20. Jahrhundert, Berlin 1969, Abb. 3.

Nußbaum, Felix
11. Dezember 1904 Osnabrück bis 1943 in einem Vernichtungslager – 1924 Studium an der Kunstgewerbeschule in Hamburg bei A. Behnke, später an der Lewin-Funcke-Schule in Berlin bei W. Jaeckel und an der Hochschule in Berlin-Charlottenburg bei H. Meid und P. Plontke – 1933 Emigration nach Belgien, 1940 Internierung im „Camp de Gurs" in Südfrankreich, Flucht nach Brüssel, Verhaftung durch die Gestapo und Deportierung in ein Vernichtungslager

Belgische Landschaft mit Häusern. 1928
Öl auf Leinwand. 64 × 50
Bez. r. u.: Felix Nußbaum Belgien 1928
1930. A III 202

Oberboersch, Jupp
2. Januar 1884 Overath, lebt in Wyler bei Kranenberg/Niederrhein – Studium an der Düsseldorfer Akademie bei F. Roeber, H. Spatz und C. Meyer.

Katalog: National-Galerie – Gemälde des 20. Jahrhunderts, Staatliche Museen zu Berlin, 1976

sches Werk des Künstlers gelten darf, anzukaufen, da sich in der National-Galerie kein Werk von Otto Niemeyer-Holstein befindet. Der Vorschlag fand allgemeine Zustimmung.« Als Finanzier wird der Kulturfonds der DDR genannt; die moderate Summe von 3500 DM war vermutlich vom Künstler selbst benannt, um weitere Erwerbungen bei schmalem Etat nicht zu blockieren; spätere Ankäufe veranschlagen höhere Preise.

Auf das Bild mußte die Galerie freilich noch warten. Nach der Ausstellung 1961 und den folgenden in Greifswald, Rostock und Schwerin kam es zur Herstellung eines Lichtdruck-Kunstblatts noch in den Verlag der Kunst Dresden, von wo es dann nach Berlin gebracht wurde, wie der Empfangsbestätigung der Nationalgalerie vom 19. Juli 1962 zu entnehmen ist.

Obgleich es erst spät möglich geworden war, das Schaffen Otto Niemeyer-Holsteins in der Nationalgalerie mit einigen charakteristischen Werken – zu dem genannten kamen bald weitere, zwischen 1967 und 1975 angekaufte hinzu wie »Buhnen am Usedomer Strand« (1965), »Stilleben« (1967) und »Junger Maler« (1961), »Im Sumpf« (1947), »Alpenveilchen« (1954) und »Sitzender Akt vor Fenster« (1965/66) – in den kritisch-vergleichenden Überblick über die Kunst des 20. Jahrhunderts zu stellen, hingen die Gemälde nun neben Bildern des Freundes Otto Manigk als Beispiele des Schaffens wesentlicher Usedomer Malerei in der ständigen Ausstellung am Berliner Lustgarten und sind auch im Katalog »National-Galerie. Gemälde des 20. Jahrhunderts« neben den Arbeiten deutscher Künstler dieses Zeitraums wie Nagel, Nolde, Pechstein und Purrmann aufgeführt. Abgehängt wurden sie nach dem Beitritt der Deutschen Demokratischen Republik zur Bundesrepublik Deutschland im Zuge der Neugliederung der Berliner Museen. »Seit der (Wieder-)Vereinigung der Sammlungen 1991 bis 1994 und der Neuordnung der Häuser der Nationalgalerie«, begründet es die Neue Nationalgalerie unter dem 12. 10. 1998, »sind die Chancen für diese und zahlreiche weitere Werke deutscher Kunst des 20. Jahrhunderts verschwindend gering, jemals wieder in einer Ständigen Ausstellung Platz zu finden. [...] Ein rein technischer Grund ist das Mißverhältnis zwischen magazinierten Beständen und verfügbarem Ausstellungsraum (der durch die Aufgabe von Altem Museum und Otto-Nagel-Haus noch verschärft worden ist); ein konzeptioneller Grund ist die permanente Einlagerung eigener Sammlungsbestände zugunsten hochgradiger Sonderausstellungen in diesen Räumen. Zur Zeit sind hier nur 3 Räume für ca. 30 ›Highlights‹ der Kunst des 20. Jahrhunderts (von Munch bis Bacon) aus der eigenen Sammlung verfügbar. Der Rest des Hauses wird für die (wunderbaren!) Sonderausstellungen gebraucht. Und daran wird sich Grundsätzliches in den nächsten Jahren nichts ändern.«

So gingen die Gemälde ONHs, insgesamt 18 Werke, gleich den Bildern Otto Manigks und anderer bedeutender Künstler des Wohnsitzes »ehemalige DDR« ins Magazin des Museums – eine verschollen gemachte Generation, der Chance beraubt, mit ihrem spezifischem Aspekt der deutsch-deutschen und somit europäischen Kunstgeschichte im Dialog der Künste des 20. Jahrhunderts an historischem Platz mitzusprechen.

DAS WERKVERZEICHNIS des Künstlers weist viele Bildnisse aus. Beginnend mit den frühen der Schauspielerin Margaretha Fellerer, der jungen Lilli Danegger, des Schriftstellers Werner von der Schulenburg und seiner Asconaer Zimmervermieterin Baronin von Wrangel über Mitglieder der Familie bis zu den Künstlerfreunden Ottilie Reylaender-Böhme, Otto Manigk, Rosa Kühn, auch jüngeren wie Joachim John, Horst Leifer und Personen seines Freundeskreises wie den Pädagogen Dr. Gulecke, den »Buchhändler Ackermann« und den Berliner Neurochirurgen »Dr. Weickmann« bilden sie einen großen, qualitativ eigenständigen Teil seines Gesamtwerkes. Es gehe ihm ums Gemälde, in dem die Person sich »verhalte«, nicht um Befriedigung eines Anspruchs auf individuelle Ähnlichkeit, obgleich er auch auf die Wiedergabe von Charakteristischem, Physiognomischem, Persönlichem Wert lege. In einem Brief an die Usedomer Malerin Sabine Curio, damals Studentin an der Kunsthochschule in Berlin-Weißensee, schrieb Niemeyer-Holstein Ende Februar 1974: »Bilder für eine Ahnengalerie zu malen, ist witzlos, da es wunderbare farbige Reproduktionsmöglichkeiten gibt. Zum Zwecke der Repräsentation kann es notwendig sein, dazu muß man aber besonders versiert sein. Mich interessieren beide Kategorien nicht. Die Bezeichnung ›Bildnis‹ ist mir lieber. Ich mache mir ein Bild von jemandem – damit ist schon gesagt, daß ich nicht eine oberflächliche Ähnlichkeit suche. (Übrigens ist ›Ähnlichkeit‹ etwas sehr Fragwürdiges.) Ich suche mit meinem Gegenüber zu einer Korrespondenz zu kommen, zu einer sinnlich-geistigen Verbindung. Das ›Dazwischenliegende‹ ist das Entscheidende.«

Anfang der sechziger Jahre entschloß sich der Künstler, einige von ihm geschätzte Persönlichkeiten anderer Zünfte

ONH zeichnet den Schauspieler Wolf Kaiser, 1962

zu malen. Neben Bildern der Schauspielerin Helene Weigel, der Witwe Bertolt Brechts, entstanden Bildnisse der Schauspielerin Inge Keller, der vertrauten Freundin des Malers und seiner Frau, und Wolf Kaisers, des Mackie Messer der Aufführung des Berliner Ensembles von 1960 in der Regie von Erich Engel. Anfang der siebziger Jahre vereinbarte Vorhaben, die Schriftstellerin Anna Seghers und den Kieler Landsmann Ernst Busch zu malen, scheiterten an langwierigen Erkrankungen der »Modelle«. Den vierundneunzigjährigen »Gartenprofessor« Karl Foerster zeichnete Niemeyer-Holstein 1968 in Potsdam-Bornim; es entstanden mehrere Arbeiten, von denen auch Umdrucke vorliegen.

Gern war der Künstler selbst Modell, und er genoß den »Reiz sichtbaren Fortschreitens der Arbeit und die Phasen der künstlerischen Auseinandersetzung« bei Kollegen. So schrieb er im November 1965 an Wieland Förster: »Nun bin ich gespannt, was aus meinem Kopf geworden ist. Zur Biennale [in Rostock] wurde er nicht fertig – das macht überhaupt nichts. Aber konntest Du daran weiterarbeiten oder sitzt Du fest? Das kann ja auch passieren. Wenn Du mich

Max Uhlig: »Otto Niemeyer-Holstein«, Lithographie, 1971

noch einmal brauchst, sage es.« Der Bildniskopf steht heute im Lüttenorter »Atrium«. Und daß der Bildhauer durch das Wahrnehmen der habituellen Gestalt des Malers 1969 zur Figur »Großer Schreitender Mann« fand (Güsse stehen auf dem Güstrower Gertrudenfriedhof und auf dem Freigelände des Museums Unsere Lieben Frauen in Magdeburg), war ihm Anlaß zu Freude. »Ich habe bald zehn Jahre gebraucht, um eine entsprechende Form zu finden«, äußerte Wieland Förster 1989 in einem Interview mit der »Sächsischen Zeitung«. »Denn ich wollte ja auch nicht die Verherrlichung des Körpers als Symbol für Sport, Kraft, Leistungsfähigkeit, also Verwendbarkeit für Diktaturen. Ich fand die Form schließlich bei einer Begegnung mit dem Maler Otto Niemeyer-Holstein, diesem Siebzigjährigen mit der Erscheinung eines Römers, eines Usurpators, verfallend schon, aber noch mächtig. Da begann die Umwertung, daß ich dem starken Leib das Leid zugemutet habe.«

Eine »verblüffende Lösung« wie den Kopftorso »Käpt'n« von Peter Makolies zu bewundern, wurde Niemeyer-Holstein nicht müde, und er »ertrug« ihn als Gegenüber bei der täglichen Arbeit: die Plastik steht im Lüttenorter Garten vor dem TABU-Fenster.

Auch gibt es malerische und graphische Arbeiten – so von Otto Manigk, Ottilie Reylaender, Wieland Förster, Max Uhlig und Horst Leifer –, aus denen Charakteristisches, Physiognomisches und Persönliches Otto Niemeyer-Holsteins künstlerisch hervortritt.

OBGLEICH DER KÜNSTLER, von wenigen frühen Versuchen abgesehen, nicht plastisch-modellierend gearbeitet hat, fühlte er sich Kollegen dieser Spezies »staunend verbunden«. Nicht wenige Arbeiten in den Räumen und auf dem Grundstück von Lüttenort zeugen von Freundschaften des Malers mit Bildhauern, von denen er manche, jüngere, auch ermutigte und förderte.

Zu den alten Freunden aus den dreißiger und vierziger Jahren zählten neben Waldemar Grzimek und Fritz Cremer vor allem Gustav Seitz (1906–1969), den er trotz eines gegenseitig kritischen Verhältnisses in ästhetischen Fragen besonders schätzte. Seitz bemängelte die »Abwesenheit von Figur beim Nino« (Luise Seitz), Niemeyer-Holstein wiederum kritisierte »Manierismen wie Fettärsche auf Stecknadelbeinen in Gustels Spätwerk«. Der Rauswurf des Künstlers aus seinem Lehramt an der Westberliner Hochschule für Bildende Künste im Frühjahr 1950 – betrieben von Stadtrat Walter May (SPD) und dem Stadtverordneten Friedrich Kruspi (FDP) wegen Annahme der Gründungsmitgliedschaft bei der Deutschen Akademie der Künste (in Ostberlin) und wegen seines öffentlichen Eintretens für die Verteidigung der deutschen Einheit – bestürzte Niemeyer-Holstein ebenso wie die Verunglimpfung des Bildhauers zwei Jahre später durch DDR-

Gustav Seitz 1951 auf dem »Orion« vor Lüttenort, Foto von Luise Seitz

Kulturverwalter, allen voran Kurt Magritz, die ihm die Verteidigung Ernst Barlachs gegen Formalismusvorwürfe verargten. »Auf philosophischem Gebiet«, schrieb damals Ernst Bloch an Seitz (11. 1. 1952), »gibt es Parallelen zu diesem Magritz. Sie heißen unter anderem Ernst Hoffmann oder Schrickel.« Ernst Hoffmann, den »Allgewaltigen« aus der Kulturabteilung des ZK der SED, kennen wir schon; Dr. Klaus Schrickel, Mitarbeiter im Staatssekretariat für Hochschulwesen, wechselte mit Lehrauftrag (Geschichte der Philosophie) gerade an die Humboldt-Universität. Erfüllungsgehilfen des Apparats der Macht.

ONH bekannte später, daß diese Verketzerungen hier wie da ihn in Verzweiflung gestürzt, das Beispiel Seitz und die den Bildhauer unterstützende Loyalität so Namhafter wie Pechstein, Scheibe, Schmidt-Rottluff, Hofer und anderer ihn aber auch ermutigt habe, der »Niedertracht, die keine Grenzen kennt, auf seine Weise zu widerstehen«. Luise Seitz berichtete

1986, daß »dem Fußtritt der Tiburtius-Leute eine, wie Carl Hofer es genannt habe, ›politische Hetze von Rotzjungen‹ vorausgegangen [war], die sich paradox vor allem gegen jene richtete, die das Anti-Kriegs-Manifest des Pariser Friedenskongresses der Intellektuellen unterzeichnet hatten«.

Die Freundschaft zwischen ONH und Gustav Seitz blieb auch nach der Übersiedelung des Freundes nach Hamburg eng und herzlich. »Ich liege leider noch im Krankenhaus«, schrieb der Bildhauer zwei Tage vor seinem Tod an ONH (24. 10. 1969), »hoffe aber doch in den nächsten Wochen daheim zu sein. So eine Herzgeschichte braucht eine lange Zeit.« Der Verlust des Freundes war für ONH ein herber Schlag: »... tief bekümmerte mich der Tod von Gustel Seitz«, schrieb er am 3. 11. 1969 in einem Brief, »und ich konnte nicht zur Beerdigung fahren. Durch die Akademie versuchte ich es.«

In Lüttenort befinden sich mehrere Arbeiten von Gustav Seitz, so die weibliche Figur »Große Marina« und »Die Neugierige«, konzipiert als Türgriff für die »Porta d'Amore« am Museum für Kunst und Gewerbe in Hamburg.

Auch mit Fritz Cremer (wie Seitz vom Geburtsjahrgang 1906) verband ONH eine lange Freundschaft. Er verehrte den Bildhauer, und die Nachbarschaft – Cremer besaß auf Usedom ein Landhaus – führte ihn, ONH und Otto Manigk vor allem während der Sommermonate zum Austausch über Kunst- und Gesellschaftsfragen, gelegentlich auch zu heftigen kritischen Disputen zusammen. Cremer verstand Niemeyer-Holsteins Kunst als »eines der wenigen dauerhaften und lebendigen Bindeglieder einer Tradition, die echte Werte der Malerei herüberträgt in unsere Zeit«, und er ließ es sich nicht nehmen, die Ausstellung Niemeyer-Holsteins 1971 im Heringsdorfer Kunstpavillon mit der die anwesenden Kulturfunktionäre verblüffenden Feststellung zu eröffnen: »Seine Malerei offenbart ihre Schönheit, wenn man dieses strapazierte Wort einmal gebrauchen will, aber nur dem, der ohne voreingenommene rosarote Brille die Natur und das Leben sieht.« ONH wiederum schätzte an Cremer besonders dessen »konsequente Haltung des Plastikers, die sich nicht nur im Werk« zeige, »sondern auch in seiner Verteidigung gefundener Erkenntnisse gegen Bevormundungen durch Besserwisser« à la Tiburtius, der als Westberliner Senator 1951 eine Cremer-Ausstellung noch während der Eröffnungsrede des Dichters Arnold Zweig durch ein Rollkommando der Polizei schließen ließ, oder durch Banausen wie Kurt Magritz aus Orlow/Semjonows Stab bei der »Täglichen Rundschau«, der nahezu zeitgleich gegen Cremers »Pessimismus bei der Menschengestaltung« zu Felde zog. Trotz noch so extremer ideologischer Gegensätzlichkeit waren sich Kalte Krieger aller Couleur in einem Punkt allzeit einig: Kunst und Künstler als Vehikel der Ideologie zu mißbrauchen. Doch einig waren sich zumeist auch die Künstler, mit ihren Werken und ihrem Wirken für die »Wiederehrlichmachung der Begriffe Menschenwürde, Humanismus, Demokratie« zu stehen und mitzuverhindern, die »unselige Kluft in unserem Vaterland immer tiefer aufreißen« zu lassen (Gustav Seitz an Stadtrat May am 10. 5. 1950).

Sosehr die Ansichten ONHs und Cremers auch oft differierten – zum Beispiel über die Notwendigkeit politischer Präsenz im künstlerischen Werk –, so sehr war man sich einig in vielen anderen Fragen wie der umfassenden Förderung junger Talente. Als Sekretär für bildende Kunst verantwortete und verteidigte Fritz Cremer jene von ideologischen Sittenwächtern heftig angefeindete Akademie-Ausstellung »Junger Künstler« im Oktober 1961, bei der nicht nur damals noch unbekannte Junge wie Manfred Böttcher, Peter Graf und Hans Vent, auch von ONH hoffnungsvoll geschätzte Talente, sondern ebenso schon bekanntere wie Harald Metzkes in den Bannstrahl gerieten und durch seinen Einsatz schließlich sogar der Mentor selbst, den nur sein internationales Ansehen letztlich vor Konsequenzen bewahrte.

Cremers Plastik »Soldatenmutter« von 1943 vor der Lüttenorter Gartenmauer gehört zu den Arbeiten, vor denen der Maler bei seinen »Gängen« die Reverenz erwies: vor dem Schöpfer der Figur und vor dem Thema, das sie mahnend manifestiert.

SCHON ENDE DER FÜNFZIGER JAHRE begegnete man in Lüttenort jungen Künstlern, die, obgleich keine Schüler im herkömmlichen Sinne, zum Teil auch mit gegensätzlichen künstlerischen Positionen, sich Niemeyer-Holstein und dem Genius loci von Lüttenort verbunden fühlten. Sie suchten das kritisch-anregende Gespräch, die Türen in Lüttenort standen ihnen offen. Viele von ihnen traten bald ins Bewußtsein der Öffentlichkeit, schufen Werke von nachhaltigem Einfluß auf die Kunstentwicklung, wurden angesehene Maler und Bildhauer. Sehr früh zumeist erwarb oder ertauschte Niemeyer-Holstein Arbeiten, die er in einem gesonderten Raum versammelte, der »kleinen Galerie« neben dem TABU-Atelier. Für größere plastische Arbeiten geschätzter Kollegen schuf er »Gartenräume«. Und einmal diente die »Ablage« im hinteren Grundstück auch als Freiatelier. Hier arbeitete Werner Stötzer im Sommer 1975 an dem später von dem Aachener Sammler Peter Ludwig erworbenen Marmorblock des Entwurfs zu seiner fünfteiligen Relief-Gruppe »Katastrophen und Idylle«. Stötzer erinnert sich in einem Brief (vom März 1999): »Als ich die Marmorbrocken aufgebaut hatte, als meine Werkzeuge vor mir lagen, als ich die ersten Schläge machte, war im hinteren Teil des Gartens etwas geschehen, was vorher nicht war. Sie [Annelise und Otto Niemeyer] waren betroffen vor der Phalanx des Marmors, und sie waren betroffen wie Kinder, die am Abend in einem anderen Zimmer schlafen müssen. Sie wurden süchtig auf den Vorgang, zumal ich in den ersten Tagen gewaltig auf den Stein gedroschen hatte, um einen Eindruck zu machen. [...] Diese beiden alten Leute, die sich auskannten in den Dingen der Kunst, waren ein Publikum, das ich nur einmal in meinem Leben hatte. Er sagte in der Folge nicht zu ihr: ›Ich gehe ins TABU‹, er sagte: ›Ich gehe jetzt in die Werkstatt, ich will sehen, was er verändert hat.‹ Es gab zwischen uns keine Diskussion über die Gegenstände, an denen gearbeitet wurde, kein Drängen, kein Gespräch über die Veränderungen, die die Steine erfuhren. Nur Duldung und eine noble Scheu vor der Arbeit, die ich machte. So veränderte ich auch ein wenig mein Wesen.«

Werner Stötzer 1975 vor der Plastik »Sitzender Akt«, Sandstein (Arbeitsfassung)

Am künstlerischen Fortschreiten junger Kollegen nahm der Maler stets regen Anteil. »Ganz glücklich bin ich über Deine Arbeit«, schrieb er 1974 an Wieland Förster. »Wir sollten uns unbedingt sehr bald sprechen – künstlerischen Austausch haben.« An Sabine Curio machte er im September 1980 nach einem Besuch in ihrem Atelier am Stettiner Haff einen Vorschlag: »Die Landschaft, über die wir lange sprachen und die ich nicht als geglückt empfand: Du hattest den Wunsch, daran weiterzuarbeiten. Als Experiment – von der linken, guten Seite ausgehend – dieses stehen lassen – daran anschließend – auf dem Ölbild selber eine Collage entwickeln. Ich wäre gespannt.«

Und Max Uhlig, der Dresdner Maler, erinnert sich: »Er engagierte sich bis zuletzt für künstlerische Haltungen. Noch im Frühjahr 1983 unternahm er eine Reise nach Rügen, um mit dem Gewicht seines Wortes gegen eine ideologisch-provinzielle Schmähkampagne in meiner Ausstellung in Putbus aufzutreten.«

Im Stellvertreterkrieg

EINER EINLADUNG Niemeyer-Holsteins Anfang der sechziger Jahre war es zu verdanken, daß sich ein Gast aus Dresden an die Aufgabe machte, das bis dahin wenig erschlossene Werk des Künstlers zusammenhängend zu beschreiben: Rudolf Mayer, damals Leiter der Bildabteilung im Dresdner Verlag der Kunst. 1964 begann er in seiner eikon Grafik-Presse in direkter Zusammenarbeit mit Künstlern originalgraphische Editionen, zu deren ersten ein vierzig Farbholzschnitte umfassender Zyklus von HAP Grieshaber gehörte: »Totentanz von Basel« mit den Dialogen des mittelalterlichen Wandbildes – ein »gesamtdeutsches Ereignis«, das, wie die »Bayerische Rundschau« bemerkte, »in der Verlagsproduktion der Bundesrepublik seinesgleichen sucht«. Grieshaber hatte ONH offenbar von dieser Zusammenarbeit erzählt, ihm auch ein Exemplar der Edition geschenkt. So war es erklärlich, daß für den Maler sein »Wunschautor« feststand, der wiederum seine Zusage »von der vorsorglichen Ablehnung jeglicher Einmischung durch Dritte, etwa das Ministerium für Kultur«, abhängig machte, »dessen zuständiger Abteilungsleiter die Vorlage des Manuskripts vor Vertragsabschluß verlangt hatte«. Schließlich entstand nach längerer Vorbereitung, vielen Recherchen und mehreren Verzögerungen das Buch als erster Versuch, das Werk Niemeyer-Holsteins in seinen kunstgeschichtlichen und biographischen Beziehungen aufzuschließen und die Position des Künstlers zu veranschaulichen. Zugleich liefert die Monographie aus unmittelbarer Beobachtung Beschreibungen der Vorgehensweisen des Künstlers, denen der Vorzug der Authentizität gebührt.

Die Monographie erschien zu einer Zeit, als sich in der östlichen Kunstszene bereits unterschiedliche, manchmal gegensätzliche Bewertungen künstlerischer Erscheinungen durchsetzten. Das belegt auch diese Publikation, die zeigt,

Monographie von Rudolf Mayer im Henschelverlag, 1967; Cover-Bild: »Selbstbildnis an der Staffelei«, 1963

wie ein Maler unbeirrt vom Wechsel der Doktrinen sein Werk vorantreibt. Dies wurde auch bemerkt. Unter den Rezensionen finden sich nicht wenige, die diesen Sachverhalt herausstellen. Eine von ihnen traf das Problem im Kern: der Schriftsteller Heinz Ohff stellte im Westberliner »Tagespiegel« (28. 7. 1968) fest, daß man es mit einem Maler zu tun habe, »der weder hüben noch drüben so ganz ins Konzept paßt«, und gibt eine knappe Charakteristik, wie sie zutreffender in keiner anderen Zeitung in Ost wie West zu finden war: »[...] weniger vergrübelt und weniger ekstatisch als sein Landsmann Nolde, dafür in gewisser Weise nervöser, nie das Statische oder Dekorative, immer den Fluß, die Veränderung, auch die Gefährdung betonend, einen letzten Hauch Impressionismus einbeziehend, wirkt Niemeyers Werk ganz geschlossen und doch – im Gegensatz zu Purrmann – weit offen jener ›malerischen Malerei‹, zu deren letzten großen Erscheinungen er gezählt werden muß.«

1968, IM JANUAR, besuchte Otto Niemeyer-Holstein den Maler Oskar Kokoschka in Villeneuve am Genfer See, wo sich der Künstler und seine Frau Olda 1952 nach ihrer Rückkehr aus dem Londoner Exil hatten ein Haus bauen lassen. Kokoschka, der zehn Jahre Ältere, gehörte für ONH zu den Großen des Jahrhunderts, »zu denen man nur hochsehen kann«. Er besaß auch ein graphisches Blatt von ihm, das bereits in den dreißiger Jahren, so die Erinnerung von Luise Seitz, zeitweilig an einer Wand der »Urzelle« von Lüttenort hing, später im Atelier des Malers, zuletzt in seiner Druckwerkstatt. Bei dem Bild, einem Geschenk des Kunstwissenschaftlers, Sammlers und Fotografen Eberhard Troeger an ONH, handelt es sich um einen 1921 entstandenen und im Auftrag von Paul Cassirer im selben Jahr publizierten Lichtdruck der Lithographie »Das Konzert III (zu Mozart)«. Dargestellt ist Camilla Swoboda, die Frau des Wiener Kunsthistorikers Carl Maria Swoboda, die 1942 nach Lublin deportiert und wahrscheinlich dort umgebracht wurde.

Über den Besuch bei Oskar Kokoschka erzählt ONH in seinen Lebensgeschichten »Lüttenort«. Auch Erfahrungen in der »Schwarzkunst« wurden erörtert: »Wir sprachen viel über Technisches, übers Radieren zum Beispiel. Er zeigte mir seine Kupferplatten. ›I krieg imma so scheußlich schworze Händ davo, des mocht mi nervös.‹ Ich konnte es ihm nachfühlen, mich stört das auch, man bekommt die Druckfarbe schwer wieder ab und hat Furcht, das Papier zu beschmutzen.«

Die Druckwerkstatt in Lüttenort; über dem Sekretär die Lithographie »Das Konzert III« von Oskar Kokoschka

Bei diesem Aufenthalt in der Schweiz unternahm ONH auch einen Abstecher nach Rigi-Kaltbad am Vierwaldstätter See, wo er bereits 1928 gewesen war, um dort im Auftrag des Hotels Bellevue eine Vignette zu entwerfen. Von da schrieb er gegen alle Gewohnheit eine Ansichtskarte, die nicht nur die schöne Landschaft, sondern auch ein Vorkommnis dokumentiert. ONH grüßt seinen Adressaten von Oskar Kokoschka und verweist scheinbar beiläufig auf dessen im Berliner Verlag der Nation erschienene Anti-Kriegs-Lyrikanthologie »Tränen und Rosen«, die eine starke Resonanz in der Öffentlichkeit und offensichtlich das Interesse Kokoschkas gefunden hatte – in der DDR allerdings auch insistierende Aktivitäten ideologischer Sittenrichter, die auf Eliminierung einiger Text- und Bild-Beiträge drängten. Inkriminiert waren – neben manchen Gedichten und einer Baudelaire-Nachdichtung des damaligen Bundestagsvizepräsidenten Carlo Schmid – auch Reproduktionen von Werken zu jener Zeit in der DDR offiziell verpönter, doch international hochangesehener Künstler wie Salvador Dalí, Henry Moore, Max Beckmann, wobei der Vorwurf grotesk auf Propagierung pazifistischer Ideen hinauslief, was auch Arbeiten von Fritz Cremer (»Nie wieder!«), Otto Pankok (»Christus zerbricht das Gewehr«) oder A. Paul Weber (»Der Trommler«) unter Verdikt stellte. Damit geriet bei einem Buch dieses Themas vieles in »Schieflage«.

Im Falle Kokoschkas fiel zusätzlich eine »Aktion« unter die Ächtung. Der Künstler hatte auf Einladung des Zeitungsverlegers Axel Springer und mit großer Medienwirkung vom Dachgeschoß des Verlagshochhauses das Zentrum Berlins mit dessen sichtbarer Teilung, der Mauer, gemalt – für die DDR-Administratoren ein Grund, Kokoschka für lange Zeit als Persona non grata und sein Werk als nicht existent zu betrachten. So mußte auch das Belassen der Lithographie »Für die hungernden Kinder Europas« in der genannten Anthologie vom Herausgeber und vom verantwortlichen Verlagslektor gegen das Zensurverlangen verteidigt werden.

ONH, der von diesem zu jener Zeit noch nicht abgeschlossenen Vorgang wußte, hatte Kokoschka davon erzählt. In der Hoffnung auf »Mitleser« suchte er anschließend mit einer offenen Karte bei zugleich ausgestellter Schutzdistanz – Rückkehr zur längst verlassenen Anredeform »Sie« – auf eine naiv anmutende Weise zur Verteidigung des Buches beizutragen, ein Engagement, das verwundern mag, da ONH mangels themenspezifischer Arbeiten in den ersten Auflagen der Anthologie selbst gar nicht vertreten war. Mit der zunehmenden Gefährdung des Weltfriedens durch das Wettrüsten der Großmächte USA und Sowjetunion gegen Ende der siebziger Jahre gewann die Hoffnung des Künstlers Auftrieb, einen für seine Abscheu gegen jede Form von Gewalt ihn selbst überzeugenden künstlerischen Ausdruck zu finden, um an der dritten Auflage des Buches teilnehmen zu können. »Wir waren in den Vogesen vor einigen Jahren«, schrieb er in einem Brief an den Herausgeber. »Uns schauderte, als wir die vielen Kreuze sahen. Und dann die Wegweiser ›Hartmannsweilerkopf‹ und so fort. Wir sahen die Erde blutigrot. Vielleicht gelingt mir eine Radierung. [...] Ich muß probieren. Aber es liegt mir am Herzen.«

Das Blatt, eine Ätz-Radierung mit dem uncharakteristisch agitativen Titel »Habt ein besseres Gedächtnis!« vermochte den Künstler nicht ganz zu befriedigen. Dennoch willigte er ein, es in der erweiterten Auflage des Buches zu zeigen, die nach mehrfacher Verzögerung im Herbst 1989 erschien, infolge der Wende-Umbrüche aber nur zu einem Teil in den Handel gelangte. Der Verlag der Nation ging als Schnäppchen an einen Bayreuther Kleinverleger, der sich mit einer Publikation solch inhaltlichen Gewichts als überfordert erwies. Überdies schien Euphorikern mit dem Ende der Ost-West-Konfrontation auf deutschem Boden die Weltfriedensbedrohung ohnehin gegenstandslos geworden zu sein.

Die Wahl Otto Niemeyer-Holsteins zum Mitglied der Akademie der Künste, der angesehensten kulturellen Instanz der DDR, erfolgte erst spät: 1969. Da hatte der Künstler sein 73. Lebensjahr bereits überschritten. Zu gleicher Zeit wurden die von ONH geschätzten Maler Theodor Rosenhauer und Bernhard Kretzschmar aufgenommen, Vertreter der gleichen Generation und Künstler, die ihre Prägung ebenfalls schon in den zwanziger Jahren gefunden hatten.

Diese nach langem Zögern gefallene Entscheidung mußte auch als eine Korrektur verstanden werden, waren doch die üblichen Kriterien, vor allem Bekenntnis zum »Sozialistischen Realismus«, bei allen dreien nicht auszumachen – Grundbedingungen der Art, wie sie schon 1955 anläßlich der Akademie-Frühjahrsschau vom Präsidenten Otto Nagel laut Sitzungsprotokoll der Sektion energisch, wenn auch wirkungslos zurückgewiesen worden waren. Die allmähliche Liberalisierung, nun unter dem neuen Präsidenten Konrad Wolf, hatte leider auch ihre Kehrseite: Während es

1955 auf dem Sektor der bildenden Kunst gelungen war, auch dem freien Experiment einigen Raum zu geben, was zum Eklat geführt hatte, diente das neue Schlagwort von »Weite und Vielfalt« vor allem dem Einzug wendiger Karrieristen, »Leuten, die bereit sind, aktiv mitzuarbeiten«, wie Alfred Kurella, ZK-Ideologe und ständiger Taktiker, als Vizepräsident der Akademie gefordert und zugleich dafür plädiert hatte, »die Frage der höchsten Ehrung fallenzulassen«. Dies, konsequent verfolgt, hätte wiederum schlecht ins Konzept der nach internationaler Anerkennung suchenden DDR gepaßt. So wurden, laut Sitzungs- und Beschlußprotokoll der Sektion Bildende Kunst vom 20. Januar 1969, Vorschläge zur Änderung des Statuts bzw. der Geschäftsordnung diskutiert, wonach es künftig möglich sein sollte, »den Begriff ›Korrespondierende Mitglieder‹ auch auf solche im Inland wohnenden Mitglieder [anzuwenden], die noch nicht als Ordentliche Mitglieder aufgenommen werden können«, eine Formulierung, die angesichts des Ranges und Alters der zur Diskussion Stehenden ihren Hintersinn verrät. Und absurd wurden derlei Argumente vollends dadurch, daß der Direktor der Akademie sogar die Einführung des Titels »Außerordentliche Mitglieder« als »Vorauswahl für spätere Berufung zum Ordentlichen Mitglied«, die Installierung einer Probezeit quasi, ins Gespräch brachte – und damit auch die Möglichkeit einer Disziplinierung.

So kam im Januar 1969 neben Vorschlägen zu drei Ordentlichen (Willi Sitte, Walter Womacka, Gerhard Bondzin) und vier Außerordentlichen Mitgliedern (Willi Neubert, Jürgen von Woyski, Prof. Dr. Peter Feist, Ludwig Engelhardt) auch die Empfehlung, »folgende verdienstvolle Künstler der älteren Generation durch Aufnahme als Korrespondierende Mitglieder zu ehren«: Bernhard Kretzschmar, Theodor Rosenhauer, Otto Niemeyer-Holstein – Außenseiter.

ONH, der über Diskussionen und Hintergründe durch Freunde zumeist gut informiert war und die »ehrende Zurücksetzung« auch als eine »Quittung für Widerborstigkeit« wie die Verweigerung seiner Unterschrift unter die Zustimmungserklärung der Künstler zur Niederschlagung des »Prager Frühlings« ein Jahr zuvor verstand, fand sich nach anfänglichem Zögern bereit, die Wahl zum Kreis derer, denen, wie er spöttelte, »Korrespondenzfähigkeit noch nicht abhanden gekommen« war, in einem Brief an den Präsidenten »mit großer Freude« anzunehmen. Zwar sah er sich nun nicht unter den monatlich Dotierten der Akademie, dafür im Kreis der fraglos Angesehenen des internationalen Feldes, und er fand es nur »allzu drollig«, seinen Namen auf der neuen Liste der Akademiemitglieder in der entsprechenden Rubrik unmittelbar zwischen Masereel und Picasso zu finden. Das Titelblatt der Akademie-Mitteilungen vom September/Oktober 1969, in dem die neuen Mitglieder der Akademie vorgestellt wurden, schmückte eine Federzeichnung Karl Erich Müllers, eines Ordentlichen Akademiemitgliedes, was ONH belustigt feststellen ließ: »Das ist eben die wahre Kunst!«

Obgleich es dem Künstler, wie er im April 1965 in einem Brief an Hermann Raum vom Institut für Kunstgeschichte der Universität Greifswald bekannte, »nicht gegeben [war], das Negative zu malen – die Zerstörung«, ließ er doch keinen Zweifel daran, daß er sich in seiner Arbeit den Problemen und Prozessen seiner Zeit auf seine Weise gestellt hat. »Wer meine Bilder zu lesen weiß, sieht den Kampf mit dem Teuflischen. Gelingt er, so hat das Bild die ethische Haltung, die ich fordere.« So wundert auch nicht seine Hochachtung vor der Fähigkeit mancher Kollegen – Otto Nagel und Fritz Cremer gehörten zu ihnen –, zeitgeschichtlich »brennende Themen« künstlerisch zu formulieren. 1962 stieß er bei einem Besuch der Ermitage zu seiner Überraschung auf ein Gemälde, das er dort nicht vermutet hatte, das Bild »Erschießung (Rotjacke)« des deutschen Malers Heinrich Ehmsen, dem er erst einige Monate zuvor in Ahrenshoop auf dem Darß persönlich begegnet war. Das 1919 gemalte Bild der Erschießung des Matrosen Egelhofer faßt die Niederschlagung

Heinrich Ehmsen: »Erschießung (Rotjacke)«, Öl, 1919

der Münchner Rätedemokratie im Frühjahr 1919 in einem Bildgedanken, der, wie auch bei thematisch vergleichbaren Werken Goyas und Manets, über den Anlaß hinausweist. Ähnliche Ereignisse, deren Zeuge Ehmsen gleich vielen anderen, auch Schriftstellern wie Ernst Toller, Oskar Maria Graf und Rainer Maria Rilke, gewesen war, bestimmten die Meinung und Haltung des Künstlers und machten ihn in dieser Hinsicht mit ONH verwandt, den das traumatische Erleben der Menschenvernichtung im ersten Weltkrieg geprägt hatte. Im Gegensatz zu Ehmsen blieb ihm jedoch nur das Bedauern, daß ihm eine solche Art der Gestaltung, historische Anlässe und philosophische Aspekte als Szenen direkt in ein Werk einzubringen, nicht gegeben sei, wie er im genannten Brief an Hermann Raum (9. 4. 1965) schrieb. »In meiner Jugend machte ich den Versuch, mit malerischen Mitteln, Katastrophen darzustellen – das Ergebnis war unbefriedigend, meine Entwicklung nahm andere Wege.«

Dennoch war ihm das Vorbild Ehmsen wichtig, und es

Wenige zeitgenössische Maler vermögen politische Anliegen mit ausschließlich der Malerei eigenen Mitteln zu Kunstwerken umzusetzen. Heinrich Ehmsen gelingt das beispielhaft. Dies beweist er uns mit seinem verhältnismäßig kleinen, aber großen Bild "Erschießung" - einem der herausragenden der 6. Deutschen Kunstausstellung.
In dieser geistig-künstlerischen Haltung ist sein Gesamtwerk geschaffen, das uns in seiner Ausstrahlung Maßstab geworden ist - nicht nur uns Alten, auch jüngeren Malern. Dankbar beugen wir uns dem Meister Heinrich Ehmsen und seiner Lebensgefährtin Lis Bertram-Ehmsen, der Malerin.

Lüttenort/Usedom, den 12.7.1971 ONH

An dem Text darf nichts geändert werden wenn er abgedruckt wird.

Otto Niemeyer-Holstein

Manuskript zum Katalog der Heinrich-Ehmsen-Ausstellung 1971/72, Deutsche Akademie der Künste zu Berlin / Staatliche Museen zu Berlin

schien ihm geboten, gerade dieses expressiv auch vieldeutige Werk als Gegenstück zu manch hochstilisiertem Beispiel offiziell so gern gesehener »Tendenzkunst« in einem Grußwort zu einer von der Akademie der Künste gemeinsam mit der Nationalgalerie veranstalteten Ehmsen-Ausstellung im Jahre 1972 hervorzuheben. Denn daß Heinrich Ehmsen, dem 1949 gleich einigen anderen Künstlern wegen seiner Unterschrift unter die Pariser Friedenserklärung der Lehrauftrag an der Westberliner Hochschule für Bildende Künste entzogen worden war, auch für die Kulturverwalter der DDR unbequem blieb, gehörte für ONH zu den »unbegreiflichen Irritationen, mit denen sich schwer leben läßt«. Die handschriftliche Notiz unter dem Typoskript Niemeyer-Holsteins für den Ehmsen-Katalog erklärt sich daher.

SOOFT ÜBER DIE »GESELLSCHAFTLICH-POLITISCHE Haltung« des Künstlers gerätselt worden ist, so viel Nachdenken gab es auch in bezug aufs Religiöse. Doch hier wie da sind seine Äußerungen nur beim Wort zu nehmen.

»Weihnachten, wenn man nicht kirchlich-gläubig ist, hat auch leicht so einen süß-säuerlichen Geschmack; da müssen eben Kinder sein, denen das Kerzenlicht in den Augen funkelt«, schrieb ONH im Dezember 1965 an eine mit ihm befreundete Familie und bekundete zugleich: »Ein restlos freudiger Tag ist mir der der Wintersonnenwende – ich bin halt ein Heide.« Und der 21. Juni wurde, wenn möglich, auch mit einem Umtrunk am Sonnenwendfeuer auf der Lüttenorter Ablage begangen, zu dem er Gäste einlud. Es mag dies als ein Widerspruch erscheinen, gehörte es doch zu den rituellen Bedürfnissen des Künstlers, den Sonntag am Frühstückstisch mit dem Vorlesen einer sorgsam ausgesuchten Passage aus den »Sonntagspredigten« August Hermann Franckes zu beginnen, der wohlgehüteten Originalausgabe aus dem Vaterbesitz. Auch suchte er gern das Gespräch mit Vertretern der Kirche, vor allem der evangelisch-lutherischen, wie dem Pfarrer Graeber der Usedomer Gemeinde Koserow, dessen Frau er 1947 im Bildnis malte – »ein bißchen nach Frommer Helene geriet es« –, oder dem Freund »Pasting Bartels«, dem von Hans Werner Richter in seiner gleichnamigen Erzählung so genannten »Bruder Martin« der Gemeinde Benz, dessen Einladungen besonders zu den Sommer-Konzerten in die altehrwürdige Feldsteinkirche St. Petri er gemeinsam mit seiner Frau gern folgte.

Wichtig war ihm, der sich »kirchenfern« nannte, der Austausch der Gedanken, den er als Korrektiv verstand, und er war der Überzeugung, daß »Religion und Kunstwissen [...] unmittelbar aus dem Leben kommen und nach Gestaltung und Ausdruck suchen, daß sie sich gegenseitig speisen«, wie er 1948 an den Wolgaster Pfarrer Heinz Klett schrieb, daß ihr Auseinanderstreben »in die Vereinsamung und somit zur Verarmung« führt.

Charakteristisch in diesem Sinne ist auch eine Begebenheit,

ONH: »Bildnis Maria Graeber«, Öl, 1947

von der Martin Bartels anekdotisch berichtet hat: »Einmal war Bischof Gienke in Lüttenort zu Besuch. Lange sah er sich im Atelier des Künstlers um. Schließlich fragte er: ›Herr Professor, haben Sie denn auch Bilder religiösen Inhalts gemalt?‹ Da hat Niemeyer ihn vor der Antwort mit seinen durchdringenden blauen Augen lange angesehen: ›Aber Herr Bischof, meine Bilder sind alle religiös!‹«

ONH, der das »visuelle Verbundensein mit der Göttlichkeit der Natur« als Quelle seines Schaffens verstand, sah sich, so begriffen, durchaus als einen »Gläubigen« im Sinne der Äußerung Thomas Manns, die er als Zettelnotiz lange Zeit am Fensterstock im TABU-Atelier vor Augen behielt: »Religion – ist Ehrfurcht zuerst vor dem Geheimnis, das der Mensch ist.« Mit einem Anflug von Sarkasmus brachte er seine Auffassung im Zusammenhang seines autobiographischen Erzählens schließlich auch auf den für ihn gültigen

Punkt: »Ich bin nicht religiös, aber ich bin gläubig: ich glaube beharrlich an den Menschen, auch wenn's manchmal schwerfällt.«

DIE MÖGLICHKEIT, sich mit seinem künstlerischen Werk einer breiteren internationalen Öffentlichkeit vorzustellen, war für einen deutschen Maler des 20. Jahrhunderts, dessen Lebensweg von politischen Zwängen und zeitgeschichtlichen Isolationen bestimmt wurde, zwangsläufig problematisch und nach 1945 vor allem durch den Ost-West-Gegensatz auf unterschiedliche Weise behindert und begrenzt. Dem Kunsthistoriker Rainer Zimmermann und seiner verdienstvollen Arbeit über die »Deutsche Malerei des Expressiven Realismus« ist der Versuch zu danken, die, wie er sie nennt, Künstler der »verschollenen Generation« in die Kunstgeschichte zurückzuholen, Maler der Geburtsjahre vor 1900 vor allem, die in »umfassende historische Ausnahmebedingungen« gerieten. Die entscheidende Ursache für die über die Mitte des 20. Jahrhunderts hinaus festzustellende Verschollenheit sieht Zimmermann »in der Ausschließlichkeit, mit der im Westen die modernistischen Strömungen das Terrain besetzten und mit der im Osten auf dem ideologischen Engagement der Kunst bestanden wurde«. Doch kommt noch etwas anderes hinzu: Im Westen eine propagandistisch oktroyierte Ost-Phobie und im Osten die von Ideologen forcierte Abwehr von West-Infiltration. So war ein unvoreingenommener Austausch von Meinungen, Ansichten und Erfahrungen im Deutschland der Jahre ab 1933 und bis nahezu ans Ende des Jahrhunderts nur bedingt möglich, so daß schließlich nicht nur international längst angesehene Künstler wie Otto Nagel, Conrad Felixmüller, Hans Grundig, Josef Hegenbarth, Hans Theo Richter und Herbert Tucholski, die nach der Teilung Deutschlands im Osten (in der DDR) lebten, sondern sogar im Westen (der BRD) wohnende, in der DDR durchaus sehr bekannte Maler wie Otto Dix, Ludwig Meidner und Otto Pankok vor allem ihres zeitkritischen und gesellschaftspolitischen Engagements

MUSEUM ROSTOCK MAI–JUNI 1966

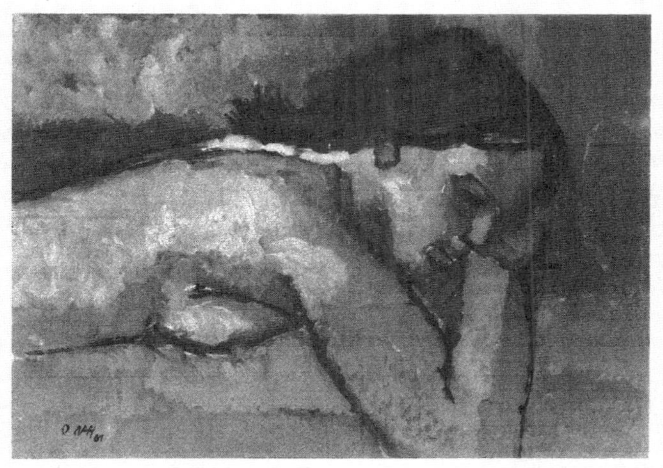

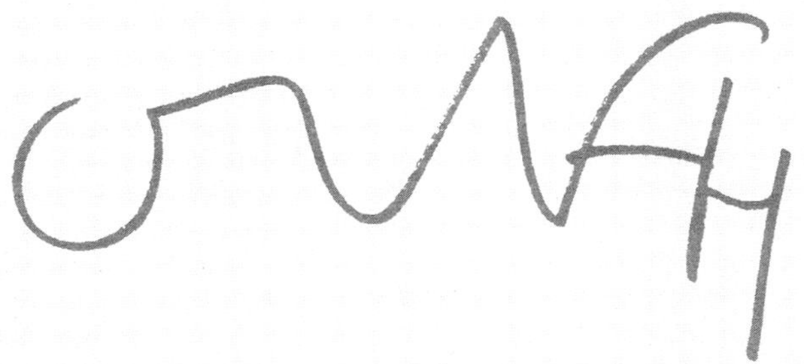

OTTO NIEMEYER-HOLSTEIN

Ausstellungsplakat des Museums Rostock, 1966; »Ruhende (Ake)«, 1961

wegen in der frühen Bundesrepublik ins Abseits gerieten, so daß es gerechtfertigt scheint, sie der »verschollenen Generation« zuzurechnen. Zimmermann nennt insgesamt 444 Namen.

Ein Blick auf einige Ausstellungen Otto Niemeyer-Holsteins inner- und außerhalb Deutschlands belegt den skizzierten Befund. Nach zwanzig versprechenden Teilnahmen an ambitionierten Gruppenausstellungen (auch im Ausland) in den zwanziger Jahren und bis 1933 gab es zwischen 1933 und 1945 nur noch zwei Teilnahmen an Auslandsausstellungen, wobei die Zürcher Bilderschau »7 junge in Berlin lebende Künstler« 1934 die früher vereinbarte Übernahme einer Ausstellung der Kieler Kunsthalle war, während die Wiener Schau 1943 (»Junge Kunst im Deutschen Reiche«) hier nur bedingt gezählt zu werden verdient. Eine Teilnahme an Veranstaltungen der Gruppe »Der Große Bär«, deren Mitglied ONH auch nach 1933 formell war, wäre nicht ohne weiteres möglich gewesen. Teilnahmen und Einbeziehungen im Inland während der Zeit von 1933 bis 1945 – es sind 15 – werden in ihrer Besonderheit an anderer Stelle beschrieben.

Einzelausstellungen mit Werken Niemeyer-Holsteins gab es in den Jahren zwischen 1922 und 1933 immerhin bereits 14; in der Zeit der NS-Herrschaft im In- und Ausland keine einzige, wenn man von der – gemeinsam mit dem Zeichner Kurt Paesler-Luschkowko bestrittenen – Ehrung des in Stettin geborenen Münchner Landschaftsmalers Eugen Dekkert zu dessen 70. Geburtstag im Herbst 1935 absehen will. Niemeyer-Holstein war da mit einer Auswahl von 24 Ölbildern und Aquarellen einbezogen, die dem Ausstellungsfaltblatt zufolge als eigenständige Gruppe gehängt waren.

Personalausstellungen im eigentlichen Sinne jedoch hatte der Künstler erst wieder nach Ende des Krieges: 1946 eine, 1947 zwei, 1948 drei. In den Jahren 1951 und 1952 hingegen keine einzige in West wie Ost, was Rückschlüsse auf das allgemeine Kunstklima in beiden gerade gegründeten deutschen Staaten zuläßt. Man hatte es eben mit einem Maler zu tun, der »weder hüben noch drüben ins Konzept paßt«.

Beteiligung an Ausstellungen hingegen ist in beiden Teilen Deutschlands zunächst mit steigender Tendenz zu bemerken. 1950 schickte ONH Bilder nach Berlin, Hamburg, Greifswald und, mit einer Ausstellung ostmecklenburgischer Künstler, in einige Städte der Region, außerdem war er in einer Wanderausstellung zu sehen (»40 bedeutende deutsche Maler«), die in mehreren Städten der Bundesrepublik gezeigt wurde.

Bis 1961 war es noch möglich, privaten Einladungen zu Ausstellungen in der Bundesrepublik Deutschland zu folgen. So zeigte die Städtische Kunsthalle Mannheim 1958 eine ONH-Ausstellung mit insgesamt 104 Werken, die nach Angaben des Museums großes Interesse fand. Solche Möglichkeiten verringerten sich bis 1966 zu Ausnahmen und konnten im Prinzip nur realisiert werden, wenn es sich um ohnehin in der BRD befindliche Bilder (z. B. in Heidelberg 1962: »Kunst des 20. Jahrhunderts aus Privatbesitz«) handelte, da Ausfuhr und Einfuhr von Kunstgut mangels eines Kulturabkommens zwischen beiden deutschen Staaten der besonderen Genehmigung bedurfte, die selbst für einen namhaften Künstler wie ONH nicht problemlos zu erlangen war. Hinzu kam, daß auch Galeristen in der BRD angesichts deutsch-deutscher Unwägbarkeiten mit Zurückhaltung reagierten.

Aber noch andere Erschwernisse gab es. 1963 wurde dem Künstler die Teilnahme an einer Ausstellungseröffnung in Kopenhagen verwehrt – nicht jedoch von Politbürokraten der DDR, sondern von Administratoren der NATO. »Deprimiert –«, schrieb der Künstler am 20. 11. 1963 in einem Brief, »meine Bilder – 38! – schwimmen schon nach Kopenhagen, aber es sieht so aus, als werde ich nicht hinterherschwimmen können. Von uns aus sei alles klar, sagt M. (vom Ministerium), aber die Einreise werde verweigert (Nato).« Deutlicher noch sagt es der dänische Maler und Schriftsteller Hans Scherfig in einer Kolumne der Zeitung »Land og Folk« (12. 1. 1964): »Seine Bilder sind auch nach Dänemark hereingekommen, aber seine Person konnte nicht mit. Von seiten Haekkerups und der dänischen Regierung stand dem nichts im Wege, daß Otto Niemeyer-Holstein von seinen dänischen

Kollegen empfangen werden kann. Aber im letzten Augenblick wurde das durch die überstaatliche Stelle verhindert, die trotz der Bestimmungen der dänischen Verfassung über der dänischen Regierung steht.«

Die Situation änderte sich nach und nach zum Positiven; allerdings wurde es für die Künstler der DDR durch die zunehmenden diplomatischen Anerkennungen der DDR eher leichter, im westlichen Ausland auszustellen als in der BRD, die nach dem Verständnis der DDR-Regierung als ausländischer Staat komplizierterer Art galt. Die mit vielen Staaten (außer der BRD) abgeschlossenen bilateralen Abkommen ermöglichten Kulturverträge, die wechselseitige Ausstellungen einbezogen. Außerdem gab es inzwischen ein beim DDR-Kulturministerium angegliedertes Zentrum für Kunstausstellungen, das sich besonders für das Zeigen von Gegenwartskunst im Ausland engagierte.

Zwischen 1961 und 1984 fanden umfangreichere Einzelausstellungen Niemeyer-Holsteins in Ascona und Bukarest, Kopenhagen und Uppsala statt. An der Eröffnung einer Werk-Präsentation in Santiago de Chile 1968 konnte der Künstler nicht teilnehmen, da, wie er in einem Brief schrieb, bereits »Unruhen in Chile« herrschten.

Ausstellungen, in denen ONH mit Werkgruppen vertreten war, fanden u. a. in Ägypten, Brasilien, Bulgarien, China, Dänemark, Finnland, Indien, Indonesien, Japan, Mexiko, Norwegen, Polen, Rumänien, Schweden, Syrien, der Tschechoslowakei, Uruguay und der UdSSR statt. Ausstellungen in der BRD hingegen blieben weiterhin aufgeschlossenen Museumsleitern, Galeristen oder Sammlern vorbehalten, die einem »Maler aus Ostdeutschland«, der auch als Geheimtip für künstlerische Wertbeständigkeit galt, die Chance boten, seine neuesten Werke zu zeigen. Daß solcherart Initiativen wiederum von der DDR-Regierung als Umgehung ihrer Kulturpolitik ausgelegt wurde, mußte der Maler gelegentlich erfahren. Außerdem wurden bildende Künstler wie Künstler überhaupt nicht selten zu »Spielmaterial« deutsch-deutscher Politik als Ausdruck der Ost-West-Konfrontationen oder rangierten im außenpolitischen Kalkül. »Der ideelle Erfolg war groß«, schrieb der Künstler 1964 in einem Brief. »Ich bekam vom Ministerium nur die Quittung, es wäre ein starker *außenpolitischer* Erfolg gewesen.«

IM GEGENSATZ zu vielen Zunftgenossen war der Maler bis ins Alter – sieht man von der Zuerkennung des Professorentitels durch die Philosophische Fakultät der Universität Rostock 1964 ab – ohne offizielle Auszeichnungen geblieben. Bei Empfängen, etwa im Umfeld der Ostseebiennale, zu denen das Anlegen von Orden und Ehrenzeichen erwünscht war, legte er dann mit provokativem Hintersinn das »Band der Lebensrettungsmedaille« an, jene Ehrung aus Schülertagen. Erst im Oktober 1974 erhielt er den Nationalpreis für Kunst und Literatur II. Klasse. Daß die Entscheidung zögerlich, gar halbherzig gefallen war, belegt nicht nur die sonst unübliche geschmälerte Klassifizierung für ein Gesamtwerk, es war die Ehrung beim Ministerrat der DDR auch wiederholt zurückgestellt worden, zuletzt drei Jahre vorher, als die Akademie der Künste den Vorschlag eingereicht hatte.

Dennoch zeigte sich der Künstler über die späte Ehrung erfreut, und er trug die goldene Medaille mit dem Relief des Goethe-Kopfes bei »gehörigen Anlässen«, selbst wenn nur die Spange anzulegen gewesen wäre: »Die Medaille ist es wert, sie nicht im Kasten liegen zu lassen.«

Unter diesem Aspekt mag das barsche Zurechtweisen eines Schreibers verwundern, der für die Wochenzeitung »Sonntag« über die Ausstellung »Eine Malerfreundschaft: Wegehaupt – Manigk – Niemeyer-Holstein« in der Berliner Galerie Mitte einen – unveröffentlicht gebliebenen – Beitrag verfaßt hatte. »Ich habe niemals Preise bekommen«, schrieb ONH ihm im März 1983, »Sie meinen wohl Auszeichnungen!« Dies mag angesichts der Tatsache überraschen, daß diese Ehrung die Bezeichnung »Preis« doch sogar im Namen führte; es spiegelt dies aber Niemeyer-Holsteins Verständnis, zwischen Preisen

Nationalpreis der DDR. Pressefoto-Legende / ADN-ZB, Foto: Link: Dem bekannten Maler Prof. Niemeyer-Holstein wurde am 4. 10. 1974 während einer festlichen Veranstaltung im Amtssitz des Staatsrates der DDR in Berlin durch Willi Stoph der Nationalpreis II. Klasse für Kunst und Literatur überreicht.

(im Sinne von Geldzuwendungen) und Auszeichnungen (Ehrungen) zu unterscheiden. Der Anspruch, seine Arbeit als Künstler von Gesellschaft wie Öffentlichkeit beachtet bestätigt zu finden, war ihm wichtig, er betraf die Basis seines Lebenswerkes.

Dieser Überzeugung gemäß verwendete der Künstler auch die Dotation des Nationalpreises sogleich dafür, die nach dem Tod des letzten Müllers verwaiste Holländermühle in Benz auf Usedom zu erwerben, vor dem Verfall zu bewahren und somit das Geld von staatlich-öffentlicher Hand wieder ins Öffentliche zurückzugeben und durch ein Mühlenmuseum auch des früheren Besitzers zu gedenken, mit dem ihn eine Freundschaft verbunden hatte. Werner-Jahnke-Mühle sollte das Bauwerk nun heißen – das Namensschild nagelte er nach

Die Mühle in Benz auf Usedom während der Rekonstruktion

der notariellen Übereignung selbst an die Pforte des Sackaufzuges –, und es sollte unter Denkmalschutz stehen. Einbezogen in die pflegerischen Überlegungen wurde die Ginsterlandschaft des Mühlenumfeldes samt dem alten Hohlweg für die Auffahrt der Fuhrwerke – ins Werk das Malers mehrfach eingegangene Situationen. Um den ursprünglichen Zustand zu erhalten, wurden gestalterische Eingriffe auf das Legen eines Steinwalls reduziert. Neuere Zusatzbauten in unmittelbarer Nähe widersprechen den Intentionen des Künstlers und seinem verfügten Wunsch.

DENNOCH und trotz offizieller Hochschätzung blieb die Bewertung des Werkes Otto Niemeyer-Holsteins in der DDR widersprüchlich. Die Weigerung des Künstlers, sich in geforderter Weise, »mit Wort und Tat in die Kämpfe der Zeit einzureihen«, stieß immer wieder auf Kritik.

Schon 1963 sah sich der Kunsthistoriker Hermann Meuche bei einer Diskussion im Greifswalder Universitätsklub veranlaßt, darauf zu verweisen, daß Niemeyer-Holsteins Darstellungsbereich zwar nicht die »Brennpunkte des pulsierenden sozialistischen Lebens« widerspiegelt, es aber richtiger sei, statt »thematische Einengung zu betonen [...], das Wertvolle anzuerkennen«. Und noch ein gutes Jahrzehnt später, bei einer Jahrestagung der Sektion Kunstwissenschaft des Verbandes bildender Künstler der DDR in Rostock (März 1976), bei der sich deren Mitglieder einen Eindruck von den »hauptsächlichsten Problemstellungen« auf ihrem Gebiet verschaffen sollten, mußte das Werk Niemeyer-Holsteins in seiner Spezifik offenkundig abermals verteidigt werden.

Das Protokoll der Tagung legt den Schluß nahe, daß vor allem die sattsam bekannten kulturpolitischen Forderungen im Mittelpunkt standen wie das Bemühen um ein »sozialistisches Persönlichkeitsideal«, die Darstellung »immer neuer, kühner, realer Entwürfe von Menschen«, die Forderung nach »Auseinandersetzung mit Erscheinungsformen bürgerlicher und reaktionärer Ideologien in der Kunst«.

Doch lohnt es sich, genauer hinzusehen. Kaum zufällig ans Ende und folglich an den Rand der Tagung gedrängt, sprach die Kunsthistorikerin Ulrike Görner, die 1974 in der kleinen Monographien-Reihe »Maler und Werk« (Verlag der Kunst) über Niemeyer-Holstein geschrieben hatte, über dessen Landschaftsmalerei, wodurch der Name des Künstlers dem Protokolltext zufolge überhaupt ins Blickfeld kam. Die Rednerin stellte das Werk des Malers in die europäische Tradition und widersprach jeglicher Vulgärinterpretation: »Ich bin nicht der Meinung, daß Niemeyer-Holsteins Bilder Ausdruck einer naiven Natursicht sind. Indem sie die hochstehende französische Malkultur verarbeiten, bringen sie ein vermitteltes Moment in sein Werk. [...] In diesem Sinn schafft Niemeyer-Holstein auch keinen Ersatz für sehnsüchtig Gewünschtes oder Verlorengegangenes, sondern er gestaltet ein sehr intellektuelles Verhältnis zur Natur.« Ein Einwurf, um dem leisen Wort des Malers im allzu lauten »gesellschaftlichen Dialog« dieser Zeit Stimme zu geben. Und ein Argument gegen das Banausentum.

Zu den für ONH wichtigen Ereignissen dieser Jahre zählten zwei Ausstellungen an historischen Plätzen: 1972 in Ascona, am Ort seiner ersten Schritte als Maler, und 1974 in Dresden, der sächsischen Kunststadt, der die Moderne »Die Brücke« verdankte.

»Im März 1918, also genau vor 54 Jahren, kam ich nach Ascona«, schreibt der Maler an Werner J. Müller, den Vorsitzenden der Kunstkommission der Amici delle Belle Arti. »Hier begann ich zu malen. Als junger Mensch, im Kreise bekannter und großer Maler, die in Ascona ansässig waren, anzufangen, war verwirrend und oft verzweiflungsvoll. Aber ermutigende Worte von Alexej von Jawlensky, Werner von der Schulenburg, Arthur Segal und Ernst Frick förderten die Lust am Malen. Ascona als meine Malheimat wurde schicksalsbestimmend für mich. Der Herbst des Nordens gepaart mit dem unendlichen Zauber des Südens scheint mir in besonderem Maße für die im Norden Lebenden das Schöpferische zu steigern. Das Licht, die Farbigkeit und die liebenswerten Menschen haben stets von neuem meine Malerei bereichert.«

Spiritus rector der Ausstellung war ein alter Bekannter des Malers, Wladimir Rosenbaum (1894–1984), Begründer des lokalen Kunstvereins und Inhaber einer Kunst- und Antiquitätenhandlung im Zentrum Asconas. Von Beruf Rechtsanwalt – er war ein erfolgreicher Strafverteidiger –, entzog man ihm in den dreißiger Jahren wegen Verstoßes gegen das schweizerische Neutralitätsprinzip die Anwaltslizenz, da er sich für Antifaschisten eingesetzt hatte, unter anderem 1933 mit dem Antrag auf Übernahme der Verteidigung Georgi Dimitroffs im Reichstagsbrand-Prozeß, später mit dem Versuch, Schweizer Militärflugzeuge an die spanische republikanische Armee zu vermitteln.

ONH verstand die Ausstellung als eine »späte Wiederkehr eines Unfertigen, nicht Rückkehr eines Fertigen«, diese Haltung war ihm gemäß. »2 Monate dauerte meine Ausstellung in Ascona«, schrieb er im Anschluß an den Kustos der Berliner Nationalgalerie, Willy Geismeier. »Für mich ein Ereignis, dort meine Bilder zu zeigen, wo ich vor 54 Jahren begann, meine ersten Malschritte zu machen.« Charakteristisch in diesem Sinne auch: Zur Eröffnung der Ausstellung hängte er ein noch nicht getrocknetes Ölbild, »Verblühende Tulpen«, das er im Reisegepäck mit sich geführt hatte. Und er schenkte dem Museum ein frühes, in Ascona entstandenes Ölbild: »Monte Verità«.

Völlig mißverstanden sah er sich einige Jahre später, 1980, in der Bewertung seines künstlerischen Wollens in einem Beitrag des Katalogs zu einer in Ascona und anschließend in Berlin, München, Wien, Zürich und andernorts gezeigten verdienstvollen Ausstellung über den Monte Verità als »Summe von Ideologien in einer mütterlichen Landschaft« – so der Ausstellungsinitiator Harald Szeemann im Vorwort. In einem Beitrag über die Künstler und Schriftsteller von Theo Kneubühler las man die Meinung: »Nach 1945 wurde er [ONH] Bürger der Deutschen Demokratischen Republik. Frick und Niemeyer sahen ihr Ziel in einer Veränderung der gesellschaftlichen Wirklichkeit. Kunst war zweitrangig, obwohl sie als Maler tätig waren. Sie scheiterten als Künstler und in dem, was sie politisch anstrebten.« Da lag Sarkasmus nahe: »Ahnungslos und hinterm Berg der Wahrheit.« Doch bald schon versöhnte Niemeyer ein anderer Text, die Einschätzung Beatrice Holdereggers im Katalog zur Ausstellung »Künstlergruppen in der Schweiz 1910–1936«, veranstaltet 1981 vom Aargauer Kunsthaus in Aarau: »Erst in den Nachkriegsjahren findet Niemeyer-Holstein nach einer langen Phase des Experimentierens zu seinem ganz persönlichen

Stil: Er verzichtet bewußt auf das Interpretieren und stellt das visuelle Erlebnis in den Mittelpunkt. Eine Wandlung von der Tonmalerei zur Farbe hat stattgefunden; die Bilder gewinnen an Spontaneität, ohne das Formale zu vernachlässigen.«

Zu den großen Ereignissen dieser Zeit gehörten für Niemeyer-Holstein die Ausstellung im Dresdner Albertinum 1974 und 1976 eine Retrospektive in der Nationalgalerie Berlin. Gezeigt wurden in Dresden Gemälde sowie Aquarelle und Zeichnungen aus den Jahren 1945 bis 1973 und in Berlin Werke aus sechs Jahrzehnten. Aufschlußreich bei der Eröffnung in Dresden war eine Bemerkung des Direktors der Galerie Neue Meister, Joachim Uhlitzsch, daß es erst mit einem im Vorjahr gekauften Bild Niemeyer-Holsteins, »Vereiste Ostsee«, möglich geworden sei, dem schon neun Jahre zuvor erworbenen, bisher »ruhelosen« Selbstbildnis des Malers nun gemeinsam mit diesem in der ständigen Ausstellung einen festen Platz zu geben, da das ältere keine Nachbarschaft von Werken anderer Künstler zu ertragen schien. Zugleich verwies er auf eine bereits früher bemerkte und auch vom Maler bestätigte Affinität: »Es gibt in der Gemäldegalerie Neue Meister noch ein Bild, das stets eine Wand für sich allein braucht, weil es wenig nachbarschaftsfreundlich ist, das ›Stilleben mit Rotkohl‹ des Belgiers James Ensor. [...] Daß das bei Ensor und Niemeyer so ist, liegt an der Eigenschaft ihrer Natursicht und -gestaltung.«

In Berlin sublimiert der Philosoph Wolfgang Heise in seiner Eröffnung ein Charakteristikum der Niemeyerschen Malkunst, auf das Kritiker zu unterschiedlichen Zeiten schon hingedeutet haben: »Auf der Malfläche entsteht das Gesehene neu, verwandelt, sein Eigensinn ist bewahrt und aufgehoben, erzählt in der vibrierenden Sprache der Farben, versenkt in den Zusammenhang des Bildganzen, in dessen Ordnung, eingewoben und artikuliert im Konzert farbiger Momente, die sie zur Erscheinung bringen, auf sie deuten, sie bedeuten und andeuten, dadurch das Gegenständliche selbst in Bewegung bringen, in einen Kontext stellen, der es verwandelt, zur hinweisenden Erscheinung, zum Glied der Welt werden läßt.«

Ergänzende Elemente

Es blieb für den Maler bis ins hohe Alter ein Bedürfnis, sich durch Musik für den Tag »stimmen« zu lassen, und manchmal stimmte er auf diese Weise auch seine Modelle, sie wurden nach ihrem Hörwunsch gefragt. So erklang während der Arbeit Musik, das »dekonzentrierende Palaver« verstummte. Die Schallplattensammlung war umfangreich und thematisch weit gefächert. Einen großen Teil bildeten Aufnahmen von Liedern und Liederzyklen. Zu den besonders geschätzten Sängern der letzten Lebensjahrzehnte zählten neben Julius Patzak, Gundula Janowitz, Annelies Burmeister, Hermann Prey und Dietrich Fischer-Dieskau vor allem die beiden Dresdner Theo Adam und Peter Schreier, dessen Interpretation der »Schönen Müllerin« zu hören er nicht müde wurde. Auch Gospels und Negro spirituals beeindruckten ihn. Aus den sechziger Jahren datiert eine Zeichnung, zu der ihn Mahalia Jackson angeregt hatte; danach entstand eine Radierung (Reservage auf Kupfer): »Konzert«.

Das aktive Musizieren wurde in Lüttenort traditionell gepflegt. In aller Frühe saß der Künstler oft am Flügel und spielte Inventionen von Bach, Sätze aus Mozartsonaten, Klavierstücke von Schumann und Brahms. Bei den Hauskonzerten in Lüttenort musizierte er mit den Malerfreunden Otto Manigk und Rosa Kühn, später wurden Jüngere »eingespannt«: Wulff Sailer, Matthias Wegehaupt, auch Gäste, die sich zu Sommerkonzerten auf der Insel einfanden, wie der Flötist Werner Tast oder junge Sänger aus Berlin und Leipzig, so Adelheid Vogel und ihr Bruder Christian.

Werke bekannter Komponisten der Moderne – so des »Zwölftöners« Arnold Schönberg und des »Neoklassikers« Carl Orff – gehörten zu seinem Plattenrepertoire, aber auch Aufnahmen neuer Musik von Krzysztof Penderecki, Werner Egk, Gottfried von Einem und Hans Werner Henze, und

Das Lüttenorter Freitagstrio; v. l. n. r.: Otto Manigk, Rosa Kühn, Otto Niemeyer-Holstein, 1952

über das Schaffen von Siegfried Matthus und Reiner Bredemeyer informierte er sich bei Berliner Akademie-Konzerten. Gerhard Rosenfelds Musikstücke nach seinen Bildern, die im Dezember 1980 in einem Potsdamer Kammermusikabend zur Uraufführung gelangten, empfand er als eine Ehrung.

Zur »Schwesterkunst« Literatur unterhielt ONH ebenfalls eine »rege Neugiersbeziehung«. Zahlreiche Äußerungen in Briefen und Gesprächen belegen die ständige Auseinandersetzung mit Literatur. »›Dr. Faustus‹ von Thomas Mann – ich las noch kein moderneres Buch, das mich so fesselte«, schrieb er 1951 an Werner von der Schulenburg. Oder: »Des Morgens im Bett nach dem Rasieren und Baden lese ich stets ein paar Seiten von Frisch«, schrieb ONH im Dezember 1962 an Helga Roscher. »Jetzt wieder im ›Tagebuch‹, nachdem ich das 2. Mal den ›Stiller‹ vorhatte. Und davor ›Homo Faber‹. Der Frisch fasziniert mich immer wieder.« Bekannt ist, daß Anneliese Niemeyer, vorauslesend, Passagen in Neuerscheinungen wie Christa Wolfs »Kassandra« besonders empfahl und den von Jahr zu Jahr stärker ins Haus kommenden Lesestoff im

Notenhandschrift von Gerhard Rosenfeld

voraus kritisch besichtigte. Dennoch ist das Lesepensum des Malers noch in der späten Lebenszeit beeindruckend, wie Briefe und Bücher-Wunschlisten belegen, auf denen man neben Werken deutscher Klassiker viele Autoren der Gegenwart wie Andrić, Dürrenmatt, Ehrenburg, Frisch, Grass, Hermlin, Koeppen, Lenz, Anna Seghers, Strittmatter und Walser findet. Und das Lesen der Äußerungen von Zunftkollegen – in der letzten Lebenszeit unter anderem von Marées, Barlach, Picasso, Beckmann, Nolde, Matisse und Horst Janssen – war ohnehin eine so neugierig wie meistens vergnügt wahrgenommene Selbstverständlichkeit.

Überlegungen zu Buchillustrationen sind ebenfalls verbürgt. »Es wäre mein Wunsch, einmal ein Buch zu illustrieren – oder doch mehr zu umspielen«, äußerte der Maler nach Lektüre der Gespräche Georges Charbonniers mit Henri Matisse. »Ja, das stimmt, die Schriftsteller haben die Maler nicht nötig, um zu erklären, was sie sagen wollen. Aber wenn es gelingt, ein ergänzendes Element weniger hinzuzufügen als vielmehr hinzuzuempfinden? Die Graphik, die ich jetzt machen will, würde auch Möglichkeiten bieten – das Laufen-Lassen des Stiftes beim Zeichnen nach Vorstellung eines literarischen Sujets wie es Matisse zu Henry de Montherlant getan hat.«

An einer von mehreren Künstlern gestalteten Mappen-Edition zu den Anekdoten Heinrich von Kleists mitzuwirken – es sollte eine Publikation zum 200. Geburtstag des Dichters sein –, schlug er aus, zögerte jedoch nicht, sich mit der »Kohlhaas«-Novelle so auseinanderzusetzen, daß er eine Radierung gleichsam postum dedizierte: »Bärtiger Mann« – Strichätzung und Aquatinta auf Zink. Mit kräftigem Zug schrieb er ins Blatt: »Kleist zugedacht«.

MIT DEM MOTORKUTTER »Mot-Orion«, der 1963 den Segler »Orion« ersetzt hatte, unternahm der Künstler bis 1972 Malfahrten übers Achterwasser. »Um das Schiff mit seinem Zweizylinder-Dieselmotor fahrtüchtig zu halten«, erinnert sich der Potsdamer Neurochirurg Manfred Schulz später, »fragte mich der Maler, der wenig Interesse an ›technischem Kram‹ hatte, ob das nicht etwas für mich sei. Natürlich sagte ich Ja, erwarb in Warnemünde das C1-Patent und wurde vom Künstler zum ›Maschinisten‹ erklärt. Das ›Gefäß‹ taufte er ›Mot-Orion‹, schrieb den Namen ans Steuerhaus, und daneben mit blauer Farbe senkrecht die Buchstaben W Z R G. Fragte man ihn, was es mit dem seltsamen Monogramm auf sich habe, nannte er schmunzelnd die Begriffe: WUNSCHLOS – ZEITLOS – RESTLOS – GLÜCKLICH.«

Später erwies sich das Schiff zunehmend als unzuverlässig und erforderte aufwendige Werftarbeiten. »Ein übertünchtes Wrack!« stellte der Maler verbittert fest, ließ das Gefährt an Land ziehen und am Ende des Grundstücks, wo vordem der Segler »Orion« gelegen hatte, auf Betonklötze setzen: ein Sommerquartier für die Leipziger Freunde Doris und

»Mot-Orion« an Land; im Vordergrund »Lütt-Orion«, 1975

Helmut Soldner und ein Dank für ihre Arbeit am Werkverzeichnis. Fortan versah ein kleinerer Kutter, »Lütt-Orion« genannt, den Dienst; mit ihm unternahm der Maler allein oder mit seiner Frau, gelegentlich auch mit Besuchern Ausflüge, die lautmalerisch so genannten Fut-Fut-Fahrten übers Achterwasser. An seinen Bremer Freund Hilken schrieb er am 23. April 1978: »Der Motor wunderbar laut, so daß man sich nicht unterhalten kann.«

Dennoch kam ONH von den großen Segelschiffen nicht los. Mit Neugier musterte er die Zeesen, die gelegentlich vor Lüttenort kreuzten. Und auch die »scheißfeinen Gefäße«, mit denen ihn manchmal Freunde besuchten, machten Eindruck.

1981 trafen sich eher zufällig Friedensreich Hundertwasser und ONH beim Frühstück; sie wohnten in gleichem Berliner Hotel. Obgleich die ornamental-phantastisch bestimmte Bildnerei des österreichischen Künstlers den Auffassungen Niemeyer-Holsteins wesensfremd blieb, setzte er sich mit dessen Werk eingehend auseinander, vor allem mit dem seiner Arbeit zugrundeliegenden Motiv der Spirale, jener Grundform, die er in verwandter Beziehung zur Brancusischen Ei sah. Allerdings habe sich das Gespräch am Kaffeetisch dann doch mehr um Schiffsreisen gedreht. Der Österreicher habe von einer Odyssee mit dem Segler »Regentag« erzählt und er von Erlebnissen mit dem »Orion«. »Als ich sagte, daß der ›Orion‹ mit vollem Tuch den Himmel verdunkelt habe, sah er mich verdutzt an. Dann haben wir gelacht, weil wir bemerkten, daß wir uns in Seemannsgarn zu verfangen drohten. Hundertwasser hatte, wie ich seinerzeit, einen alten Frachtsegler gekauft und aufmöbeln lassen. Dann ist er mehrere Jahre auf große Fahrt gegangen: als Friedensprediger zu Schiff. Nicht unsympathisch, wenn auch realitätsfern. Doch soll man den Poeten schelten, daß ihm im Winter Blumen blühen?«

IN LÜTTENORT wirkten auch »Geister – dienstbare«. Immerhin, bis zuletzt ging der Künstler diszipliniert »auf Arbeit«, steigerte sich sein »Anspruch an sich selbst«, wurden öffentliche Verpflichtungen häufiger und fordernder, von denen Vorbereitungen für Ausstellungen zu den energieaufwendigen gehörten. Das war ohne tatkräftige Mitarbeiter nicht zu bewältigen. Hinzu kamen »kontinuierliche Erschwernisse« durch die freie Lage des Grundstücks: schwierige Einkaufsfahrten mit Fahrrad oder Moped, da an ein Auto erst Anfang der siebziger Jahre gedacht werden konnte, kräftezehrende Material- und Handwerkerbeschaffungen – »bei jedem Herbststurm flogen Dachziegel fort oder die Pumpen fürs Brauchwasser versagten« – und die bedrohlich nachlassende Sehkraft Annelise Niemeyers, die später operativ behoben wurde, tat ein übriges, wie auch der Maler nun selbst zunehmend gewahr wurde, daß die sich einstellenden »kleinen Unpäßlichkeiten« unabweisbare Vorboten des Alterns waren.

Gingen zu früherer Zeit hilfsbereite Bewohner aus dem Dorf dem Maler und seiner Frau stundenweise zur Hand, gelegentlich auch »Sommervögel«, zog Mitte der fünfziger Jahre das aus Hinterpommern stammende Ehepaar Hartwig ins Nebengebäude, wo für sie eine Bleibe ausgebaut wurde. So waren sie unabhängig und hatten zugleich Aufgaben, die sie gern erfüllten. Während Gertrud Hartwig Annelise Niemeyer bei der Hauswirtschaft unterstützte, wurde ihr Mann Gustav nach seinem Ausscheiden aus der Wolgaster Werft dem Maler ein zuverlässiger Gehilfe, der sich vor allem der Pflege des weiträumigen Gartens widmete. Zu seinen Aufgaben zählte aber auch das Anpassen und Streichen von Bilderrahmen, und gelegentlich stand er dem Maler Modell – so für das Bild »Mann mit Jacke«. Über seine Arbeit erzählte er 1971 in dem Fernsehfilm »Zu Gast bei Otto Niemeyer-Holstein«: »Er teilt mich nicht ein oder sagt dieses und jenes, das gibt es bei uns nicht. Ich hab meinen eigenen Rhythmus. Wenn er vorne ist, hab ich hinten zu tun, jeder macht seins. Obwohl ich nun ja nicht so stark in der Kunst bewandert bin, sage ich ihm mitunter, was mir gefällt und was nicht. Das akzeptiert er.«

Und der Künstler über seinen Mitarbeiter: »Ich höre gern, wenn er sich über meine Malerei äußert, da sagt er ohne Umschweife, was ihm zusagt und was nicht, niemals verletzend. 1963, als ich nicht zu meiner eigenen Ausstellung nach Kopenhagen reisen durfte, war ich sauwütend. ›Herr Hartwig‹, sagte ich, ›jetzt darf mir nichts und niemand in die Quere kommen, ich bin so im Zorn, daß ich in kalter Wut male.‹ Da meinte er: ›Das sollten Sie mal immer so tun, denn was Sie jetzt machen, das bringen Sie sonst gar nicht zustande.‹ Ein bedenkenswerter Satz, nicht?«

Nach Gustav Hartwigs Tod wurde Richard Müller, scherzhaft »Haushofmeister« tituliert, der unentbehrliche Mitarbeiter, mit dem sich der Künstler schließlich so verbunden sah »wie die beiden berühmten Halbkugeln von Guericke, die nicht einmal sechzehn Pferde auseinanderziehen konnten« (Tischrede zu Müllers 70. Geburtstag). Und für Richard Müller war die Zusammenarbeit mit dem Künstler die schönste Zeit seiner Arbeitsjahre. »Es ging immer harmonisch zu, böse Worte gab es nie. Wenn wir uns mal nicht einigen konnten, hat Frau Niemeyer vermittelt, so daß keine

Niemeyer-Holstein mit seinem Mitarbeiter Richard Müller 1975 beim Umtrunk an der Benzer Windmühle

Verstimmung blieb. Natürlich zählte letztlich sein Wort, aber wenn ich beim Arbeiten war, mischte er sich nie ein, auch nicht, wenn andere meinten bestimmen zu können: ›Das ist Sache von Herrn Müller, darüber hat nur er zu befinden.‹ – Eine Ausnahme gab es ganz zu Anfang. Da wollte er mich mit dem Auto auf dem kürzesten Wege zum Ziel falsch rum in eine Einbahnstraße lotsen. Da blieb ich hart: ›Ich rede Ihnen ja auch nicht rein, wenn Sie mit dem Schiff fahren!‹ Das hat er murrend akzeptiert, sich später entschuldigt und mir die Hand gereicht, damit war's erledigt. Und ich hab es, wenn sich etwas zwischen uns stellte, genauso gemacht.«

DER MALGARTEN VON LÜTTENORT ist im Werk des Künstlers als Motiv und Thema in unzähligen Varianten anwesend.

Als »ich 1933 mit Frau und Sohn hierher geflüchtet bin, aus Berlin, war da eine reine Sandwüste«, erzählt der Maler im Film »...und der Strand ist meine große Geliebte«. »Kein Grashalm, kein Strauch, nichts war hier. Und da haben wir den jetzt schon berüchtigten oder berühmten S-Bahn-Wagen hingesetzt, und dann den Garten kultiviert, allmählich. Aber es wollte nichts wachsen. Wir haben aus dem Bodden hier Modder geholt und Kalk reingetan und die Pferdeäppel aufgesammelt auf der Chaussee, um überhaupt 'n bißchen fruchtbar zu machen.« Zur Freude des Malers, und ein gutes Zeichen war es auch: Bald nach dem Siedeln schlugen die für den Rohrzaun gesetzten Weidenpfähle aus, und die kleine Oase hinterm Haus, die sich der Maler und seine Frau zunächst geschaffen hatten, gab Hoffnung. Schnell wachsende Pappeln, eine Kastanie, eine Weymouthskiefer, Hecken und Stauden, auch Obstbäume – Quitten durften natürlich nicht fehlen –, Blumen- und Gemüseanpflanzungen etwas abseits – all das bildete den Grundbestand einer Anlage, die zu einem Kleinod eigenwilliger Art heranwuchs. Für die Gestaltung des Hofgartens – Klostergarten genannt –, standen die Gärten des Tessins Pate: Rankhilfen für Klematis und Glyzinien, die dann anderen Lösungen wichen, Rosenbeete und kniehohe Mauern für Topfpflanzen bildeten bereits Mitte der dreißiger Jahre ein Ensemble, dessen späteres Aussehen zu erahnen war.

Nach dem Krieg wurde der Garten in unterschiedlichen Abschnitten systematisch betont. Es entstanden Durchblicke und Freiräume für Plastiken. In dem vom Künstler scherzhaft als »japanischen Kleingarten« bezeichneten Teil kann man sogar ein »ironisiertes Zitat« des Gartens von der Heidt auf dem Monte Verità sehen. Die Anregung zumindest kam von dort.

»Niemeyer hat viel Zeit und Kraft investiert«, schrieb der Kunstkritiker Lothar Lang in seinem Buch »Begegnungen im Atelier«, »er spricht, daraufhin befragt, gern von ›ungemalten Bildern‹. Auf diesem Stück Erde wurde mit Pflanze und Stein kundig gearbeitet, Spanten alter Schiffe sind kontraststeigernd der Natur hinzugefügt. Schiffsglocken auch. Steht man am kleinen Bootshafen am Achterwasser und blickt zurück zu den weißgekalkten Gebäuden, den Mauern und Bäumen, so wird, hilft die Sonne ein wenig nach, südlich-heiteres Ele-

Plakatentwurf für die Ausstellung mit Wieland Förster in Dresden, 1968; Lüttenorter Garten mit der Plastik »Hemdausziehende« von Wieland Förster, 1963

ment deutlich. Die Pflanzen drängen sich dicht ans Haus, die Bäume kommen nah an das Gemäuer heran. Das Besondere dieses Gartens sind die Plastiken, der Maler ist stolz auf seine Skulpturensammlung. Er ordnet diese Werke mit viel Geschmack in die Landschaft: Plastiken von Seitz, Grzimek, Cremer, Stötzer, Jastram, Förster.«

Allerdings war die Vorliebe für gärtnerisch-kultivierendes Gestalten mit praktischer Notwendigkeit verbunden. Um einige in der DDR schwer erhältliche botanische Raritäten zu bekommen, mußten »Verbindungen« geknüpft werden wie zu dem Potsdamer Landschaftsarchitekten Hermann Göritz, der den Usedomer Künstlern verbunden war und viele Anlagen und Gärten auf der Insel geschaffen hat. Für Niemeyer-Holstein entwarf er 1968 einen Pflanzplan, der dann auf Niemeyersche Art realisiert wurde, nämlich »anders als geplant«, weniger nach botanischen als nach malerischen Kriterien. Im Gegenzug betätigte sich der Künstler als Vermittler und schrieb im März 1968 dem Bildhauer Wieland Förster, daß

Göritz »für seinen – sehr schönen – Garten in Bornstedt eine Plastik erwerben« möchte.

Im selben Jahr ergab sich für ONH die langerhoffte Gelegenheit, den bekannten Garten-Professor Karl Foerster (1874 – 1970) in Bornim bei Potsdam zu besuchen, da die Frau des bereits im 95. Lebensjahr stehenden Nestors der Gartenkultur angefragt hatte, ob ONH bereit sei, ihren Mann zu porträtieren. »Also schrieb ich ihr, daß ich gerne mit ihrem Mann ›ins Zwiegespräch‹ kommen möchte, sie solle nur eines nicht erhoffen: ein Porträt im üblichen Sinne.« Über die Begegnung erzählt der Maler im Buch »Lüttenort«: »Er wollte wissen, wie's ein Maler mit der Flora hält, wie ein ›impressionabler‹ Künstler mit dem botanischen Detail umgeht – das war für ihn ein Hauptproblem –, wie ich zu neuen Züchtungsfarben stehe und so weiter. Dann wechselte er das Thema und beschrieb den Garten von Lüttenort, dabei hatte er ihn noch nie gesehen! Nur auf Bildern von mir, und nun merkte man, es war ihm ein Vergnügen, mich zu verblüffen, denn er ging in Einzelheiten, flocht sogar auch kritische Hinweise ein. So meinte er, es würde zu sehr ›wimmeln‹, ich solle mehr gliedern; aber da war ich anderer Meinung, da hatte er wahrscheinlich meinen Aspekt, einen Malgarten zu gewinnen, zu wenig verstanden.«

»Besondere Ereignisse« waren für den Künstler von jeher Ausstellungen. Präsentationen geschätzter Kollegen, auch deren Eröffnungen, versäumte er ungern; er nahm sogar weite Wege in Kauf, um die Werke eines ihm künstlerisch eher fernstehenden Kollegen wie Gerhard Altenbourg 1976 in Hinterglauchau – »Wo liegt denn das?!« – für sich zu erschließen. Oft bat er Freunde, ihn zu begleiten, denn er liebte den Austausch über das Gesehene und Empfundene. Wichtige Gesamtübersichten aus späten Jahrzehnten – von Chagall, Hofer, Monet, Cézanne, Matisse, Picasso, Barlach, Purrmann und wohl als letzte größere noch im März 1983 die

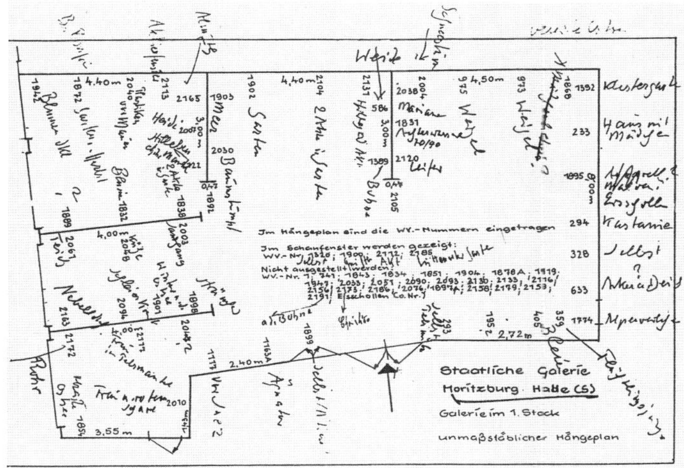

Hängeplan für eine Ausstellung in Halle (Saale), 1982

Berliner Kokoschka-Ausstellung – wollte er nicht verpassen, und er, nun schon übers achtzigste Lebensjahr, absolvierte ein Reisepensum, das Jüngere verblüffte.

Nicht selten legte er Reisen so, daß er Ausstellungen wahrnehmen konnte, von Kokoschka in Karlsruhe, von Seitz in Hamburg, und gelegentlich war ihm auch wichtig, frühere Eindrücke vom Werk eines Künstlers in Retrospektiven zu hinterfragen, wie etwa das Albert Marquets bei einer Ausstellung 1964 in Hamburg, oder den Weg junger Künstler kritisch zu verfolgen wie allein in den letzten fünf Jahren an unterschiedlichsten Orten Ausstellungen von Stötzer, Förster, Uhlig, Goltzsche, John, Leifer, Vent und anderen.

Hinzu kamen die eigenen Ausstellungen, die er mit Akribie vorbereitete. Weit im voraus komponierte er Bildgruppen, die er im TABU-Atelier »ausstellte«, um Gäste und Freunde scheinbar beiläufig ins Gespräch ziehen zu können, wobei ihn vor allem das »Zusammengehen der Bilder« beschäftigte. Oft und besonders bei größeren Ausstellungen besichtigte er lange vorher die Räume, ließ sich Grundrisse und Wandmaße geben oder notierte Skizzen der gewünschten Hängeordnung, die er bis zuletzt variierte. Gern erbat er zum Hängen dann auch die Mitarbeit kritischer junger Künstler – in den sechziger Jahren waren es meistens Wulff Sailer und Joachim John –, deren Umgang mit seinen Bildern er schätzte.

Es gibt viele Zeugnisse der Spannung und Erwartung vor Ausstellungen, auch der handwerklichen Vorbereitungen; sie finden sich in Briefen an Freunde wie an Wieland Förster im Dezember 1975: »Schweden – Ausstellung Uppsala war gut. Anstrengend, aber wir schafften es.« Meistens ließ er es sich auch nicht nehmen, gemeinsam mit seinem Mitarbeiter die Rahmen zu überholen, die zu den schwer zu beschaffenden »Kostbarkeiten der Mangelwirtschaft« gehörten. So geschah es, daß er im Trödel sogar »Schinken« prüfte, ob wenigstens die Rahmen »zu etwas taugen«.

Während der Künstler in den sechziger Jahren einen schlichten ungekehlten Rahmentyp bevorzugte und von einem befreundeten Tischler herstellen ließ, ging er später dazu über, auch andere Formen zu bedenken und statt der neutralen Weiß-Tönung eine dem Bild angemessenere Färbung zu bevorzugen. Auch die damals gerade aufgekommenen Dosen-Sprühfarben verschmähte er nicht, wenn er sie »aus'm Westen« beschaffen konnte, und schloß sogar das Absetzen der Binnenleisten mit Bronze-Spray – zumeist dann überwischt – nicht mehr aus. »Dieser teuflische technische Kram«, hörte man ihn schimpfen, »stiehlt mir den Rest meiner Lebenszeit«, wissend, daß er sich ihm nicht entziehen konnte. Dann ging er auch schon mal rigoros zu Werke. Spuren davon kann man auf manchem Gemälde noch heute finden: nicht nur Pinselhiebe übers Bild hinaus auf den Rahmen, sondern auch Spritzer von der Arbeit am Rahmen im Bild: »Goldregen – nun kannste gleich sehen, ob der Ton stimmt.« Frohgemuter Sarkasmus.

Haltung zum Leben

Johannes Niemeyer, der ältere Bruder, in der Abgeschiedenheit der Westberliner Exklave Steinstücken lebend, geriet nach zwei beachteten Ausstellungen Anfang der siebziger Jahre (Hagen, 1970; Wetzlar, 1974) zunehmend aus dem öffentlichen Bewußtsein. So war es ein Verdienst des Westberliner Rechtsanwalts Wilhelm Nordemann, im Dezember 1976 in den Räumen seiner Kanzlei in der Uhlandstraße eine Ausstellung mit Zeichnungen und Pastellen zu präsentieren. ONH, der an der Vernissage nicht teilnehmen konnte, bemühte sich danach, ein Museum der DDR für eine »gemeinsame Ausstellung miteinander kritisch korrespondierender Bilder« zu interessieren. Leider ohne Erfolg, deutsch-deutsche Vorbehalte standen im Wege. Nach dem Tod des Bruders äußerte sich ONH betrübt darüber, daß es ihm nicht gelungen war, eine Johannes-Niemeyer-Werkausstellung durchzusetzen. Sie fand erst 1990 in der Berlinischen Galerie im Martin-Gropius-Bau statt, zehn Jahre nach dem Tod des Künstlers. Und 1997 wurden endlich Werke beider Maler in einer Ausstellung in der Hansestadt Greifswald vereint, die außerdem in Potsdam und Kiel gezeigt wurde. »Verordneten Kunstformen und bekenntnishaften Ausdrucksweisen eines ›sozialistischen Realismus‹ versagten sich die individuelle Wirklichkeitserfahrung und das künstlerische Selbstbewußtsein Otto Niemeyer-Holsteins, auf der anderen Seite folgte sein Bruder Johannes nicht den neuen Wegen der Abstrakten«, schreibt Herwig Roggemann in einem sensiblen Katalog-Essay. »Im Realismus beider Maler findet [...] ein humanistisches Anliegen seinen charakteristischen Ausdruck, das bei aller Verschiedenheit in der Farb- und Formensprache von einer gemeinsamen Grundüberzeugung jenseits äußerer Umstände getragen scheint.«

Auch für die Schwester Annemarie, zu deren Beerdigung

Otto Niemeyer-Holstein besucht Johannes Niemeyer nach der Beerdigung der Schwester Annemarie, Dezember 1977

sich die Brüder ein letztes Mal vor Johannes Niemeyers Tod in Steinstücken trafen – bei dieser Gelegenheit entstand ein Schnappschuß von den beiden ins Gespräch vertieften Künstlern –, setzte sich ONH trotz wiederholt aufflackernder Meinungsverschiedenheiten zwischen den Geschwistern vehement ein. Sie sei gewiß »höchst wunderlich« gewesen, aber auch »zutiefst geistvoll« und habe ihre unstreitigen Verdienste um den historischen Aufschluß Arnstadts als Bachstadt. Auch nach ihrem Tod versuchte er die ehrende Erinnerung an die Schwester wachzuhalten. In einem Brief an den Musikhistoriker Eberhard Rudolph bedankte er sich im Februar 1980 für einen ehrenden Aufsatz, den dieser dem Wirken Annemarie Niemeyers in der Arnstädter Presse (»Kulturspiegel« vom Juli 1961) gewidmet hatte: »Ich bin sehr glücklich über das, was Sie geschrieben haben. [...] Die Schwierigkeiten, die es zu überwinden galt, sind mir klar. Und ich staune, was Sie aus dem nicht allzu umfangreichen Material geschaffen haben. Und es ist auch gut, daß Sie nichts an den Haaren herbeizogen.«

1967 KONSULTIERTE ONH ZUM ERSTEN MAL einen Rechtsanwalt, um Fragen seines Nachlasses zu klären. Es ging ihm dabei nicht nur um seine künstlerische Hinterlassenschaft, die er einem Museum – gedacht war an Einrichtungen in Greifswald, Schwerin oder Rostock – überlassen wollte, sondern auch um Lüttenort, den »entscheidenden Platz seiner Auseinandersetzung mit den Realitäten seines Künstlerlebens«. Erwogen wurden zwei Möglichkeiten: die Umwandlung in eine Arbeits- und Erholungsstätte für bildende Künstler oder die Erhaltung als Personalmuseum. Nach seinen Erfahrungen bei der Zusammenarbeit rückte das Rostocker Museum näher ins Blickfeld, das dann 1970, nach Fertigstellung seines modernen Museumsneubaus mit besten Lichtverhältnissen, den Zuschlag erhielt: Das Haus am Schwanenteich sollte es sein. Horst Zimmermann, damals Direktor der Rostocker Kunsthalle, erinnert sich 1990 (in dem Buch »Kunst der DDR«): »Besonders das ›Tabu‹-Atelier [...] in Lüttenort wurde ein echter, von offizieller Seite wenig geliebter Treffpunkt junger oppositioneller Künstler. [...] In dieser etwas isolierten, dennoch aber lebendigen Kunstszene der Küste liegt eine der Quellen der Kunsthalle Rostock, die ihre Einbindung in das Kunstgeschehen der DDR ermöglichte. Der Kreis um Otto Niemeyer-Holstein und er selbst als erster Präsident der Biennale der Ostseeländer [...] haben daran wesentlichen Anteil.«

Doch so leicht der Entschluß gefaßt und die Zustimmung des Museumsleiters erwartungsvoll gegeben war, so lange zogen sich noch die Verhandlungen hin. Auch die legitimen Ansprüche des im Ausland lebenden Universalerben mußten geregelt werden – keine leichte Aufgabe, galt er doch nach DDR-Rechtsverständnis als »republikflüchtig«. Und überhaupt, eine Schenkung solchen Umfangs bedurfte wohlüberlegter Erwägungen und Festlegungen, auch Überzeugungen, bis eine befriedigende Lösung, vom Minister für Kultur endlich sanktioniert, im August 1977 vereinbart werden konnte. Inzwischen war das moderne Museum in Rostock zu einem Kunstzentrum der Küstenregion geworden, das sich durch

Ausstellungseröffnung anläßlich der Übereignung einer Schenkung an die Rostocker Kunsthalle am 11. Mai 1983; der Künstler und der Direktor der Kunsthalle, Horst Zimmermann, beim Rundgang. Im Hintergrund: Wand mit Holzschnitten von HAP Grieshaber

die Biennalen der Ostseeländer und mit Werken auch experimentellen Charakters namhafter Künstler als ein Platz künstlerischer Anregungen erwiesen hatte. Überdies gaben ihm Schenkungen, u. a. des Holzschneiders HAP Grieshaber, ein zusätzliches Renommee, das durch die großzügige Übereignung Otto Niemeyer-Holsteins – aus Anlaß seines 87. Geburtstages 1983 für die Öffentlichkeit vollzogen – einen beträchtlichen Zuwachs erhielt. Sie umfaßte insgesamt 300 Werke, darunter neben vielen Zeichnungen und druckgraphischen Arbeiten vor allem 87 Ölbilder. Damit wurde das Museum, das dem Künstler viel verdankte, jedoch auch in die Pflicht genommen. Eilfertige Aktenleser mit Blickfeldverengung werden später verkünden, daß »staatliche Interessen sehr gut durchgesetzt werden« konnten, weil sich der Direktor der Kunsthalle das Vertrauen des Malers, dann sogar der Witwe »erschlich«, um die Schenkung »geschickt in die Hände des Staates« zu »lancieren« (Hannelore Offner im

Jahre 2000 in dem Buch »Eingegrenzt – Ausgegrenzt«). Ein augenfälliges Beispiel für gefährliche Ignoranz im »wissenschaftlichen« Umgang mit Realien der deutschen Nachkriegsgeschichte nahezu eines halben Jahrhunderts.

In Rostock sah man jedoch ab 1983 in einer sinnvoll komponierten Auswahl wesentliche Werke Otto Niemeyer-Holsteins in einer Kabinettausstellung – bis zur »Wende«, denn danach wurde sie geschlossen, und erst vereintem Bemühen im Vorfeld des 100. Geburtstages Niemeyer-Holsteins ist es zu danken, daß die Kunsthalle mit einer von der Direktorin, Annie Bardon, gestalteten Werkausstellung – sie wurde anschließend in Kiel und Stade gezeigt – 1995 wieder sichtbar in ihre Verpflichtung eintreten konnte, den interessierten Betrachter mit, wie es im Katalogvorwort heißt, künstlerischen »Gewagtheiten« des Malers zu konfrontieren.

WIE KAUM ANDERS ZU ERWARTEN und vom Künstler selbst vermutet: Der Staatssicherheitsdienst der DDR hatte, die Akten belegen es, auch ihn im Visier. Im Juni 1970 formulierte die Rostocker Bezirksbehörde (Abteilung XX/7) nach »Jahren politisch-operativer Personenkontrolle« den Vorlauf zu einem Verfahren, das jedoch, vermutlich vor allem aus taktischem Kalkül, nicht eröffnet wurde. Das Papier benennt gemäß § 100 StGB und – in handschriftlichem Nachtrag – § 106 StGB einen Verdacht, den zu beweisen man sich geflissentlich vornahm. Er lief auf »landesverräterische Agententätigkeit« und »staatsfeindliche Hetze« hinaus, auf Vergehen also, die nach damals geltendem Gesetz mit Gefängnis bis zu zehn Jahren bestraft werden konnten. Und sie waren gewiß konstruierbar; schon das läßlichste Gespräch über Kunstfragen, geführt mit Kollegen aus dem westdeutschen »Ausland«, konnte als »landesverräterisch« eingeschätzt werden und als »staatsfeindlich« obendrein. So konzentriert sich das Interesse der Behörde vor allem auf die Kontakte des Künstlers: »... unterhält seit Jahren intensive, jedoch dem Charakter

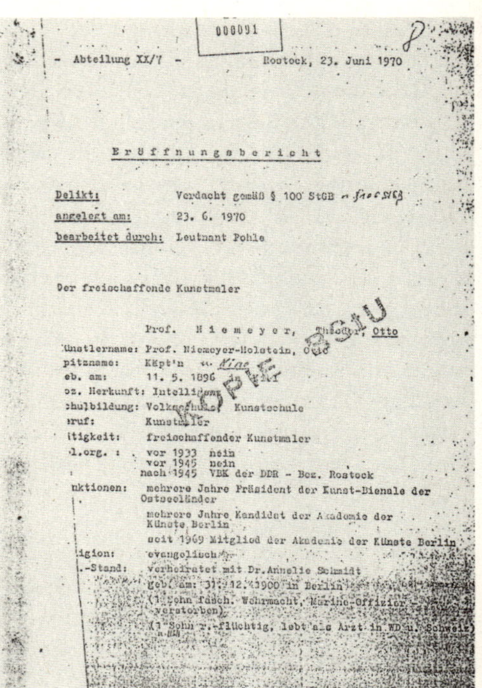

000091

8

– Abteilung XX/7 – Rostock, 23. Juni 1970

Eröffnungsbericht

Delikt: Verdacht gemäß § 100 StGB

angelegt am: 23. 6. 1970

bearbeitet durch: Leutnant Pohle

Der freischaffende Kunstmaler

Prof. Niemeyer, Theodor, Otto

Künstlername: Prof. Niemeyer-Holstein, Otto
Spitzname: Käpt'n
geb. am: 11. 5. 1896
soz. Herkunft: Intelligenz
Schulbildung: Volksschule, Kunstschule
Beruf: Kunstmaler
Tätigkeit: freischaffender Kunstmaler
Pol.org.: vor 1933 nein
vor 1945 nein
nach 1945 VBK der DDR – Bez. Rostock
Funktionen: mehrere Jahre Präsident der Kunst-Bienale der Ostseeländer
mehrere Jahre Kandidat der Akademie der Künste Berlin
seit 1969 Mitglied der Akademie der Künste Berlin
Religion: evangelisch
Fam.-Stand: verheiratet mit Dr. Annelie Schmidt
geb. am: 31. 12. 1900 in Berlin
(1 Sohn fasch. Wehrmacht, Marine-Offizier – verstorben)
(1 Sohn r.-flüchtig, lebt als Arzt in WD u. Schweiz)

Eröffnungsbericht des Staatssicherheitsdienstes der DDR, 1970

nach undurchsichtige Verbindungen nach WD, WB und dem kapt. Ausland«. Dabei lag ihr Charakter doch offen zutage, wäre durch Kataloge zu Ausstellungen leicht zu belegen und durch das »Amt« des Künstlers als Präsident der Rostocker Biennale zu »rechtfertigen« gewesen, und erst der Ruch geheimer Informationen und sibyllinisch gehaltener Dossiers zwingen ihnen auf, was ihnen nicht eigen war: das Wesen von Strafbarem: »Er sympathisiert mit den im Ausland lebenden Modernisten der skandinavischen Länder«, heißt es an einer Stelle in linkisch-dummer Formulierung, »und mit der westdeutschen Künstlergruppierung ›Tendenzen‹ München.« So geriet auch alles unter Verdacht, was die Staatssicherer nicht begriffen – und dann auch unter absurden. Manchmal aber blieb gerade dadurch manches verborgen wie das Bemühen des Biennale-Präsidenten ONH, der Münchner »Tendenzen-Gruppe«, deren enge Ansichten den DDR-Kunstwächtern nur zu gut ins Konzept paßten, das »Gewicht« HAP Grieshaber entgegenzusetzen.

So entstand in gefährlicher Verquickung bekannter, ja sanktionierter Sachverhalte mit den Mutmaßungen der »als zuverlässig eingeschätzten«, jedoch intellektuell überforderten Informanten ein Szenario, das die Handhabe zu »weiteren Maßnahmen« hätte bilden können. Der summierte »Sachstand« reichte von Liebhabereien wie den zeitweiligen Sternenbeobachtungen »mit einem weitreichenden Fernrohr« über das Beherbergen von Gästen »ohne eine An- bzw. Abmeldung« – auch im nahegelegenen Zempiner Sommer-Holzhaus – oder Lüttenorter Privatissima befreundeter Künstler anderer Zünfte – »sympathisiert mit W. Biermann« – bis zu gezielten Falschinformationen: »N.-H. machte zur Zeit des faschistischen Deutschland Bilder wie z. B. Porträts von faschistischen Offizieren im Objekt der faschistischen Wehrmacht.« Und um die vorgegebene »Zielstellung« nicht zu verfehlen, verlieh man dem Ganzen einen gefährlich-nutzbaren Drall: »Er hatte Zutritt zum Raketenobjekt Peenemünde/Insel Usedom. Aus dieser Zeit soll er mit dem damaligen Bauführer Schlemp, der jetzt in WD [Westdeutschland] lebt sowie auch mit Heinrich Lübke [1959–1969 Bundespräsident] und anderen Personen bekannt sein.«

Sogar Angaben in Rudolf Mayers ONH-Monographie zieht ein Späher in Zweifel, es seien ihr »im Gegensatz zum wirklichen Leben des N.-H. Widersprüche« zu entnehmen: »Obwohl im Buch recht ausführlich über die Familie N.-H. berichtet wird, erscheinen keine ausführlichen Angaben über seine Ehefrau.« Und er fügt – kennen wir's schon? – mit bedenklicher Nuancierung hinzu: »Sie soll jüdischer Abstammung sein.«

So formuliert denn auch der ermittelnde Leutnant in einer mit dem Begriff »Zielstellung« durchaus treffend charakterisierten Zusammenfassung, was man als »Ergebnis« erhoffte: »die Bearbeitung des Verdächtigen sowie seines Umgangskreises« zwecks »Aufklärung der Verbindungen des N.-H. und Einschätzung des Charakters derselben«. Und ein Satz des Dokuments verrät – nicht zuletzt auch durch seine unfreiwillig bloßstellenden Anführungszeichen –, was »Prof. Niemeyer, Theodor, Otto, Künstlername: Prof. Niemeyer-Holstein, Otto, Spitzname: Käpt'n u. Nino« ganz besonders in Verdacht gebracht und weswegen man ihn, sein Lebensumfeld und seinen Freundes- und Bekanntenkreis gelegentlich sogar mit versteckten Kameras bis ans Lebensende unter Kontrolle gehalten hatte: »Der Verdächtige will in der Kunst ›frei‹ sein.«

BILDER OTTO NIEMEYER-HOLSTEINS befinden sich in Museen des In- und Auslands, die umfangreichsten Gruppen naturgemäß in Einrichtungen der Städte des damals fixierten Territoriums DDR – so in Rostock, Berlin, Potsdam, Leipzig, Schwerin, Greifswald, Halle/Saale, Frankfurt/Oder, Cottbus, Erfurt, Weimar –, aber auch Museen in der Bundesrepublik besitzen Werke u. a. in Kiel (mit Erwerbungen schon in der Frühzeit des Künstlers), Oberhausen, Flensburg, Essen, Lünen. Auch andere Einrichtungen in Ost und West – Ministerien, Stadtverwaltungen, Banken, Universitäten, Krankenhäuser, Werften und Reedereien – erwarben Bilder, ebenso, zumeist auf Empfehlung der Hausherren, repräsentative Sammlungen in Frankfurt am Main (Deutsche Bank), Bonn, Kiel, Berlin und Rostock. Das Hauptmotiv für diese Erwerbungen war vor allem ein Gespür für künstlerischen Rang, aber auch Repräsentationsbedarf mag gelegentlich eine Rolle gespielt haben – und der konnte Kapriolen schlagen.

Im November 1981wurden vor dem »deutsch-deutschen Treffen« in Schloß Hubertusstock Gemälde Otto Niemeyer-Holsteins zusammengestellt, um den Kanzler der Bundesrepublik Deutschland, einem erwiesenen Kunstkenner, dort nicht »mit gepingeltem Brunftwild« (ONH) aus dem Besitz der Reichs- und Staatsjäger konfrontieren zu müssen. Und so sahen die Zuschauer aktueller Fernsehprogramme in Ost und West Helmut Schmidt im Gespräch mit Erich Honecker vor einem Blumenstück Niemeyer-Holsteins: »Rittersporn«.

ONH, nach Standorten seiner Bilder befragt, äußerte mit einem für ihn charakteristischen Anflug von Ironie: »in Schatzkammern und Verliesen«. Und mit sichtlichem Vergnügen nahm er 1976 zur Kenntnis, daß man eines seiner vom Staatlichen Kunsthandel der DDR erworbenen Ölgemälde, das »Bildnis Wogatzki«, in einem Lagerraum der Volkskammer aufgefunden hatte. Den passenden Begriff hatte er sofort parat: Volksrumpelkammer.

Nach dem Anschluß der DDR an die BRD stellten einige Museen bisher gezeigte Bilder von ONH ins Magazin. Auch gerieten Werke unter dem pejorativ geprägtem Begriff »DDR-Kunst« in Sammeldepots, andere gelten als verschollen oder waren gestohlen. ONH-Werke der Privatsammlung des Chefs der »kommerziellen Außenhandels-Koordinierung«, Alexander Schalck, wurden 1990 in toto beschlagnahmt und dem Urteil journalistischer »Experten« überantwortet. »Im Wohnzimmer«, schrieb dann einer in bezeichnender Weise, »Skulpturen von Barlach (20000 M) und Fritz-Cremer-Porträts von Marx und Engels. Und immer wieder Otto Niemeyer-Holstein. [...] Hier war nahezu alles vertreten, was in der bildenden Kunstszene der Zeitgeschichte Rang und Namen hat: Liebermann und Zille, Niemeyer-Holstein und Picasso, Albert Ebert und Bert Heller, Tübke und Heisig, Sitte und Womacka u.s.w.« Volkszorn sollte aktiviert werden, und da war jedes Mittel recht. Nur »schlagend« mußte es sein.

Caput mortuum

NACH UND NACH machte es dem Künstler sichtlich Vergnügen, auch vor professionellen Filmemachern Ansichten auszubreiten und Einblick in seine Methoden zu geben. So entstanden die Fernsehfilme »Zu Gast bei Niemeyer-Holstein« (1971), »Signiert unten links – ONH« (1975) sowie »… und der Strand ist meine große Geliebte« (1982). Letzterer enthält ausschließlich im Originalton Äußerungen des Malers zu seinem Leben und Schaffen, die als Kredo gelten können.

Bereits in den Vorgesprächen zu den Aufnahmen äußerte ONH seine Meinung zur »sozialen Pflicht als Künstler«, die er zu Teilen als erfüllt begriff, wenn es ihm gelungen sein sollte, Betrachter seiner Bilder zu einem neuen Sehen der Realität anzuregen. »Ich versuche seit achtundvierzig Jahren die Dinge *hier* zu formulieren, da auch Betrachter den Strand heute anders sehen, als Caspar David Friedrich ihn gesehen hat.« Im Film präzisierte er: »Dieses Stück Eis, das in den Gräsern lag, und dann die einzelnen Gräser, die – ich möchte sagen – draufrumspielten, hatten Sie die schon mal so gesehen? Wenn ich so'n Stück Gras wirklich erfasse und einen Organismus schaff, der dem entspricht, da muß die ganze Welt drin sein. Ist gar nicht so einfach, so aus der Vorstellung eine Nebellandschaft … Malt der Maler aus dem Unterbewußtsein oder Bewußtsein – ist eine ewige Frage. […] Einen Organismus möchte ich schaffen – auf dem Bild, der von der Anschauung gespeist ist. Bis zum letzten Millimeter muß man malen, das muß sich alles gegenseitig bedingen.«

Bei der Voraufführung des Films im Fernsehstudio Berlin zeigte sich der Maler erfreut über das »Resultat behutsamer Störung«, vor allem über die substantielle Verdichtung des wesentlich umfangreicheren »Rohmaterials«, die dem Ganzen eine unvermutete Geschlossenheit gibt. Auf die Diskrepanz

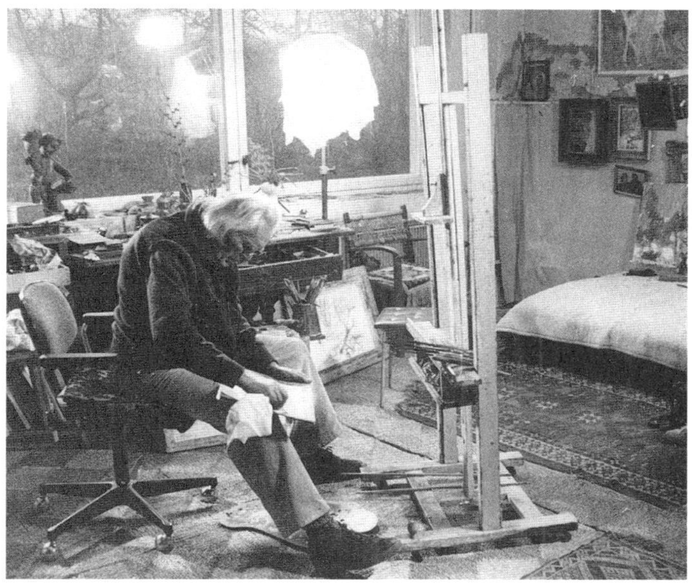

Während der Dreharbeiten zum Fernsehfilm »... und der Strand ist meine große Geliebte«, 1982

im Genus des Titels verwiesen, äußerte er überrascht: »Da hätte ich doch statt ›der Strand‹ nur ›die See‹ sagen müssen. Aber worum es geht, ist wohl klar: um die schmale Linie, wo sich die Elemente treffen und abstoßen. Das ist und bleibt jetzt mein Thema.«

Der Film, der ursprünglich für das Schul- und Bildungsfernsehen vorgesehen war – zugrunde lagen ihm konzeptionelle Überlegungen von Helmut Soldner, dem mit dem Künstler durch seine Arbeit am Werkverzeichnis verbundenen Leipziger Pädagogen –, wurde seines hohen Allgemeinanspruchs wegen am 31. Oktober 1982 im Abend-Hauptprogramm gezeigt. Am Tag der Wiederholung, dem 20. Februar 1984, starb Otto Niemeyer-Holstein. Damit wurde die zweite Ausstrahlung zum ersten Nachruf.

DER AUTOR DER MONOGRAPHIE von 1967, Rudolf Mayer, blieb dem Künstler als publizistischer Begleiter verbunden. Er eröffnete Werkausstellungen, veröffentlichte Beiträge über den Maler, zeichnete im Verlag der Kunst Dresden für die Kunstdrucke nach Bildern ONHs verantwortlich und brachte in der von ihm begründeten »eikon Graphik Presse« zwei Mappenwerke heraus: 1978 (12 Radierungen unterschiedlicher Art) und 1983 (16 Blätter Vernis mou sowie eine Durchdruckzeichnung). Im letzten Lebensjahr des Malers veröffentlichte Mayer im Henschelverlag eine neue Monographie in der damals gefragten Buchreihe »Welt der Kunst«, womit, nun mit Betonung des Spätwerks, ein über Jahre gehegter Wunsch des Künstlers noch in Erfüllung ging. »Du ehrst mich in nobler Weise, das freut mich sehr. Diese Bestätigung kann ich gerade jetzt gut gebrauchen, da ich als Maler aufs Trockene gesetzt bin«, schrieb ONH am 24. Januar 1984, schon schwer erkrankt, in seinem letzten Brief an den Autor nach Erhalt des Belegexemplars.

Schon Mitte der sechziger Jahre hatte der Künstler begonnen, bei Gelegenheit aus seinem Leben zu erzählen. Über viele Jahre und mit zeitlichen Abständen berichtete er in zunächst vertraulichen, auf Tonband aufgezeichneten Gesprächen über Lebensstationen, über Begegnungen mit Menschen und über seine Erfahrungen als Maler. »Wenn schon«, äußerte er nach Lektüre der Memoiren von Emil Nolde, »dann nur nicht so eine strohige Sprache: ›trank das ganze Glas voll leer‹; nicht so viel ›bescheidenes‹ Selbstbewußtsein: ›hatte schon eine Reihe meiner vollgültigen Bilder geschaffen‹; nicht so unschlüssige Ausdrucksart: ›ich zeichnete mit einem Strich fast nur‹! Hätte denn, fragt man sich, dieser gute Maler nicht auch einen guten Lektor verdient? Oder wenigstens einen guten Engel, der ihn warnt?«

So entstand in »Arbeitshäppchen« ein Manuskript, das im Dezember 1983 schließlich als abgeschlossen verstanden werden mußte. Der Maler beteiligte sich an Überlegungen zum Titel und Untertitel und zur Gestaltung des Buches und zeichnete ein als »Schlußstein« verstandenes Selbstbild-

Otto-Niemeyer-Holstein-Monographie in der Reihe »Welt der Kunst« des Henschelverlags, 1983; Cover-Bild: »An der Buhne«, 1974

nis, das er mit dem 1. Februar 1984 datierte. Die Zeichnung diente noch für ein »letztes Selbst«, das er beginnen, jedoch nicht fertigstellen konnte.

Nach einer Durchsicht des Manuskripts durch die Frau des Künstlers im folgenden Sommer kam es zur Vereinbarung mit dem Verlag der Nation in Berlin, der das Buch noch kurz vor seiner Liquidation in einer Erstauflage herausbrachte. 1994 erwarb der Aufbau-Verlag Berlin die Rechte und veröffentlichte zum 100. Geburtstag des Malers eine technisch verbesserte, inhaltlich jedoch unveränderte Neuausgabe mit neuem Cover unter Verwendung des »charakteristischen Werkes« aus dem Besitz der Nationalgalerie: »Eisbarriere (Usedomer Strand)«.

Das letzte Foto, aufgenommen von Helmut Soldner im August 1983

DER GESUNDHEITSZUSTAND Otto Niemeyer-Holsteins, der nach einem Herzinfarkt im Juni 1971 und »kleinen Unpäßlichkeiten« stabil geblieben war, hatte sich im Herbst 1983 rapide verschlechtert. Dennoch ließ der Maler nicht davon ab, auf seinen täglichen Spaziergängen am Strand – »immer mit dem Skizzenbuch« – sogar an »große Formate« zu denken. »Im übrigen versuche ich mich damit abzufinden, daß ich in Lüttenort sterbe, und meine, die Lebensform gefunden zu haben, die mir gemäß ist«, schrieb er bereits im November 1951 an Werner von der Schulenburg. »Die nächste Verbundenheit mit der Natur kann ich nicht missen und ohne diese nicht arbeiten.« Im Spätherbst 1983 warf ihn ein Schlaganfall nieder. Mit ärztlicher Hilfe und großer Eigenanstrengung ging die Lähmung des linken Armes so weit zurück, daß er aufs Arbeiten hoffen konnte.

ONH PROFESSOR OTTO NIEMEYER-HOLSTEIN

2225 KOSEROW/USEDOM LÜTTENORT

10/2 84

Eines der letzten Schriftzeugnisse: Brief an den Freund Heino Hilken, begonnen am 10., beendet am 17. Februar 1984 (Auszüge)

Noch am 20. Dezember 1983, zur Wintersonnenwende, der er lebenslang eine stimulierende Bedeutung zumaß, hatte ONH den Wunsch geäußert, fortan öfter in seinem TABU nächtigen zu wollen, um von der Liege aus durch die großen Fenster das »steigende Morgenlicht in seinen unzähligen Varianten« beobachten zu können. Sogar ein Mauerdurchbruch für ein Ostfenster wurde erwogen, dann aber verworfen wegen des fürs Malen problematischen Zwielichts. Der Künstler sann über Julius Meier-Graefe nach, dessen kunstkritisches Werk ein halbes Jahrhundert nach seinem Tod noch immer nicht erschlossen sei; er beschäftigte sich mit Farbholzschnitten des Japaners Hokusai und mit Selbstbildnissen Horst Janssens, die er »genial« nannte, notierte eine Liste dringend zu bestellender Gartenpflanzen fürs kommende Frühjahr und skizzierte ihren Standort, wo er sie schon blühen sah. Die Sonne stieg, also ging's aufwärts. »Eines Tages werde ich dann wieder Notizen zeichnen können«, schrieb er am 1. Februar, doch er versah den Satz mit einem Fragezeichen.

Otto Niemeyer-Holstein wünschte als »letzten Ruheort« das »liebliche Dorf Benz mit der Feldsteinkirche aus dem dreizehnten Jahrhundert, die Feininger gemalt hat«; als künftige Gäste und Nutznießer seiner zu musealer Fortführung bestimmten Lebens- und Wirkungsstätte benannte er in Übereinstimmung mit seiner Ehefrau »die an seinem Werk interessierte gesellschaftliche Öffentlichkeit«. Für die von ihm so benannte Werner-Jahnke-Mühle verfügte er, daß sie zur Ehre des Müllerberufes, eines der ältesten der Menschheit, als ein Denkmal der Zunft erhalten werden soll.

Um seine Vorstellungen vor allem im Hinblick auf die Verwirklichung seiner künstlerischen Intentionen auch nach seinem Tod zu verteidigen, berief er ein »Gremium«, das er namentlich in einer Verfügung verankerte, in der es abschließend heißt: »Wenn der letzte Wille nunmehr fixiert wird, dann von dem Gedanken ausgehend, daß ich als Künstler niemals ins Leere hineingearbeitet habe, sondern immer der Gemeinschaft dienen wollte; gerade deshalb halte ich es für zwingend notwendig, alle Vorkehrungen zu treffen, daß meine Arbeit auch in Zukunft den Menschen, also denen zugänglich gemacht wird, denen ich mein ganzes Tun gewidmet habe.«

DOCH NOCH IMMER GAB ES AUCH HOFFNUNG. »... im Tabu knistert es so leise, ganz leise«, schrieb der Maler am 10. Februar 1984 an seinen Bremer Freund Heino Hilken. Dieser erst nach Tagen abgeschlossene Brief, vermutlich das letzte handschriftliche Dokument Niemeyer-Holsteins, gibt beredt Auskunft über seine Befindlichkeit und über die Situation in Lüttenort. So bezeichnet er die krankheitsbedingte Arbeitsunterbrechung als »gegen die guten Sitten« gehende zu lange »Ferien« und sich selbst als »Tagdieb«, obgleich er doch den Pinsel trotz aller Behinderungen nie wirklich aus der Hand gelegt hatte: »Vorgestern malte ich an einem Bildnis 2½ Stunden hintereinander. Die Folge war ein Schreck vom Stüermann, da ich nicht recht sprechen konnte.«

In den Morgenstunden des 20. Februars starb Otto Niemeyer-Holstein.

Die Arbeit an einem Bild mit Abendhimmel, einer Landschaft am Achterwasser, schloß er ab, das begonnene Selbstbildnis blieb unvollendet. Der noch weiche Klecks »Caput mortuum« auf der Palette – »heißt doch eigentlich ›toter Kopf‹, doch ist's mir eine sehr wichtige Farbe, um in die Wärme hineinzusteigern« – und der kraftvoll ausgedrückte Rest »Kadmiumrothellst« verrieten, daß der Künstler bis zuletzt um »Millimetererfolge« gerungen hatte.

Karl Buttmann, der Lüttenort wie jedes Jahr Anfang Februar besucht hatte, ehrte »Freund Nino« wenige Wochen später vor der Heinrich-Tessenow-Gesellschaft, deren Mitglied Niemeyer-Holstein ebenfalls war: »Er arbeitete bis unmittelbar vor seinem Tode [...] und wandelte sich bis zuletzt, hielt sich offen, war skeptisch. Kurz vor dem Ende malte er nach einem früheren Aquarell an einem kleinen Ölbild, einer Landschaft mit Ufer und Abendhimmel, die er nach mehreren Anläufen und Korrekturen in den allerletzten Lebenstagen vollendete. Ich glaube fast, er suchte damit ins Jenseits zu blicken.«

Am 24. Februar 1984, einem kalten und trüben Wintertag, wurde Otto Niemeyer-Holstein auf dem Bauern- und Fischerfriedhof in Benz auf Usedom beigesetzt. »Hier auf der Insel bleibe ich, wenn ich zu Bach gehe – für immer«, hatte der Maler einst für seine Erinnerungen formuliert. »In Benz wird mein Platz sein, nahe der Mühle. Grzimeks Knabe, der jetzt vorn im Garten steht, soll an mein Grab kommen, das Antlitz beschatten, in die Ferne träumen – zum Meer, zur Ostsee, meiner großen Geliebten, die mich täglich gefordert und nie entäuscht hat.« So geschah es.

»Diese Bilder und Zeichnungen, Graphiken – dein gemaltes Leben bleibt!« sagte der Bildhauer Jo Jastram in seiner Rede am Sarg. »In ihm ist festgeschrieben deine liebende Achtung vor allem Lebendigen, der Reichtum einer sich immer feiner stimmenden Seele, die Musikalität, das rhythmische Gefühl eines außerordentlichen Malers. Und das warst du vor allem. Aber als Maler bist du vielfach wirksam geworden: Ein Lehrer warst du, ohne Klasse, aber mit vielen Schülern; ein Präsident warst du – der Biennale der Ostseeländer –, der viele Künstler aus dem Ostseeraum zusammenführte; ein kritischer Freund warst du, der die ›Jungen‹ förderte; ein Maler, der die Musik liebte, die gute Literatur – und die Bildhauer.«

Und wohl darum nicht zufällig war auch der zweite ehrende Redner an diesem Tag ein Bildhauer, Werner Stötzer: »Er hat behutsam uns bedacht. In einem guten Gesicht standen zwischen großen Landschaften seine Augen: ›Wär nicht

Die Beisetzung auf dem Friedhof in Benz auf Usedom; neben Annelise Niemeyer der Sohn Günter und (halb verdeckt) die Schwiegertochter Annerose

das Auge sonnenhaft, die Sonne könnt' es nie erblicken ...‹ Ich denke, bei ihm war die Liebe zum anderen die Liebe in der Natur. Doch er machte aus dem zu Deutenden das Deutliche. Wir sagen dazu Wirklichkeit.«

Im gleichen Jahr folgte dem Käpten der Stüermann: Annelise Niemeyer starb am Morgen des 5. Oktober 1984 im Krankenhaus Wolgast. Medizinische Kunst konnte ihre Lebenszeit nicht verlängern, die knapp 84 Jahre umfaßte, von denen sie achtundfünfzig in Gemeinsamkeit mit Otto Niemeyer-Holstein verbracht hatte.

Zu ihren letzten Aufgaben, die sie tatkräftig in Angriff nahm, gehörten die Aufstellung des »Stehenden Knaben« am Grab in Benz, die Konzipierung eines noch gemeinsam mit dem Künstler erwogenen Ausstellungsanbaus an den TABU-Trakt, die ersten Überlegungen für eine ONH-Gedächtnisausstellung, für die sie die Dresdner Galerie Kühl »in

Dankbarkeit« wünschte, außerdem eine Schenkung von fünf Gemälden an die Akademie der Künste, die der Sohn, Günter Niemeyer, später vollzogen hat.

Bestattet wurde Annelise Niemeyer an der Seite Otto Niemeyer-Holsteins am 12. Oktober 1984. Die Quintessenz ihres Lebens faßte Pfarrer Martin Bartels in die Worte: »Ihr Anteil am Lebenswerk Otto Niemeyer-Holsteins ist unermeßlich. Unermeßlich, weil nach menschlichem Ermessen nicht zu erwarten. Unermeßlich nicht nur in der Dauer und in der Menge, sondern unermeßlich in der Tiefe und Intensität ihrer Liebe. Dazu gehört die Tasse Tee – zum richtigen Zeitpunkt ins TABU gebracht – genauso wie das Gespräch über das gerade entstandene Bild und die Bereitschaft zur Begegnung mit vielen Menschen, für die Lüttenort mehr war als die Wirkungsstätte eines großen Malers.«

MIT OTTO NIEMEYER-HOLSTEIN starb das letzte der »Kinder« von Theodor und Johanna Niemeyer. Die Kindeskinder der folgenden Generationen leben an weit auseinander liegenden Orten – in Deutschland, in Europa, außerhalb Europas, in Übersee. Nach dem Ableben des Bruders Johannes äußerte ONH:

»Der Tod schnitt früh in das Leben meiner Eltern mit Unglücken, und niemand hätte vermutet, daß dreien von uns in diesem Jahrhundert der Kriege ein so langes und erfülltes Leben vergönnt sein würde.

Unlängst, als ich in Kiel war, trat in mein Erinnern, wie auf unserem Grundstück in Kitzeberg wir Kinder immer einen Bogen um den unheimlichen Denkstein gemacht haben, den mein Vater meiner Mutter nach dem Tod unseres am jüngsten gestorbenen Bruders, er war nur acht geworden, zum ›Geschenk‹ gemacht hatte. Nun lief ich im Dschungel umher und stocherte mit dem Stock, meinte, daß der Stein längst zerfallen oder weggeräumt sein würde. Aber siehe da, zwischen Blattwerk und Ästen stand er, grün überwachsen, und hat alle und alles überdauert.«

Das Grab mit der Plastik von Waldemar Grzimek: »Stehender Knabe«

Die »Kinder«:

Helmuth: 22. 2. 1895 in Kiel – 2. 3. 1903 in Kiel, gestorben an Scharlach.

Günther Rudolf: 1. 10. 1897 in Kiel – 16. 9. 1926 in Kitzeberg bei Kiel (beim Segeln auf der Kieler Förde verunglückt), Ingenieur; verheiratet mit Toni Schulz.

Karl *Wolfgang*: 14. 9. 1886 in Unna – 10. 9. 1945 in Coquimbo (Chile), Kaufmann; verheiratet mit Maria Fernández.

Annemarie Luise Hildegard: 13. 12. 1893 in Kiel – 9. 12. 1977 in Potsdam, Pianistin und Musikpädagogin; unverheiratet.

Johannes: 5. 1. 1889 in Halle (Saale) – 10. 2. 1980 in Steinstücken (damals Westberlin), Architekt und Maler; verheiratet mit Hella Simons.

Theodor *Otto*: 11. 5. 1896 in Kiel – 20. 2. 1984 in Lüttenort auf Usedom, Maler und Graphiker; verheiratet mit Annelise Schmidt.

DAMIT HATTE DER LETZTE der drei Malerfreunde – Otto Manigk, Otto Niemeyer-Holstein, Herbert Wegehaupt – die Palette weggelegt. Usedomer Malergruppe nannten manche sie, als Gründer einer Usedomer Malerkolonie verstanden sie andere. Die Künstler selbst hatten sich so nie gesehen, sondern als einen sich gegenseitig anregenden Freundeskreis unterschiedlicher Temperamente, der sich offenhielt, sich aber auch nach außen verschließen konnte – die Zeiten erforderten es bisweilen. Das Verbindende lag für sie in ihrer Haltung zur Kunst und zum Leben und in der Liebe zur unverwechselbaren Landschaft der Insel Usedom, die sie – manchmal gemeinsam – malend erkundeten. Und »sie nahmen sich gegenseitig ernst« (Matthias Wegehaupt); Respekt und Achtung vor der Arbeit des anderen, Toleranz auch im kritischen Urteil, das manchmal sehr differierte, verlieh ihrer Freundschaft Bestand, die ganz selbstverständlich die Familien einschloß. Einen gemeinsamen Stil zu begründen, eine »Schule« gar, war nicht ihre Absicht, obgleich Kritiker bereits in den fünfziger Jahren eine solche zu erkennen meinten. Zu unterschiedlich waren die Ansätze und Sehweisen, zu eigenständig ihre Methoden.

Man kann, wie es geschieht, Gemeinsames mit dem Herkommen von Johannes Walter-Kurau, dem Maler und Kunstpädagogen, begründen. Starke Einflüsse bei Otto Manigk und bei Karen Schacht – sie gehörte zwanzig Jahre lang zum Kreis der Ückeritzer Künstler – sind sichtbar, bei Herbert Wegehaupt sind nur Anklänge vorhanden, und bei Niemeyer-Holstein treten sie zeitweise vermittelt, mehr als Fragestellung in Erscheinung. Auf verdienstvolle Versuche einer »Eingliederung der Usedomer Maler in den kunsthistorischen Rahmen« in Büchern Ingrid von der Dollens und Jürgen Lüder-Lührs sei verwiesen und auf die Arbeiten des Greifswalder Kunsthistorikers Bernfried Lichtnau, vor allem auf seinen Führer »Usedom als Künstlerinsel«. Auch er erkennt im Werk Niemeyer-Holsteins der fünfziger Jahre »ein Eingehen auf den zeitweiligen Gruppenstil der Usedomer Künstler um Otto Manigk und Herbert Wegehaupt«, was sich in einer stärkeren Verflächigung der Form und zugleich betonteren Fassung durch dunkle Lineaturen ausweise, führt dies allerdings auf Erfahrungen bei Roger Bissière in der Pariser Académie Ranson zurück, wo Otto Manigk wie auch Niemeyer-Holstein zeitweise studierten. Sicherlich haben all diese Anregungen Spuren gezeitigt, am wenigsten tief bei Niemeyer-Holstein, der, wie es Herbert Wegehaupt sah, seine Impulse »aus dem Erlebnis seiner sichtbaren Umwelt« empfing und sich zugleich, wie er oft selbst bekundet, zeitlebens zu seinen »Vätern, den Impressionisten«, bekannt hat.

So läßt sich die Frage nach dem Gemeinsamen der Usedomer Freunde letztlich am besten beantworten durch das, was sie ausschlossen und ablehnten: Nicht Absprachen und Aktionen waren das Verbindende, schon gar nicht Doktrinen und Manifeste, sondern »Mal- und Wahlverwandtschaften« (ONH), die durch Verwandtschaft der künstlerischen Absichten getragen waren. Otto Niemeyer-Holstein äußerte gegen Ende seines Lebens in einem Arbeitsgespräch mit Filmleuten: »Ich möchte durch meine Arbeit helfen, etwas Neues zu geben – nicht als Programm und Vorsatz, sondern als Ergebnis meiner Arbeit.« Und vor laufender Kamera präzisierte er dann: »Was dazugehört, ein neues Sehen zu schaffen, was für ungeheure Bemühungen das sind – …zig Jahre! Und die Menschen sehen ja alle durch Bilder …«

SCHON IM MAI 1985, ein Jahr nach dem Tod Niemeyer-Holsteins, wurde das Anwesen Lüttenort mit Atelier und den dafür geeigneten Räumen der beiden Gebäudetrakte als museale Einrichtung der Öffentlichkeit zugänglich gemacht. Ein »Ort der Begegnung« sollte es nach dem Willen des Künstlers sein, hatte er im Hinblick auf seine immobile Hinterlassenschaft einst so erwartungsvoll wie zugleich kauzig formuliert: »Die Türen sollen für Besucher offen sein, und jeder soll denken: Gleich wird der Alte mit dem Stock auftauchen – und zum Eintreten einladen. Lüttenort mit Eintrittskarte! Urkomisch.«

Diesem Wunsch wurde entsprochen. Eine der ersten öffentlichen Wahrnehmungen des »Museums Lüttenort« findet sich in der Zeitung »Der Morgen« vom 18. Juli 1986. »Der kundige Gast«, schrieb Matthias Frede, »wird erfreut registrieren, daß die gesamte Anlage, die Arbeits- und Wohnräume des ehemaligen Besitzers in seinem Sinne und gemäß seinen Vorstellungen ohne entscheidende Eingriffe bewahrt wurden. [...] Gezeigt werden u. a. die intime Galerie mit Werken befreundeter Maler, das gemütliche Empfangszimmer, die floristische Vigna, das lichte Atrium mit einem Bronzeporträt des Meisters von Wieland Förster und natürlich das helle Atelier selbst. Es eröffnet sich fast unverändert: Man entdeckt sie wieder, die Pinsel, Tuben und Paletten, die Staffelei, den Grafikschrank, die Bilderecke mit dem alten Sofa und das pointierte Selbstbildnis mit Brille, die seltenen frühen Arbeiten und das eigenhändige Frisch-Zitat auf einem Zettel am Fenster, das Foto des ersten Anregers Werner von der Schulenburg (›Er wies mir den Weg zur Kunst.‹) und schließlich die Blicke hinaus auf die Natur von ›Lüttenort‹, in so manchen sensitiven Bildern festgehalten.«

Als verbindlicher Rechtsträger zeichnete nach der notariell beglaubigten Vereinbarung (vom 14. 6. 1983) der Staat »Deutsche Demokratische Republik, vertreten durch den Rat des Bezirkes Rostock«, der sich zur Realisierung der Vereinbarungen verpflichtete. In diese Verpflichtung trat mit dem Einigungsvertrag die Bundesrepublik Deutschland ein; die

Umschlagrückseite eines Briefes von Joachim John, 1994

Rechtsnachfolge ging »entsprechend der Zuständigkeitsverteilung des Grundgesetzes« in die föderal-kulturellen Verantwortungen des Bundeslandes Mecklenburg-Vorpommern über. Damit wurde der Erhalt des Anwesens so gesichert, daß er »die Arbeits- und Lebensumwelt des Künstlers real widerspiegelt«. Inzwischen wurde das eher intime Museum weithin bekannt als, wie es in einem Reiseführer heißt, »Oase der Kunst« und »Garten der Bilder«.

Aber es galt auch Gefahren abzuwehren. »Abwicklung« hieß der neue Begriff, der »Zugriffe« zu erlauben schien. Wiederum bekamen Verständnislosigkeit und Unkenntnis Macht und drohten zu zerstören, was als ein geistiges Zentrum der Insel unter den veränderten Strukturen des Landes Mecklenburg-Vorpommern gerade erst zu fassen war. »Der neue Landrat aus Hamburg bittet gestern den Dezernenten, der Künstler Niemeyer möge doch seine Schenkung zurückziehen«, zitierte die damalige Kustodin, Petra Metzmacher, im April 1991 in einem Hilfeersuchen. Da war der Künstler sieben Jahre tot. Dem Protest der Freunde des Malers und der wachgerufenen Öffentlichkeit, aber auch juristischem

Lüttenort heute: Die Neue Galerie (Architektenzeichnung); links die Lüttenorter Häuser mit dem Hofgarten, rechts das TABU-Atelier mit dem Galerieneubau

Nachdruck war es zu danken, daß irreversibler Schaden nicht eintrat.

Zur Eröffnung einer Ausstellung mit Werken der Brüder Johannes und Otto Niemeyer in Greifswald, Potsdam und Kiel – einem gewichtenden Beitrag zum 100. Geburtstag ONHs – formulierte Reiner Lorenz, Ministerialdirigent im Kultusministerium der Landesregierung Mecklenburg-Vorpommern: »So wird an diesen beiden Persönlichkeiten zugleich auch ein Stück deutscher Zeitgeschichte deutlich: Zwei Künstler gleicher Herkunft und Voraussetzung repräsentieren in einer von politischen Gegensätzen, gar lebensbedrohenden Konfrontationen bestimmten Periode deutscher Nachkriegsgeschichte über das Trennende hinweg das verbindende Gemeinsame – eine unerschütterliche Haltung zum Leben, deren humanistischer Impetus ihr künstlerisches Werk unverkennbar geprägt hat.«

Zwischen See und Achterwasser bieten sich heute den Besuchern des Anwesens Bilder Otto Niemeyer-Holsteins gleichsam im Zentrum ihres Entstehens und in wechselnder Auswahl in einer neuen Galerie, dem noch vom Maler erhofften, von der Witwe gemeinsam mit den Dresdner Architekten Siegbert Langner von Hatzfeldt und Heiner Schönwälder bedachten Neubau an das TABU-Atelier, der – finanziert von öffentlicher Hand – im Frühjahr 2001 eröffnet wurde.

»Eigentlich möchte ich im ›lütten Ort‹ nur Werke von ONH sehen und ausnahmsweise, zeitlich begrenzt, von ›Schülern‹, Freunden, Kollegen«, wünschte sich Joachim John, der von ONH geförderte und geschätzte jüngere Künstlerfreund, im April 1994 in einem Brief an Rudolf Mayer. Und mit kräftigem Strich schreibt er auf die Rückseite des Umschlages neben sein mit Tusche gezeichnetes Konterfei:

»Lüttenort soll ein lütter Ort bleiben.«

Im Überblick

Zeittafel – Daten und Fakten

1896 Theodor Otto Niemeyer wird am 11. Mai als fünftes (und vorletztes) Kind des Völkerrechtlers Prof. Dr. Dr. h.c. Edwin Hugo Theodor Niemeyer und seiner Ehefrau Alwine Johanna (geborene Schulz) in Kiel geboren.

1902–1914 Umzug nach Kitzeberg an der Kieler Förde. Elementarschule; Oberrealschule. Prägende Kunsteindrücke im musischen Elternhaus. Die Eltern schenken den Kindern ein Segelboot (»Lütter«), das Otto Niemeyer später in die Gewässer der Insel Usedom bringen wird.

1912 Der Gymnasiast rettet eine Schülerin vor dem Ertrinken; Auszeichnung mit der Preußischen Rettungsmedaille.

1914 Kriegsfreiwilliger; Ausbildung als Husar in Schleswig.

1915 An vorderster Front vor Warschau; psychischer Schock durch Granatexplosion; Lazarettaufenthalte; Entlassung aus dem Militär als »dauernd arbeitsverwendungsunfähig«.

1916 Rekonvaleszenz in der neutralen Schweiz; Otto Niemeyer lebt im Engadiner Ort Zuoz und beginnt intensiv zu zeichnen und zu malen.

1917 Erste Unterweisung durch den Aarauer Maler Otto Wyler in Fetan (heute Ftan), Unterengadin. Findet Unterkunft im Atelier des Malers Edgar Vital im Haus Nr. 62 (heute Casa Rontsch). Lernt den Schriftsteller Werner von der Schulenburg kennen, der ihn anregt, das Malen als Beruf zu verstehen; rät ihm später, seinem Familiennamen die Bezeichnung seiner Herkunftslandschaft hinzuzufügen: Niemeyer-Holstein.

1918 Zu Fuß ins Tessin; bezieht in Ascona eine Hütte auf dem Monte Verità; begegnet bei der Baronin von Wrangel der aus Österreich stammenden Sängerin Hertha Langwara. Lernt Alexej von Jawlensky und Marianne von Werefkin kennen, die ihm wichtige Anreger werden.
Erste Publikation: »Fetan, 6 Originallithographien« nach Federzeichnungen aus dem Engadin. Erstes Ölbildnis: »Frau Fellerer«; erste Holzschnitte: »Ascona«, »Eule«.
Kurzes Studium an der Kunstgewerbeschule in Luzern.
Lebensbedrohende Erkrankung: spanische Grippe.

1919 Erstmals Teilnahme an einer Ausstellung im Kunstsalon Wolfsberg in Zürich. Erster Bildverkauf.
Besucht Malkurse bei Arthur Segal in Ascona.

1920 Reise nach Sizilien. Ehe mit Hertha Langwara.
Studium an der Kunstakademie in Kassel bei Prof. Curt Witte; Abbruch.

1921 Geburt des Sohnes Peter in Traben-Trarbach. Ansiedelung in Stocksee (Schleswig-Holstein). Existentielle Not. Lebensunterhalt durch Gebrauchskunst.
Starke Prägung des Rechtsempfindens durch das Erlebnis des Talaat-Pascha-Prozesses in Berlin als Zuschauer auf Einladung des Vaters als dritten Verteidiger.

1922 Erste eigene Ausstellung in der Galerie Commeter in Hamburg.

1923 Besuch der Bauhauswoche in Weimar; begegnet Paul Klee und Lyonel Feininger. Bilder im Lübecker Kunstverein.

1924 Gemeinsam mit Marianne von Werefkin und anderen Gründung der Künstlergruppe »Der Große Bär«. Teilnahme an der zweiten Ausstellung Asconeser Künstler im Kunstsalon Wolfsberg in Zürich.

1925 Scheidung. Umzug nach Berlin.
Mehrere Ausstellungen, u. a. mit Gerhard Marcks im Kunstverein Halle (Saale).
Teilnahme an der Ausstellung der Gruppe »Der Große Bär« in der Kunsthalle Bern, anschließend im Kunsthaus Zürich. Besucht Kurse an der Académie Ranson in Paris.

1926 In Berlin Korrekturstunden bei Willy Jaeckel, dem Lehrer an der Hochschule für Kunsterziehung, und bei Arthur Segal, der eine Privatschule eröffnet hat.
Freundschaft u. a. mit Clara Westhoff-Rilke.
Bestimmender Eindruck durch die Bilder Rembrandts in der Nationalgalerie und James Ensors in der Kunstgalerie Paul Cassirer, im folgenden Jahr durch die erste deutsche Ensor-Ausstellung in Hannover.
Georg Kolbe lädt zu einer gemeinsamen Ausstellung am kunsthistorichen Seminar in Marburg ein.
Der Maler holt das Segelboot »Lütter« nach Berlin.
Lernt Dr. Annelise Schmidt kennen.

1927 Erneut in Italien. Besucht Christian Rohlfs in Ascona. Gemälde und Aquarelle in der Berliner Galerie Nierendorf. Ehe mit Annelise Schmidt. Atelierwohnung in der Königin-Augusta-Straße, später in der Augsburger Straße in Berlin.

1929 Erste umfassende Einzelausstellung in der Berliner »Kunststube«. Außerdem Ausstellungen in Kiel, Marburg und – neben Plastiken von Gerhard Marcks – in Halle (Saale).

1930 Lernt die Maler Otto Manigk und Herbert Wegehaupt kennen, die künstlerisch anregende Partner und Freunde werden.
Erstmals mit dem »Lütten« Segelfahrt von Berlin zur Insel Usedom (Ückeritz, Kölpinsee). Die Landschaft der Küste wird zu einem malerischen Hauptthema.
Tod der Mutter.

1931 Wieder im Tessin (Lamone).

1932 Bleibe in Neuendorf auf dem Usedomer Gnitz.

1933 Teilnahme an einer Ausstellung der Gruppierung »Die Gemeinschaft« in Berlin. Lernt den Architekten und Tessenow-Schüler Karl Buttmann kennen. Pacht, bald Kauf einer Brache bei Koserow auf Usedom; das Grundstück erhält als Ort des »Lütten« den Namen Lüttenort; Leben in einem ausrangierten Berliner S-Bahn-Gepäckwagen, der später umbaut wird. Anlage eines Malgartens.

1933–1945 Zurückgezogen auf Usedom. Keine Einzelausstellungen, wenige Einbeziehungen. Annelise Niemeyer gehört nach Inkrafttreten der Nürnberger Gesetze (1935) als Halbjüdin zum gefährdeten Personenkreis in Deutschland.

1935 Kauf des Seglers »Orion«; bis 1939 Schiffsreisen nach Skandinavien. Teilnahme an Ausstellungen im Anhaltischen Kunstverein, Dessau, und im Stadtmuseum Stettin.

1936 Umzug in die Handjerystraße, Berlin-Friedenau.
Vertreten in der Frühjahrs-Ausstellung im Kunstverein Hannover (u. a. auch Erich Heckel, Otto Modersohn, Karl Schmidt-Rottluff, Georg Schrimpf). Übernimmt Aufträge für Fresken in einigen von Heinrich Tessenow entworfenen Kasernen; die Arbeiten befremden die Auftraggeber durch ihre zivilen Sujets, werden aber geduldet.

1937 Geburt des Sohnes Günter in Berlin-Friedenau.
Besucht Arthur Segal im Londoner Exil.
Obgleich Arbeiten des Malers im offiziellen Kunstbetrieb zunehmend auf Zurückweisung stoßen, werden sie von einigen Museums- und Ausstellungsleitern weiterhin in ihr Programm einbezogen. Konfiszierung eines Ölbildes (»Tessiner Winterlandschaft«) im Zuge der Aktion »Entartete Kunst« in der Kunsthalle Kiel.

1938 Die Berliner Wohnung dient einem politisch gefährdeten Bekannten als zeitweilige Unterkunft.

1939 Weiterer Ausbau von Lüttenort. In den folgenden Jahren entstehen vorwiegend kleinformatige Öl-Naturstudien, »Schoßbilder« genannt. Tod des Vaters.

1940 Der nordwestliche Teil der Insel Usedom, seit 1937 Lenkwaffen-Versuchsgebiet, wird Sperrkreis; militärischer Kontrollpunkt vor Lüttenort.

1941 Der Präsident der Reichskammer der bildenden Künste holt bei der Geheimen Staatspolizei Auskunft über den Maler und seine Ehefrau ein.

1942 Einige Bilder in der Anhaltischen Gemäldegalerie Dessau, in der Kunsthalle Düsseldorf sowie in der Kieler Ausstellung »Gäste aus der Reichshauptstadt« (u. a. auch Arbeiten von Georg Kolbe und Oskar Nerlinger).
Die jüdische Schwiegermutter wird in Lüttenort inkognito einquartiert, wo sie die NS-Zeit überlebt.

1943 In der Berliner Wohnung findet ein jüdischer Geschäftsmann für einige Monate ein Versteck. Dienstreise nach Bordeaux; Umgehung eines Wandbildauftrages. Schwelbrand im Berliner Atelier nach einem Bombenangriff; dort lagernde Bilder werden teilweise zerstört. Autounfall: schwere Gehirnerschütterung.

1944 Tod des Sohnes Peter als Marine-Fernaufklärer.
Dienstverpflichtung; Zwangsanstellung bei der Reichsbahn. Die Insel Usedom wird zum Kampfgebiet erklärt, das Terrain um Lüttenort zur Flutung vorbereitet.

1945 Die Familie bringt sich mit dem Segler »Orion« jenseits des Achterwassers in Sicherheit. Die schnelle Umklam-

merung und Besetzung der Insel durch sowjetische Truppen verhindert die Sprengung der Landenge.
Rückkehr der Familie nach Lüttenort, das trotz der Kämpfe unzerstört geblieben ist.
Der Maler räumt die Berliner Atelierwohnung für eine junge Bildhauerin.

1946 Wie auch der Bruder Johannes Niemeyer einige Bilder in der 1. Deutschen Kunstausstellung in Berlin sowie in der Dresdner Allgemeinen Deutschen Kunstausstellung.
Erste Einzelausstellung nach dem Krieg in Wolff's Bücherei in Berlin-Friedenau.

1947 Gemälde aus zwanzig Jahren in der Galerie Commeter, Hamburg.

1949 Bilder auf der 2. Deutschen Kunstausstellung in Dresden.

1950 Teilnahme an Ausstellungen in beiden deutschen Staaten, u. a. an der Wanderausstellung »40 bedeutende deutsche Maler« in Städten der Bundesrepublik Deutschland und an einer Präsentation »Deutsche Maler unserer Zeit« in Hamburg.

1953 Das Werk Niemeyer-Holsteins gerät zwischen die Fronten des »Kunststreites« in der DDR.
Die Jury zur 3. Deutschen Kunstausstellung lehnt alle eingereichten Arbeiten des Malers ab.

1954 Ausstellungen in der Kunsthalle Mannheim (140 Gemälde) und im Stadtmuseum Jena.

1955 Studienreise nach Bulgarien.

1956 Erstmals wieder in Ascona. Reise nach Spanien.
Die wachsende Popularität des Malers erschwert Versuche der Ausgrenzung bei Präsentationen des aktuellen künstlerischen Schaffens.

1957 Reise ins Tessin; Wiederbegegnung mit Werner von der Schulenburg. Besuch HAP Grieshabers auf der Achalm bei Reutlingen.

1958 Malferien in der Toskana, Wanderungen in den Abruzzen, Aufenthalt im Tessin.
Experimente mit druckgraphischen Verfahren.

1959 Tod des Freundes Herbert Wegehaupt.
Malausflüge in Thüringen; Auseinandersetzung mit dem Thema Steinbruch. Studienreise nach Rumänien. Ausstellungen in München und Lüdenscheid.

1960 Seereise mit dem Frachtschiff »Leipzig« nach China; zahlreiche Ölbilder und Studien.
Verstärkte Hinwendung zum Bildnis.
Arbeit in der Druckwerkstatt des Instituts für bildende Kunst in Berlin.

1961 Zum 65. Geburtstag zeigt die Nationalgalerie (Berlin-Ost) einen umfassenden Werk-Überblick; Katalog-Geleitwort von Erich Heckel.
Eintragung ins Goldene Buch der Stadt Greifswald.
Ankauf eines Ölbildes durch die Nationalgalerie Berlin: »Eisbarrieren am Usedomer Strand«; später folgen weitere Erwerbungen.
Die erste Monographie, »Otto Niemeyer-Holstein« von Sigrid Hinz, erscheint.
Verlegung des Ateliers in ein Seitengebäude des Lüttenorter Anwesens: »TABU«.

1962 Intensivierte Auseinandersetzung mit dem Motiv »Vereiste Ostsee«, das ein Hauptthema bleiben wird.

1963 Kauf eines Diesel-Kutters: »Mot-Orion«.
Die Internationale Kunstausstellung zur Ostseewoche mit Künstlern aus Dänemark, Finnland, Island, Norwegen,

Polen, Schweden, der Sowjetunion sowie der BRD und der DDR wird Biennale; die Ländervertreter wählen ONH zum Präsidenten des internationalen Komitees.
Die NATO-Doktrin verweigert der dänischen Regierung, dem Künstler eine Einreise zur Eröffnung seiner Ausstellung in Kopenhagen zu erteilen.

1964 Zuerkennung des Professorentitels.
Ausstellungen u. a. in Flensburg und Mannheim.
Malerreise in die Hohe Tatra, Polen.

1965 Malerreise nach Taschkent, Samarkand und Buchara.

1966 Aus Anlaß des 70. Geburtstages Ausstellungen in den Museen von Rostock, Stralsund, Greifswald und Wolgast.
Erste Interviews zu dem späteren Buch »Lüttenort«; fortgesetzte Arbeit daran bis 1983.

1967 Erste umfassende Monographie von Rudolf Mayer.
Das Kulturministerium der DDR erteilt keine Genehmigung für eine Ausstellung in Heilbronn.

1968 Der Künstler verweigert eine zustimmende Presseerklärung zur Niederschlagung des »Prager Frühlings«.
Besucht Oskar Kokoschka in Villeneuve (Schweiz).
Bilder aus dem Gesamtwerk in Santiago de Chile.

1969 Tod des Freundes Gustav Seitz.
Wahl zum Korrespondierenden Mitglied der Akademie der Künste der DDR.
Ausstellung aus dem Gesamtwerk im Kunstsalon Wolfsberg, Zürich.

1970 Der Staatssicherheitsdienst der DDR formuliert den »Verdacht auf landesverräterische Agententätigkeit und staatsfeindliche Hetze«; Observierung des Künstlers bis Lebensende.

1971 Aus Anlaß des 75. Geburtstages mehrere Ausstellungen. Das Gemälde »Bröckelnde Mauer« erregt vor dem 10. Jahrestag des »Mauer«-Baus den Argwohn staatlicher Behörden; der Künstler verweigert die Entfernung.
Schwere Erkrankung: Herzinfarkt.

1972 Tod des Freundes Otto Manigk.
ONH verbrennt das Segelschiff »Orion«.
Ausstellung im Museo Comunale in Ascona sowie, gemeinsam mit Theodor Rosenhauer und Gustav Weidanz, in der Akademie der Künste am Robert-Koch-Platz in Berlin.

1974 Nationalpreis für Kunst (II. Klasse); Kauf der Windmühle in Benz auf Usedom.
Ausstellung in der Galerie Neue Meister, Albertinum, Dresden, sowie u. a. in der Kunsthalle Rostock.

1975 Wahl zum Ehrenpräsidenten der Ostsee-Biennale. Ausstellung in Uppsala.
Fernsehfilm: »Signiert unten links: ONH«.

1976 Nationalgalerie Berlin: Arbeiten aus sechs Jahrzehnten. Ausstellung aus dem Gesamtwerk in Bukarest.
Der Künstler verweigert eine Pressezustimmung zur Ausbürgerung Wolf Biermanns.

1977 Tod der Schwester Annemarie.
»Stern der Völkerfreundschaft« in Gold für sein völkerverbindendes Wirken im Rahmen der Ostsee-Biennale.

1978 Verstärkte Hinwendung zu graphischen Techniken; in kurzer Folge entstehen viele Radierungen unterschiedlicher Genres.

1980 Tod des Bruders Johannes.
»Werkverzeichnis der Druckgrafik« von Gudrun Schmidt; ergänzte Fassung von Irene Sohler und Ernst Lau 1989.

1981 Umfassende Auswahl aus dem Gesamtwerk in der Kunsthalle Rostock.

1982 Reisebilder im Alten Rathaus Potsdam; Übereignung von 44 Ölskizzen, 6 Aquarellen und Studien sowie 20 Graphiken an die Stadt Potsdam. Die Kunsthalle Rostock erhält als Teil einer weitergehenden Bestimmung 87 Ölbilder sowie Zeichnungen und Druckgraphik.
»Das Meer«, sechs Holzschnitte der Jahre 1927 und 1957 als Original-Handabzüge für die Grafik-Edition XII des Reclam-Verlags, Leipzig, sowie für die Büchergilde Gutenberg, Frankfurt am Main.
Fernsehfilm: »... und der Strand ist meine große Geliebte«.

1983 Mappenwerk in der eikon Grafik-Presse Dresden: 12 Blätter Vernis mou und eine Durchdruckzeichnung.
Eine neue ONH-Monographie von Rudolf Mayer erscheint im Henschelverlag Berlin.

1984 Letzte Ausstellung zu Lebzeiten des Künstlers: Aquarelle in der Foyer-Galerie des TIP-Theaters Berlin; Eröffnung durch die Schauspielerin Inge Keller.
Tod am 20. Februar 1984 in Lüttenort; Beisetzung am 24. Februar auf dem Friedhof in Benz auf Usedom.
Annelise Niemeyer befürwortet den Plan eines Galerieneubaus an das TABU-Atelier, Entwurf: Siegbert Langner von Hatzfeldt und Heiner Schönwälder.
Tod Annelise Niemeyers am 5. Oktober 1984.

1985 Lüttenort wird entsprechend dem Vermächtnis des Malers ein »Ort der Begegnung« und eine Arbeitsstätte zur Dokumentierung und Erforschung des Lebens und Schaffens Otto Niemeyer-Holsteins.
Gedächtnisausstellung in der Galerie Kühl, Dresden.

1986 Die Kunsthalle Rostock zeigt eine umfangreiche Ausstellung »Werke aus dem Nachlaß«.

1989 Das erweiterte Graphikverzeichnis nennt 191 Holz- und Linolschnitte, Lithographien und Radierungen sowie 9 Nachträge. Das vorläufige Werkverzeichnis verweist auf 2858 Gemälde, 831 Aquarelle und 830 Handzeichnungen, außerdem auf 5 Entwürfe in Freskotechnik sowie 4 frühe plastische Arbeiten aus den Jahren 1920/21 (verschollen).

1991 Gemälde aus dem Gesamtwerk im Museum Schloß Husum.

1994 Gründung des »Freundeskreises Otto Niemeyer-Holstein, Lüttenort e. V.«.

1995 Die Rostocker Kunsthalle zeigt eine erste umfassende Werkausstellung im vereinigten Deutschland. Ausstellungen in Kiel und Stade.

1997 Werke der Brüder Johannes Niemeyer und Otto Niemeyer-Holstein in einer gemeinsamen Ausstellung im Museum Greifswald, anschließend in Potsdam, Stade und Kiel.

1998 »Usedomer Malerei« im Staatlichen Schloßbetrieb Albrechtsburg Meißen: Otto Niemeyer-Holstein, Otto Manigk, Herbert Wegehaupt, Karen Schacht.

2001 Einweihung des Galerie-Neubaus in Lüttenort; Eröffnung einer Ausstellung mit Werken Otto Niemeyer-Holsteins aus dem Besitz des Museums.
Bundeskanzler Gerhard Schröder besucht in Begleitung des Ministerpräsidenten des Landes Mecklenburg-Vorpommern, Dr. Harald Ringstorff, das Museum Lüttenort und übergibt einen Zuwendungsbescheid des Bundes zur technischen Vervollkommnung der Neuen Galerie.

Zu diesem Buch – Dank

Während der Arbeit am Buch »Lüttenort« zeigten mir Annelise und Otto Niemeyer-Holstein gelegentlich Dokumente und Fotos, um das frei Erzählte zu veranschaulichen. Im Hintergrund stand dabei auch der Wunsch, dieses Material für die Publikation mit zu bedenken, wovon jedoch aus konzeptionellen Gründen Abstand genommen wurde. So blieb die Frage bestehen, es in einem anderen Zusammenhang einzubeziehen, die zu beantworten sich nun mit dieser Beschreibung des Künstlerlebens anhand von Fotos und Dokumenten ergab. Allerdings erwiesen sich die nach dem Tod des Malers und seiner Frau zu nutzenden Archivalien überraschenderweise dann doch als bescheiden. Neben wenigen persönlichen und privaten Zeugnissen standen dem Biographen die gesammelten Kataloge und Pressebelege sowie das damals noch nicht abgeschlossene Werkverzeichnis zur Verfügung – zu wenig letztlich, um diesen Künstlerweg in seinen zeithistorischen Verbindungen darstellen zu können. So bildeten zum Teil aufwendige Recherchen einen Hauptteil der Arbeit.

Besonders wichtig waren Auskünfte von Freunden des Künstlers und von Zunft- und Zeitgenossen; ihnen verdanke ich viele, manchmal auch weiterführende Informationen, die nur sie geben konnten. Für Mitteilungen Otto Niemeyer-Holsteins, die bisher unpublizierten Briefen entnommen wurden, ist den Adressaten zu danken, die mir Einblick gewährten und die Erlaubnis zum Zitieren gaben. Nicht näher bezeichnete Äußerungen entstammen dem Buch »Lüttenort« bzw. unpublizierten Arbeitsmitschriften zum Manuskript sowie unveröffentlichten Briefen an meine Frau und mich. Die Daten und Fakten im biographischen Abriß wurden, wenn möglich, mit den Dokumenten verglichen; zu einem Teil beruhen sie auf Zeugnissen, die erst in jüngster Zeit einsehbar wurden. So konnten auch manche Irrtümer und Ungenauigkeiten in früheren Publikationen richtiggestellt werden.

Nicht alle Personen, denen ich Dank schulde, können hier genannt werden. Hervorgehoben seien jedoch Prof. Dr. Günter Niemeyer, der Sohn des Künstlers, für sein Vertrauen und die großzügige Gewährung von Veröffentlichungsrechten; Heinke Starbati, die Tochter Johannes Niemeyers, Ammerland; Franka Keil, Leiterin des Ateliers Otto Niemeyer-Holstein, Lüttenort; Rudolf Mayer, Dresden, der kritische Begleiter meiner Arbeit am Manuskript, und nicht zuletzt meine Frau Helga, vom Künstler »Pony« genannt, sowie Katrin, unsere Tochter.

Des weiteren seien genannt: R. Angerer, Zuoz (Schweiz); Christine Ackermann, Stuttgart; Martin Bartels, Dewichow (Usedom); Doris Bitterli und Corinne Sotzek, Aarau (Schweiz); Corinna Böhme, Rostock; Susanna Böhme-Netzel, Worpswede; Marta und Otto Böni, Zürich; Karl Buttmann, Wulsbüttel; Claudius Christ, Basel; Sabine Curio, Stolpe (Usedom); Prof. Dr. Peter Czada, Berlin; Nuot Denoth-Puorger, Ftan (Schweiz); Irmgard Dinse, Neuendorf (Usedom); Franziska Fellerer, Wien; Alexander Fiebig, Berlin; Prof. Dr. Władysław Filipowiak, Szczecin; Prof. Wieland Förster, Berlin; Anton Gössi, Luzern; Eberhard Greve, Berlin; Helga Hähnel, Berlin; Horst Hannemann, Lübeck; Helmut Hauptmann, Berlin; Dr. Marianne Heinz, Kassel; Heino Hilken, Bremen; Angelica Jawlensky Bianconi, Locarno; Joachim John, Frauenmark/Gadebusch; Dr. Hans Peter Jürgensen, Kiel; Dr. Gerhard Kahlenbach, Berlin; Florian Karsch, Berlin; Edelgard Klüver, Kiel; Dr. Olda Kokoschka, Villeneuve (Schweiz); Dr. Jochen Kronjäger, Mannheim; Rosa Kühn, Zempin (Usedom); Roland Kuhne, Halle (Saale); Wolfram Lang, Wuppertal; Harald Leistner, Aue; Prof. Dr. Bernfried Lichtnau, Greifswald; Maike Maerten, Berlin; Oskar Manigk, Ückeritz (Usedom); Richard Müller, Zempin (Usedom); A. H. Niemeyer, Hamburg; Christian Niemeyer, Hamburg; Helga Niemeyer, Hamburg-Bergedorf; Dr. Johann-Anton Pernice, Meckenheim; Doris von Prodzinsky, Oberhausen; Dr. Holger Rabe, Höxter; Brigitte Roeseler, München und Zuoz; Hetty Rogantini de Beauclair, Ascona (Schweiz); Gerhard Rosenfeld, Potsdam; Dr. Eberhard Rudolph, Berlin; Karl Heinz Schamal, Erkner; Isa von der Schulenburg, Trezzano Rosa (Italien); Dr. Manfred R. Schulz, Potsdam; Luise Seitz, Hamburg; Hans Wolfgang Siegenbruk, Düsseldorf; Paul Singelnstein, Berlin; Helmut Soldner, Leipzig; Prof. Dr. Heinz Spielmann, Hamburg; Prof. Werner Stötzer, Alt-Langsow; Dr. Harald Szeemann, Tegna (Tessin); Dr. Heidi Tacier, Zürich und Ftan (Schweiz); Prof. Dr. Răzvan Theodorescu, Bukarest; Markus Trüeb, Luzern; Dr. Peter Thurmann, Kiel; Max Uhlig, Dresden; Petra Uhlmann, Berlin; Dr. Karin Volland, Halle

(Saale); Katja Wagenbach-Wolff, Berlin; Dr. Hermann Wagner, Berlin; Matthias Wegehaupt, Ückeritz (Usedom); Helmut Wendhut, Traben-Trarbach; Joachim von der Wense, Greifswald; Prof. Dr. Dietrich Wiebe, Stocksee; Hermann Wiedemann, Berlin; Emil Zopfi, Obstalden (Schweiz).

Dank gebührt auch den Fotografen und Bildrechte-Inhabern, die an anderer Stelle genannt sind, Magdalena Frank für das Lektorat, Johanna Rennert-Mönch für die Buchgestaltung, Hartmut Schönfuß für die Satzkorrektur und Nele Holdack für die Revision des Textes vor dieser Neuauflage.

Nicht zuletzt danke ich für finanzielle Unterstützung zur technischen Realisierung des Buches Karin Peter vom Landkreis Ostvorpommern, die sich um die Pflege der künstlerischen und musealen Hinterlassenschaft des Künstlers über zwei Jahrzehnte verdient gemacht hat, sowie dem Freundeskreis Otto Niemeyer-Holstein Lüttenort e. V.

Achim Roscher

Quellen

I

Neben den Otto-Niemeyer-Holstein-Monographien von Sigrid Hinz (Berlin 1961) und Rudolf Mayer (Berlin 1967 und 1983), dem Werkverzeichnis der Druckgraphik (Rostock 1981 bzw. 1989) sowie den Katalogen zu den Ausstellungen wurden u. a. zu Rate gezogen:

BÜCHER

Albert-Lasard, Lou: Wege mit Rilke; Frankfurt am Main 1952.

Brühl, Georg: Herwarth Walden und „Der Sturm"; Leipzig 1983.

Dannenberg, Peter: Helden und Chargen; Hamburg 1883.

Dollen, Ingrid von der: Die Usedomer Maler. Landschaft 1933–1995; Bad Honnef 1996.

Doppagne, Brigitte: Ottilie Reylaender – Stationen einer Malerin; Worpswede 1994.

Feist, Günter, Eckhart Gillen und Beatrice Vierneisel [Hrsg]: Kunstdokumentation SBZ/DDR; Köln 1996.

Feist, Peter H. [Hrsg.]: Künstler der DDR (21 Künstler); Dresden 1981.

Fiedler, Konrad: Vom Wesen der Kunst; München 1942.

Gillen, Eckhart, und Rainer Haarmann [Hrsg.]: Kunst in der DDR; Köln 1990.

Humbert, Agnès: Die Nabis und ihre Epoche 1888–1900; Dresden 1967.

Hannsmann, Margarete: Pfauenschrei. Die Jahre mit HAP Grieshaber; München und Hamburg 1986.

Jahn, Beate, und Friedemann Berger [Hrsg.]: Die Schaffenden; Leipzig und Weimar 1984.

Jähner, Horst: Künstlergruppe Brücke; Berlin 1984.

Kayser, Dr. Karl: Die hannoverschen Pfarren und Pfarrer seit der Reformation; Braunschweig 1905.

Klemperer, Victor: So sitze ich denn zwischen allen Stühlen. Tagebücher 1950–1959; Berlin 1999.

Koch, Herbert: Die Leichenreden der Universitätsbibliothek Jena; Vopelius 1941.

Lang, Lothar: Begegnungen im Atelier; Berlin 1975.

Lang, Lothar: Malerei und Graphik in der DDR; Leipzig 1983.

Langwara, Caroline: Die Lösung des Gesangproblems; Kiel 1921.

Lichtnau, Bernfried: Usedom als Künstlerinsel; Fischerhude 1993; und: Usedom. Streifzug durch die Geschichte, Kunst und Architektur der Insel; Peenemünde 1996.

Lüder, Jürgen, gen. Lühr: Die Würde des Lebendigen. Usedomer Maler des 20. Jahrhunderts; Leipzig/Rostock 1998.

Meltzer, Christian [Hrsg.]: Historia Schneebergensis; gedruckt und verlegt von Heinrich Fulde; Schneeberg 1716.

Nauhaus, Wilhelm: Die Burg Giebichenstein. Geschichte einer deutschen Kunstschule; Leipzig 1981.

Niemeyer, Adelbert: Schülerjahre; Berlin-Schöneberg [o. J.].

Niemeyer, D. August Hermann: Beobachtungen auf einer Deportationsreise nach Frankreich im Jahr 1807; Halle 1826.

Niemeyer, Franz Anton [Hrsg.]: Stammtafeln des Niemeyerschen Geschlechts [bearb. von Kurt Niemeyer]; Halle (Saale) 1915.

Niemeyer, Theodor: Erinnerungen und Betrachtungen aus drei Menschenaltern [Hrsg. Dr. Annemarie Niemeyer]; Kiel 1963.

Niemeyer, Victor: Lebenserinnerungen eines Siebzigjährigen; Berlin 1937.

Oehme, Barbara: Jenaer Professoren im Bildnis; Jena 1983.

Offner, Hannelore, Klaus Schroeder [Hrsg.]: Eingegrenzt – Ausgegrenzt. Bildende Kunst und Parteiherrschaft in der DDR 1961–1989; Akademie Verlag, Berlin 2000.

Osis, Janis A., und Heinrich Wolter: Johann Walter-Kurau und seine Schule; Verden (Aller) [o. J.].

Rave, Paul Ortwin: Kunstdiktatur im Dritten Reich; Hamburg 1949.

Sauer, Maria: Die Bildhauerin Clara Rilke-Westhoff; Bremen 1986.

Schade, Werner: Die Malerfamilie Cranach; Dresden 1974.

Schmidt, Diether [Hrsg.]: In letzter Stunde: Künstlerschriften 1933 bis 1945; Dresden 1964.

Schulenburg, Werner von der: Briefe vom Roccolo; Berlin [1944].

Seewald, Richard: Die Zeit befiehlt's, wir sind ihr untertan; Freiburg 1977; und: Gestehe, daß ich glücklich bin; Bern/Leipzig 1942.

Segal, Arthur: Lichtprobleme der bildenden Kunst; Berlin 1925.

Seghers, Anna: [Rede auf dem II. Deutschen Schriftstellerkongreß], in: Gesammelte Werke, Bd. XIII, Berlin und Weimar 1980.

Siebmacher, J.: Bürgerliches Wappenbuch; [Hrsg. Gustav A. Seyler]; Nürnberg 1890.

Wegener, Armin T. [Hrsg.]: Der Prozeß Talaat Pascha. Stenographischer Bericht; Berlin 1921.

Weiler, Clemens [Hrsg.]: Marianne von Werefkin: Briefe an einen Unbekannten; Köln 1960.

Zimmermann, Rainer: Expressiver Realismus. Malerei der verschollenen Generation; München 1994.

Expressionisten – Die Avantgarde in Deutschland 1905–1920; Berlin 1986.

Fünfzig Jahre Institut für Internationales Recht an der Universität Kiel; Kiel 1964.

Geschichte der Universität Jena, 1548/58–1995; Jena 1958.

Maler und Werk [Reihe]: Hagemeister; Dresden 1987.

Maler und Werk [Reihe]: Segal; Dresden 1985.

Protokoll: Tagung der Sektion Kunstwissenschaft des Verbandes der bildenden Künstler der DDR; Rostock 1976.

Die Ratslisten der Stadt Weimar von 1348 bis 1810; Neustadt (Aisch) 1986.

In inniger Freundschaft – Der Briefwechsel Alexej Jawlensky, Paul und Lily Klee, Marianne Werefkin; Zentrum Paul Klee Bern und Stefan Frey; Bern 2013.

Die in dem Kapitel »Im Stellvertreterkrieg« dieses Buches erwähnte Anti-Kriegs-Lyrikanthologie »Tränen und Rosen«, herausgegeben von Achim Roscher, erschien 1965 sowie in erweiterten Auflagen 1967 und 1990 im Verlag der Nation Berlin.

Kataloge

Staatliches Bauhaus – Ausstellung; Weimar 1923.

Die Gemeinschaft – Gemälde, Skulpturen, Graphik, Architektur, Metallarbeiten; Berlin [o. J.].

Städtische Galerie Oberhausen: Katalog der Gemälde; Oberhausen 1963.

Heinrich Ehmsen: Malerei – Graphik; Berlin 1971.

Gerhard Marcks: Plastik; Bremen 1971.
National-Galerie: Gemälde des 20. Jahrhunderts; Berlin 1976.
Monte Verità – Berg der Wahrheit. Lokale Anthropologie als Beitrag zur Wiederentdeckung einer neuzeitlichen sakralen Topographie; Civitanova Marche und Tegna 1979.
Adelbert Niemeyer – Die Arbeit am Gefäß; Ausstellung der Handwerkspflege in Bayern; München 1984.
Martin A. Christ – Gemälde, Zeichnungen, Aquarelle; Bern 1984.
Gustav Seitz – Werke und Dokumente; München 1984.
Kunst in Berlin 1648–1987; Berlin 1987.
Marianne von Werefkin – Leben und Werk; München 1988.
Johannes Niemeyer – Architekt und Maler; Berlin 1990.
Entartete Kunst – Das Schicksal der Avantgarde in Nazi-Deutschland; München 1992.
Lyonel Feininger: Städte und Küsten; Nürnberg 1992.
Ateliergemeinschaft Klosterstraße Berlin 1933–1945; Berlin 1994.
Johannes Niemeyer – Architekt und Maler; Halle (Saale) 1995.
Kokoschka und Dresden; Leipzig 1996.
Johannes Niemeyer – Otto Niemeyer-Holstein; Greifswald 1997.
Usedomer Malerei. Otto Niemeyer-Holstein – Otto Manigk – Herbert Wegehaupt – Karen Schacht; Meißen 1998.
Kataloge der Dresdner Kunstausstellungen.

Zeitschriften, Zeitungen

Baugilde. Zeitschrift der Fachgruppe Architekten in der Reichskammer der bildenden Künste; Berlin, H. 22/1936.
Börsenblatt für den Deutschen Buchhandel; Leipzig, 14. 12. 1910.
Essener Beiträge; Essen, H. 28/1928.
Eulenspiegel. Zeitschrift für Humor und Satire; Berlin, Nr. 29/1965.
Familiengeschichtliche Blätter der Franckeschen Stiftungen; Halle (Saale), H. 7/1927.
Humanitas; Berlin, vom 24. 2. 1963.
Kunst der Nation; Berlin, H. 4/1933.
Neuer Weg; Bukarest, vom 2. 3. 1962.
Tagesspiegel; Berlin, vom 5. 10. 1946.
Westermanns Monatshefte; H. 975/1937.

Wissenschaftliche Zeitschrift der Friedrich-Schiller-Universität Jena; Gesellschafts- und Sprachwissenschaftliche Reihe; H. 2/3, 1957/58.
Zeitschrift des Vereins für Thüringische Geschichte und Altertumskunde; 30. Band neuer Folge, 1933.

II

Folgende Archive, Bibliotheken, Ämter und Museen trugen mit Auskünften bei:

ARCHIVE, BIBLIOTHEKEN

Bundesarchiv (Nachweisstelle), Aachen; Bischöfliches Ordinariat Augsburg, Archiv des Bistums; Staatsarchiv Augsburg; Stadtarchiv Augsburg; Akademie der Künste Berlin, Stiftung Archiv; Bundesarchiv Berlin; Deutsche Dienststelle (WASt), Berlin; Landesamt für Gesundheit und Soziales Berlin (Krankenbuchlager der preußischen Armee); Landesarchiv Berlin; Senatsverwaltung für Inneres, Berlin; Geheimes Staatsarchiv, Preußischer Kulturbesitz, Berlin; Staatsbibliothek zu Berlin, Preußischer Kulturbesitz; Staatliche Museen zu Berlin, Preußischer Kulturbesitz (Zentralarchiv); Zentral- und Landesbibliothek Berlin; Stiftung »Neue Synagoge Berlin - Centrum Judaicum«; Zentrum für Berlin-Studien, Berlin; Schweizerische Landesbibliothek, Bern; Stadtarchiv Braunschweig; StaatsArchiv Bremen; Gemeindeamt Bosco-Gurin; Niedersächsisches Staatsarchiv in Bückeburg; Stadtarchiv Dessau; Stadtpfarramt St. Martin, Dornbirn; Institut für Zeitungsforschung, Dortmund; Stadtarchiv Duisburg; Stadtarchiv und Stadtbildstelle Essen; Stadtarchiv Einbeck; Bundesarchiv (Militärarchiv), Freiburg; Gemeindebüro Ftan; Hochalpines Institut Ftan; Stadtarchiv Göttingen; Ev.-luth. Kirchenkreisamt Göttingen; Oberbürgermeister der Hansestadt Greifswald; Archiv Hansestadt Greifswald; Vorpommersches Landesarchiv, Greifswald; Archiv der Franckeschen Stiftungen, Halle (Saale); Stadtarchiv Halle (Saale); Universitäts- und Landesbibliothek Sachsen-Anhalt, Halle (Saale); Staatsarchiv der Freien und Hansestadt Hamburg; Staats- und Universitätsbibliothek Hamburg; Stadtarchiv Hannover; Ev.-luth. Kirchengemeinde St. Andreas, Bad Harzburg; Harzverein für Geschichte und Altertumskunde e. V., Bad

Harzburg; Gemeinde Ostseebad Heikendorf; Stadtarchiv Höxter; Kreisarchiv Ilm-Kreis; Archiv der Friedrich-Schiller-Universität, Jena; Stadtarchiv Jena; Stadtarchiv Kassel; Max-Planck-Schule, Kiel; Bundesverband Bildender Künstler, Landesverband Schleswig-Holstein, Kiel; Ev.-luth. Kirchenkreis Kiel; Stadtarchiv und Bildarchiv Kiel; Bundesarchiv Koblenz; Stadtarchiv Langenfeld; Universität Leipzig, Sammlung; Alexej-von-Jawlensky-Archiv, Locarno; Heimatverein Loddin (Usedom); Archiv der Hansestadt Lübeck; Stadtarchiv Lüdenscheid; Staatsarchiv Kanton Luzern; Stadtarchiv Luzern; Landeshauptstadt Magdeburg, Stadtarchiv und Stadtbibliothek; Schiller-Nationalmuseum (Deutsches Literaturarchiv), Marbach; Ev.-luth. Petri-Pauli-Kirchengemeinde Bad Münder; Amt Neustadt-Land (Holstein); Amt Plön-Land; Stadtarchiv Quedlinburg; Stadtarchiv der Hansestadt Rostock; Deutsche Seereederei GmbH Rostock; Landesarchiv Schleswig-Holstein, Schleswig; Stadtarchiv Schneeberg (Erzgeb.); HAP-Grieshaber-Archiv Stuttgart; Gemeindeamt Stocksee; Staatsarchiv Szczecin/Stettin (ehem. Museumsverein); Standesamt Traben-Trarbach; Stadtarchiv Weimar; Stiftung Weimarer Klassik, Weimar; Thüringisches Hauptstaatsarchiv Weimar; Archiv der Gesellschaft für Musikfreunde in Wien; Marianne von Werefkin-Archiv, Wiesbaden; Pfarramt St. Karl, Wien; Stadtarchiv Wuppertal; Stadtarchiv Zürich.

Museen, Galerien

Aargauer Kunsthaus, Aarau; Monte-Verità-Museum, Ascona; Museo Comunale d'Arte, Ascona; Georg-Kolbe-Museum, Berlin; Staatliche Museen zu Berlin, Preußischer Kulturbesitz (Kunstbibliothek, Zentralbibliothek der Nationalgalerie); Galerie Nierendorf, Berlin; Walserhaus Bosco-Gurin; Städtische Kunstsammlungen Chemnitz; Stadtmuseum und Stadtarchiv Dornbirn; Wilhelm-Lehmbruck-Museum, Duisburg; Museum Folkwang, Essen; Museum für Hamburgische Geschichte, Hamburg; Staatliche Museen Kassel, Neue Galerie; Kunsthalle zu Kiel; Kunstmuseum der Stadt Krefeld (Kaiser-Wilhelm-Museum); Städtische Kunsthalle Mannheim; Ludwig Galerie, Schloß Oberhausen; Museen der Hansestadt Rostock und Kunsthalle Rostock, Schiffbau- und Schiffahrtsmuseum; Schleswig-Holsteinisches Landesmuseum, Schloß Gottorf, Schleswig; Kunsthaus Zürich; Kunstsalon Wolfsberg, Zürich.

Werke von Otto Niemeyer-Holstein

Die Nummern verweisen auf das Verzeichnis der Druckgraphik (VD) und auf das Werkverzeichnis (WV)

FARBTEIL

Tafel 1 Selbstbildnis mit Pelzmütze, 1948, Öl auf Leinwand, 50,4 x 40 cm, WV 761; Pommersches Landesmuseum, Greifswald (Leihgabe Atelier ONH, Lüttenort)

2 Steinbruch an der Bergstraße, 1956/1963, Öl auf Leinwand, 65 x 81 cm, WV 547; Atelier ONH, Lüttenort

3 Buhne (Meer), 1969, Öl auf Hartfaserplatte, 70 x 90 cm, WV 1903; Staatliche Museen zu Berlin, Preußischer Kulturbesitz, Nationalgalerie

4 Im Suezkanal (Chinafahrt), 1960, Öl auf Hartfaserplatte, 29,7 x 39,6 cm, WV 1107; Kunsthalle Rostock

5 Bildnis Helga (Pony), 1961, Öl auf Hartfaserplatte, 29,5 x 39,5 cm, WV 1166; Privatbesitz

6 Glyzinien, 1969/72, Öl auf Leinwand, auf Pappe aufgezogen, 42,3 x 56, 2 cm, WV 1872 a; Museum der bildenden Künste, Leipzig

7 Sitzender Akt, 1977, Öl auf Leinwand, 35 x 27 cm, WV 2551 a; Staatliche Galerie Moritzburg Halle, Landeskunstmuseum Sachsen-Anhalt

8 Achterwasser, 1982/84, Öl auf Leinwand, auf Hartfaserplatte aufgezogen, 33 x 41 cm, WV 3490; Atelier ONH, Lüttenort (Leihgabe Günter Niemeyer)

TEXTTEIL

Seite 27 Otto Niemeyer: Schülerzeichnung, um 1913, Tusche

36 Fetan, Postkarte aus der Mappe »Fetan«, 1918, 6 Umdrucklithographien, VD 26

39 Ascona, 1918, Holzschnitt, 22 x 22,1 cm, Selbstdrucke, VD 1

47 Bildnis Frau Fellerer, 1918, Öl auf Pappe, 49 x 46 cm, WV 164; Privatbesitz, Zürich

59 Traben-Trarbach, 1921, Holzschnitt, Entwurf für ein Flaschenetikett (Weingut Springiersbacher Hof), 12 x 15 cm, VD 7

62 Berge vor aufgehender Sonne, um 1928, Holzschnitt, ca. 4,5 x 6 cm; Werbemarke für einen Prospekt des Hotels Bellevue, Rigi/Kaltbad, VD Ergänzungen

70 Arcegno, 1919, Kohlezeichnung, 34,3 x 43,3 cm, WV 0361; Atelier ONH, Lüttenort

70 Kapelle bei Arcegno, 1920, Holzschnitt, 24,9 x 20,8 cm, VD 5

93 Ottilie Reylaender-Böhme beim Malen, um 1959, Öl auf Leinwand, 35 x 54,3 cm, WV 3108; Atelier ONH, Lüttenort (Leihgabe Günter Niemeyer)

99 Brücke über den Landwehrkanal, 1928, Tusche, Pinsel, 31 x 44 cm, WV 0754; Atelier ONH, Lüttenort

139 Nordwand des Mannschafts-Speiseraumes der Flieger-Kaserne Weimar-Nohra, 1936, mit einem Teil der gerade fertiggestellten Fresken, lasierende Öltechnik auf »preußischem Putz«, unter Altanstrichen möglicherweise noch erhalten, Maße der bemalten Wandfläche ca. 27 m^2. Entwürfe erhalten, u. a. WV 0776; Atelier ONH, Lüttenort

Seite 172 Entwurf für ein Fresko, Speisesaal der Flakartillerie-Schule in Zempin (ausgeführt 1939 gemeinsam mit Otto Manigk und Herbert Wegehaupt, 1945 zerstört), Öl auf Hartfaserplatte, 32 x 113,5 cm, WV 0603 a; Atelier ONH, Lüttenort

193 Lenin, 1945, Öl auf Pappe, 64,7 x 49,7 cm, WV 0464; Atelier ONH, Lüttenort

203 Landgewinnung auf Usedom, 1951, Öl auf Hartfaserplatte, 102 x 120 cm, WV 877; Atelier ONH, Lüttenort

209 Katalogabbildung: Boddenlandschaft mit Wolke, 1957, Öl auf Hartfaserplatte, 52 x 78 cm, WV 630; Besitz unbekannt

220 Auf der Staffelei: Helene Weigel (III), 1959, Öl auf Papier, auf Hartfaserplatte, 56 x 42 cm, WV 975; Kunsthalle Rostock

230 Auf der Staffelei: Im Atlantik, 1960, Öl auf Leinwand, 50 x 60 cm, WV 1109; Kunsthalle Rostock

233 Angelehnt neben dem Modell das Gemälde Bröckelnde Mauer, später Abbröckelnder Putz, 1971, Öl auf Hartfaserplatte, 47 x 44 cm, WV 2002; Privatbesitz

235 Monographie-Cover: Strand im Winter (auch Verschneiter Usedomer Strand), 1960, Öl auf Pappe, 50 x 70 cm, WV 1021; Städtische Kunstsammlungen Chemnitz

247 Katalog-Cover: Die Welle, 1960, Öl auf Leinwand, 39 x 49 cm, WV 1141 a; Staatliche Museen zu Berlin, Preußischer Kulturbesitz, Nationalgalerie

261 Monographie-Cover: Selbstbildnis an der Staffelei (mit Pelzmütze), 1963, Öl auf Leinwand, 73 x 60 cm, WV 1320; Galerie Neue Meister, Albertinum, Dresden

Seite 271 Bildnis Maria Graeber, 1947, Öl auf Pappe, 44 x 33 cm, WV 353 b; Privatbesitz

273 Plakat: Ruhende (Ake), 1961, Öl auf Papier, 40,5 x 56 cm, WV 1181; Kunsthalle Rostock

293 Plakatentwurf, 1968, Tusche/Pinsel, 46,5 x 41 cm, VD 50

309 Monographie-Cover: An der Buhne, 1974, Öl auf Leinwand, 61 x 7o cm, WV 2191; Staatliche Museen zu Berlin, Preußischer Kulturbesitz, Nationalgalerie

Werke anderer Künstler

Seite 37 Otto Wyler: Monte Forno. Maloja, 1917, Öl auf Leinwand, 11,1 x 13 cm; Aargauer Kunsthaus, Aarau (Wyler 48.139)

49 Richard Seewald: Revolution, 1913, Holzschnitt für die gleichnamige Münchner Zeitschrift

54 Cesare Ferronato: Porträtplastik »Walter Diethelm«, 1963/68, Bronze, 28 cm hoch; Garten in Lüttenort

57 Curt Witte: Italienisches Stadtbild (Assisi), o. J., Öl auf Leinwand, 61 x 71 cm; Staatliche Museen Kassel, Neue Galerie (AZ 171)

74 Oskar Kokoschka: Max Liebermann, 1923, Kreidelithographie, 61,3 x 45,8 cm; Kokoschka und Dresden, Leipzig 1996

76 Arthur Segal: Selbst mit Hut, 1921, Öl auf Leinwand, 84,5 x 64,5 cm; Privatbesitz; Maler und Werk, Dresden 1985

85 Hans von Marées: Der Kunstgelehrte Konrad Fiedler, 1878, Bleistift, weiß gehöht auf braunem Papier; 44,5 x 31,3 cm; Katalog der Zeichnungen, Wuppertal 1987

Seite 86 Karl Hagemeister: Wellen im Sturm, 1915, Öl auf Leinwand, 125,5 x 168 cm; Maler und Werk, Dresden 1987

91 Ottilie Reylaender: Otto Niemeyer-Holstein, 1959, Öl auf Leinwand; 46x33 cm; Worpsweder Kunsthalle Friedrich Netzel

122 Johannes Niemeyer: Winter in Steinstücken, 1949, Pastell auf Papier, 46 x 63 cm

146 Karl Buttmann: Rolling home, 1938, Tusche, 10 x 15 cm; Archiv Karl Buttmann, Wulsbüttel

153 Lucas Cranach d. J.: Dr. Christian Brück (Pontanus), 1549, Holzschnitt, 18 x 15,8 cm; Werner Schade, Die Malerfamilie Cranach, Dresden 1974

155 Anton Graff: August Hermann Niemeyer, 1779, Öl auf Leinwand, 64 x 52,5 cm; Universität Leipzig, Sammlung. Entstanden im Auftrag von Philipp Erasmus Reich

239 Harald Kretzschmar: Karikatur auf Niemeyer-Holstein, 1965, entstanden im Auftrag der Zeitschrift »Eulenspiegel«, Berlin

253 Max Uhlig: Porträt »Otto Niemeyer-Holstein«, 1971, Lithographie, 46,5 x 29 cm

268 Heinrich Ehmsen: Erschießung (Rotjacke), 1919, Öl auf Leinwand, 18,9 x 22,9 cm; Ermitage, St. Petersburg

317 Waldemar Grzimek: Stehender Knabe, 1949, Zementguß, 176 cm hoch

321 Joachim John: Selbst auf einem Briefumschlag (an Rudolf Mayer), 1994, Aquarell

322 Heiner Schönwälder: Die neue Galerie, Ansicht von Süden (Architektenzeichnung), 1995, Tusche

Nachweis

Stadtarchiv Kiel: 12, (Friedrich W. Carstens) 14, 24 – *Evangelisch-lutherischer Kirchenkreis Kiel:* 13 – *Achim Roscher, Berlin:* 16, 17, 36, 65, 98, 114, 131, 150, 171, 255 (Archivdokumente); 35, 36, 45, 54, 99, 141, 160, 172/73, 198, 211, 271, 273, 317 (Fotos) – *ONH privat (Atelier Otto Niemeyer-Holstein, Lüttenort):* 15, 22, 25, 27, 28, 29, 35, 40, 42, 49, 52, 88/89, 105, 107, 127, 139, 145, 159, 165, 183, 185, 190, 215, 224/25, 248, 252, 285, 311 – *Atelier und Archiv Otto Niemeyer-Holstein, Lüttenort:* 39, 59, 70, 80, 93, 99, 110, 136, 190, 191, 193, 200, 203, 205, 209, 293, 295, 302 – *Heinke Starbati, Ammerland:* 19, 21, 30, 117 *(letztes Foto von Anneliese Jacobsen-Meyer)*, 119, 121, 122, 175, 298 – *Krankenbucharchiv, Berlin:* 32 – *Aargauer Kunsthaus, Aarau:* 37 – *Hetty Rogantini de Beauclair, Ascona:* 41 – *Angelica Jawlensky Bianconi und celesia fotografia, Locarno:* 44 – *Marianne-von-Werefkin-Archiv (Fäthke-Born), Wiesbaden:* 44 – *Franziska Fellerer, Wien:* 47, 48 – *Stadtarchiv Luzern (Atelier Luternauer, Kriens):* 51 – *Cesare Ferronato, Zürich:* 54 – *Staatliche Museen Kassel, Neue Galerie:* 57 – *Dietrich Wiebe, Stocksee:* 60 – *Archiv Rudolf Mayer, Dresden:* 62 – *Maria Bronz, Bosco-Gurin:* 68 – *Eberhard Greve, Berlin:* 68 – *Fondation Oskar Kokoschka / VG Bild-Kunst, Bonn 2021:* 74 – *Archiv Verlag der Kunst, Dresden:* 76 (Segal), 86 (Hagemeister) – *Peter Czada, Berlin (Comedian Harmonists Archiv):* 82 – *Hans von Marées – Zeichnungen, Wuppertal 1987:* 85 – *Susanne Böhme-Netzel, Worpswede:* 91 – *Wolfgang Marwitzky, Lübeck:* 95 – *Günter Niemeyer, Zürich:* 47, 77, 100, 128 – *Zentral- und Landesbibliothek Berlin:* 102 – *Heimatverein Loddin (Usedom), Detlef Kniebel:* 124 – *Irmgard Dinse, Neuendorf (Usedom):* 125 – *Helmut Soldner, Leipzig:* 129 (Dokument); 233, 263, 279, 291, 307, 310 (Fotos); 314/15 (Archiv Soldner) – *Karl Buttmann (Andreas Buttmann), Wulsbüttel:* 130, 146, 181, 288 – *Kunsthalle zu Kiel:* 133 – *Archiv A. H. und Helga Niemeyer, Hamburg:* 151, 155 – *Stadtarchiv Halle:* 156 – *Hansestadt Greifswald, Oberbürgermeister:* 161 – *Stadtbildstelle Essen:* 164 – *Bundesarchiv Berlin:* 168 (R 1509 ehem. Reichssippenamt), 178, 179 (ehem. US Document Center Ref. R. Pers. PKK 2401 Box 0173) – *Christine Ackermann, Stuttgart:*

169 – *Gert Adrion, Zinnowitz:* 187 – *Staatsbibliothek zu Berlin, Preußischer Kulturbesitz:* 167, 195 – *Herbert Wegehaupt (Matthias Wegehaupt), Ückeritz:* 218 – *Staatliche Museen zu Berlin, Preußischer Kulturbesitz, Zentralarchiv, Berlin:* 220 – *Christian Borchert, Berlin:* 220 – *Ilona Ripke, Berlin:* 221 – *Barbara Meffert, Zepernick:* 223 – *Karl Heinz Schamal, Erkner:* 227 – *Hans Wolfgang Siegenbruk, Düsseldorf:* 230 – *Bundesarchiv Koblenz (ehem. DDR-Zentralbild-Archiv):* 237, 243, 278, 300 – *Harald Kretzschmar, Kleinmachnow:* 239 – *VG Bild-Kunst, Bonn 2021:* 253 – *Stefan Thomm, Leipzig:* 259 – *Dr. Horst Ehmsen, Wien:* 268 – *Akademie der Künste, Berlin:* 269 – *Gerhard Rosenfeld, Bergholz-Rehbrücke:* 286 – *Joachim John, Frauenmark / Rudolf Mayer, Dresden:* 321 – *Heiner Schönwälder, Dresden:* 322. – Das Coverfoto zeigt den Künstler nach der Eröffnung der Ausstellung im Kunstpavillon Heringsdorf am 11. Mai 1971; Foto *Brigitte Barthmuss, Berlin.*

Farbaufnahmen von Gemälden (Tafelteil)
1 und 2: *Volkmar Herre, Stralsund*
3: *Akademie der Künste / Atelier ONH, Lüttenort*
4: *Egon Fischer, Stäbelow*
5 und 8: *Ilona Ripke, Berlin*
6: Ursula *Gerstenberger, Leipzig*
7: *Klaus Göltz, Halle*

In einigen Fällen, zumeist ungezeichneten Fotos aus dem Nachlaß des Künstlers, war die Urheberschaft trotz Bemühung nicht zu klären. Mögliche Rechtsansprüche können selbstverständlich nachträglich geltend gemacht werden.

Einige von der Quelle, dem Buch »Lüttenort«, abweichende Zitate (S. 130 f.) erklären sich durch für diese Biographie vorgenommene Verknappungen Karl Buttmanns.